ハヤカワ文庫 NF
〈NF558〉

ハマりたがる脳
「好き」の科学

トム・ヴァンダービルト
桃井緑美子訳

HAYAKAWA NONFICTION

早川書房
8522

YOU MAY ALSO LIKE

Taste in an Age of Endless Choice

by

Tom Vanderbilt

Translated by
Rumiko Momoi
Published 2020 in Japan by
HAYAKAWA PUBLISHING, INC.
This book is published in Japan by
arrangement with
THE ZOË PAGNAMENTA AGENCY, LLC
through OWLS AGENCY, INC., TOKYO.

どうしてなのといつも問いかけてくれるシルヴィーへ

目　次

ハマりたがる脳

「好き」の科学

はじめに　好きな色は何色？（そもそもなぜ好きな色があるのか）

そして友よ、君たちは私に、趣味や嗜好をめぐる論争はできないというのだね？　だが、およそ人生とは、趣味や嗜好をめぐる争いではないか！

――フリードリヒ・ニーチェ『ツァラトゥストラはかく語りき』

「パパは何色が好き？」

ある朝、学校まで歩いてゆく道すがら、五歳の娘がそう聞いてきた。娘は近ごろ「お気に入り」に凝っていて、私の好きなものを聞いては、自分のお気に入りを教えてくれる。「青だよ」と、私はいかにも欧米男性らしく答えた（欧米では青が好まれ、男性は女性よりも青が好きだ）。

一瞬黙って、また聞く。「じゃあ、どうしてうちの車は青くないの？」

「それはね、パパは青が好きだけど、車は青じゃないのがいいんだ」

それなりに納得したのか、次に進む。「あたしが好きなのは、赤」。答えは変わっている。先週はピンクだった。そのうち緑も言い出しそうだ。

「それで今日は赤いズボンなの？」

娘はニコっと笑った。「パパは赤いズボンもってる？」

「もってないよ」。私もスペインに住んでいたときは一着買ってはいていた。スペインの男たちの赤いズボンが目にとまったからだ。ニューヨークにもどってからは赤いズボンの男などほとんどいないので、買ったズボンは引き出しにしまったままだった。マドリードではあたりまえだったものが一九九一年ごろのアメリカでは、私には目立ちすぎに思えた。ただし、そういうことは娘には説明しない。

「パパも赤いズボンを買えばいいのに」

「そう？」

娘はうなずく。「パパの好きな数字はなに？」

これには答えに詰まった。「うーん、好きな数字ってあるかなあ」。それからこう答えた。「8かな」。私はそういいながら理由を探ろうとした。子供のころ、書くのが一番おもしろいと思っていたからだろうか。

「あたしはね、6」と娘。

「どうして？」

娘は眉間にしわを寄せ、肩をすくめた。「わかんない。ただ好きなだけ」

私たちは好きなものをなぜ好きなのだろうか。娘と私はたったこれだけの会話のなかで、好みの科学の重要な原則を少なくとも五つは提起していた。第一に、好みはカテゴリーによって変わる。私は青が好きだが、青い車は好きではない（いったいなぜ？）。オレンジジュースが好きな人でも、オレンジジュースの入ったカクテルはきらいかもしれない。第二に、好みは状況に左右される。スペインではすてきだったズボンが、ニューヨークでは着映えがしなかった。旅先ではうきうきして買った旅行土産（エスパドリーユとか、カラフルな毛布とか）が、いまではクロゼットに放り込まれたままというのは誰にでも覚えがあるだろう。気温が上がってくると黒い車を買う人が減り、夏のあいだはプールつきの家を買う人が増える。[1] 第三に、好みはつくり上げられる。好きな数字を聞かれたとき、私はまず頭に数字が一つ浮かび、そのあとで考えられる理由を探った。第四に、好みは本来的に相対的なものである。まだ言葉を話せない赤ん坊でさえ、自分と好みの違う人よりも好みの同じ人が好きなようだ。非常にうまく構成されたある実験では（見るのもたのしそうだ）、赤ん坊にまず二つの食べものから一つを選ばせた。[2] 次に二つのぬいぐるみがその二つの食べものを「好き」か「きらい」か表現するのを見せた。そのあと赤ん坊にぬいぐるみをあたえると、幼い被験者たちは自分の好きなほうの食べものを「好んだ」ぬいぐるみに手を伸ばす傾向が見られた。ただし、親子の好みは頭にくるくらい一致しない。いくら親が教え込もうとしても、いくら遺伝物質を共有していても、子供は何事につけても親の好みと違うものを好きになる。[3]

娘と私の会話は、趣味や好みに関して非常によく出くわす現実で幕を閉じた。好みは理由を説明するのがひどく難しいということだ。三世紀近く前、哲学者のエドマンド・バークは好みを初めて深く考察した著作でこう嘆いている。「この非常に微妙でとらえにくい心のはたらきは、定義という鎖で縛ろうとしてもすり抜けてしまい、どんなに確証しようとしても受けつけず、いかなる基準によっても規定できない[4]」

なんとかして好みというものを理解しようとしている人々も、説明すべきものは何もないと結論したりもする。ノーベル賞受賞経済学者のジョージ・スティグラーとゲイリー・ベッカーは、「人々の重要な行動のうち、好みの違いがあると想定することで解明されたものはない」と主張して議論を呼んだ。[5] どんな行動も――私の娘が6という数字が好きなことも――たんに個人の選好に帰すことができ、それがために選好は「あらゆるものを説明でき、したがって何一つ説明できない」のである。[6] スティグラーとベッカーは、好みについて議論するのは、ロッキー山脈について議論するようなものだと述べている。「どちらもそこにあり、来年もあり、すべての人にとって同じままだ」

だが、ある経済学者が指摘するとおり、ロッキー山脈は変化している。変化の速度が遅いのでわからないだけだ。[7] 近年ますます神経科学のたすけを借りられるようになった心理学者が繰り返し示しているとおり、好みは一回の実験中にも変わることがよくある。たとえば、ある音楽を流すとその食べものがいっそう好きになったり、作曲家に関する不健全な事実を知ると好きな気持ちがうすらいだりする。

私たちの好みは、影響力のあるノルウェーの政治理論家ヤン・エルスターが好んだ言葉でいうと、どこまでも「適応的」なようだ。[8]食べたくてたまらないブドウの房に手がとどかないキツネがブドウはどうせ「すっぱい」のだと負け惜しみをいう、あのすっぱいブドウの寓話を引いて、エルスターはキツネはただ次の望ましい選択肢を選ぶのではなく――「合理的選択」の理論家はそういいそうだが――初めにもどってブドウを「格下げする」のだと指摘する。しかし、そのブドウはすっぱくないし、キツネがブドウをほしい気持ちに変わりはない。好みは「反適応的」な場合もあるとエルスターは考えた。状況が違えば、キツネはブドウを手に入れられないためにブドウを食べたいという欲求が増すばかりだったかもしれないというのである。どちらの場合も、好みはそのときの制約によって形成されたわけだが、そこで疑問が浮かぶ。キツネは本当はブドウが好きなのか、そうでないのか。

経済学者は選択は好みを「示している」と考えるが、心理学者は逆に選択が好みを生むのではないかと考える。[9]キツネがブドウとサクランボから「自由選択」でどちらかを選び、選んだもののほうが好きだといったとする。キツネは食べたいものを選んだのだろうか、それとも選ぶものを食べたいと思っているのだろうか。[10]どちらも正しいだろう。「好み」そのものを探究しようとすることは、つかみどころのない作業だからだ。あなたはいま頭をかしげているかもしれない。「好み《テイスト》」というのは味覚のことか、それとも衣服などの好みのことか。あるいは「よい趣味をしている」というときの趣味のことだろうか。これらはみな微妙に関連しあっている。キツネは「ブドウの味」をたのしんだかもしれないが、ブドウをたのしめるのは自分だけだという感覚も好きだったかもしれない。

さしあたって、「好み《テイスト》」とは好きなものすべて（理由はなんであれ）だと考えていただきたい。とはいえ、すべきことは多い。まずは好みとはどういうものかを知らなくてはならない。その好みは誰のものか、その理由はどう説明できるのか、好みが違う人（ほかの変数はかなりの部分が共通する人）の違う理由はどこにあるのか。それらを考えたうえで、さらに好みはなぜ変わるのか、好みはなんのためにあるのか等々を解明していきたい。デザインライターのスティーヴン・ベイリーは白旗を掲げてこう述べている。「好みを学問的に解明しようとしても、それは難しいを通り越して不可能だ」[11]。それでも私は説明できると思っている。なぜ、どのようにして、それを好きになるのか、言い換えれば、多くのもののなかからどれかを選ぶときに何が起こっているのか。それらを見極めることはできる。

あなたの好きな数字はなんだろうか。大半の人と同じなら、答えは「7」だろう。7は色でいう青、これまた欧米で好まれる数字なのである。7と青は一九七〇年代の一連の研究で好きなものとして選ばれることが非常に多かったので、心理学者は二つに何か関連があるかのように「青7現象」を論じはじめた[12]。青のことはここではおくとして、7はいったいなぜ好まれるのだろうか。

ほとんどの好みと同じで、文化的学習と心理的バイアスと精神的資質が絡みあい、そこに選択するときの状況が影響して好まれるから、それがその答えである。7が好きな最も単純な理由は、文化的に人気が高いことが挙げられる。７は「ラッキーナンバー」だ。７が幸運な数字とされているのは、ある学者が述べているように「聖書やラビ文学に」目立って出てくる「とりわけ神聖な数字」だからだと考えられる。[13] そしてたぶんそれは、情報をワーキングメモリに保持する私たちの能力が、情報数が「魔法の」７のときに低下するからだろう（だから電話番号は７桁になっているのだ[14]）。

あるいは、ことによると７そのものに何かがあるのだろう。１から10までの数字のうち最初に頭に浮かぶのはどれかとたずねられると、７と答える人が最も多い（次に多いのは３）。一番「無作為」な感じがするものを選びたい、それならなんとなく「数学的」だから７にしようということかもしれない。その思考の過程は想像できる。「１か10？　単純すぎる。５？　５はど真ん中だ。２は？　偶数よりも奇数のほうが無作為な感じがするのでは？　０？　０は数字といえるか？」。素数の７はほかの数字とのつながりがなさそうで、だから無作為に見える。独立しているし、なんらかのパターンもない。ところが、７はこれだけの力がありながら、状況が変われば――６から22までの数にした場合――急に一番ではなくなる。それでもその影響力は健在で、今度は17が首位に躍り出る。[15]

私たちは日々さまざまな場面で、あるものが別のものよりも好きな理由の判断を求められる。その曲がかかったときに、なぜラジオのチャンネルを変えたのか。フェイスブックのその投稿に「いいね」をつけて、もう一つの投稿にはしなかったのはなぜか。ダイエットコークではなくレモネードにしたのはなぜか。こうした選択は私たちが自分の世界を規定するささやかな日常的な方法で、それは「卵はどうやって食べるか。パンは精白粉のか全粒粉のか。ソーセージかベーコンか」というふうに朝食を「規定する」のと同じことだ。たいしたことではなさそうに思えるが、選択を誤ったときの不愉快さは目に見えている。その一方で、こうした選択がちょっとやそっとでは変えられないはっきりした好みに姿を変え、自分がどういう人間であるかを浮かび上がらせることにもなるかもしれない。「私はカントリーミュージックが大好きだ」、「私はフランス語の響きに憧れる」、「私はSF映画が好きではない」というように。

娘がお気に入りに凝っていた理由については、そのことを主題にした研究がわずかながら行なわれている。(16)その科学文献の「好きな数字」に言及した希少な記述の一つに私がやや警戒しつつ着目したのは、それが強迫神経症に関連づけられていたからだった。(17)「好きなもの」は理解しやすく獲得しやすい自分らしさのしるしとして、この世の中で自分を主張し、他者を理解する方法であり、また自分がほかの人々と似ていると同時に似ていないことを示す方法であることは、大理論がなくても想像に難《かた》くない。娘が私に新しい友だちの情報を伝えるときに、誕生日の次にくる最初の一つがその子のお気に入りの色であることは多くを物語っている。

人間は好みが風のように絶えず移り変わる状態をいずれ卒業し、心変わりなどしない確固とした好みをもつ理性ある人になるものだと考える人もいるかもしれない。だが、つねにそうとはかぎらない。たとえば私たちは、本質的にほかのものよりすぐれているわけではないものをまるで迷信に頼るかのように好むことも決して少なくはないのだ。

例を挙げよう。あなたは公衆トイレを利用するときに、使う個室に好みがあるだろうか。全部が空いているとして、端の個室がよいだろうか、それとも真ん中あたりの個室がよいだろうか。少なくとも「カリフォルニアの州立ビーチの公衆トイレ」で行なわれた研究によると（明らかに社会学の最先端からの報告だった）、人々は端よりも真ん中の個室を好んだ[18]。理由はたずねられなかったが、数字を選ぶ場合と同じように、なんらかの理由があったと考えられる。最初の個室は入口に近すぎるし、一番奥の個室は遠すぎる気がするのかもしれない。だから真ん中が「ちょうどよい」。それが最良の選択かどうかは、何を基準に判断するかによる（細菌の数を測定した微生物学者によれば、最も好まれる真ん中の個室は皮肉にも最も不潔らしい）。

もう一つトイレの例で、トイレットペーパーをホルダーに取りつけるときに、紙の端を「手前に」下げるか「うしろに」下げるかは、機能的にはどちらがよいという強力な根拠はない。どちらかの取りつけ方で紙がうまく繰り出せなかったことがあるだろうか[19]。どちらが好みでもたいした問題ではなさそうだが、人生相談のコラムニストのアン・ランダーズが、妊娠中絶や銃規制など、自分が取り組んできたどんな問題についてよりも寄せられた手紙の数が多かったと述べたことは有名だ[20]。

この問題がここまで人の心をつかんで離さないのはおそらく、トイレのプライベートな性質がそうさせるのだろう。だが、執着の度の強くない好みもあり、心理学では「動機のない選好」と呼ばれている。これという理由のない好みである。ある研究はこれを「系統立った心理学理論がまだ掃き集めていない実験の残滓《ざんし》」と表現している。この場合、目に見えず、おもてに表われない選択の規則、それによって選択せずして選択できるような規則があるのだろう。それでも大半の人が同じ選択に落ち着くというのは、どんなにでたらめに見える選択にもなんらかの根拠がある（したがって本当に動機がないわけではない）ことを暗に示している。

では、それはどこからくるのか。言語学には、一連の単語のなかでどれが最も英語の単語にありそうかをたずねる古典的な手法がある。たとえば「blick」か「bnick」なら、「blick」のほうがありそうだと推測するのに、単語ならべゲームのスクラブルが得意である必要はない。「bl」ではじまる英単語はあるが、「bn」ではじまる英単語はないからで、事情は単純だ。しかしマサチューセッツ工科大学の言語学者アダム・オルブライトは、どれも実際にはなさそうな単語ばかりのなかから——たとえば「bnick」「bdick」「bzick」——好きなものを選ばせたらどうなるかを問う。はっきりした根拠がなくても選択肢のなかから選ばなくてはならない場合（いわゆる「強制選択」の問い）、人はなぜ、どのようにその一つを選ぶのだろうか。その一つが「bnick」だったとして、それはなんとなく英語の単語に最も似ていそうだからだろうか（似てはいなくても）[21]。あるいは「音韻バイアス」のせい、つまり単語を口にしたときに「頭子音連結」——「bnick」や「bzick」で二つの子音がつづいているのを言語学でこう呼ぶ——の響きが別のものよりもなんとなく好きだからだろうか。

その答えは、学習したこととともとからもっている好みとがいわく言い難く組みあわさった結果のようだ。好みの学習はふつう無意識になされるため、この二つを区別するのは困難なのである。

ここで話は青色にもどる。娘が好きな色を教えてくれてまもなく、私はカリフォルニア大学バークリー校の心理学教授スティーヴン・パーマーを訪ねた。パーマーは普段はパーマー研究室と簡単に呼ばれている視覚認知・美学研究所の所長である。パーマーの研究チームは好きな色を好む理由に関して、より説得力のある理論を打ち出している。

地下階の雑然としたパーマーのオフィスは、彼の模写したファン・ゴッホの『星月夜』が飾られているおかげで、殺風景な研究室の環境にも安らぎが感じられる。その部屋で腰を落ち着けるとまずパーマーは、美的感覚に関心をもつようになったのは趣味の写真撮影がはじまりだったと話してくれた（絵画の技巧について理解しようと参加した美術教室でその『星月夜』を描いた）。芸術がみなそうであるように、写真撮影にも一連の選好がある。何を撮影したいのか。どのアングルなら最もよい写真が撮れるのか。被写体はどこに配置するべきか。パーマーのように写真を志す者は、ふつうは有名な「三分割法」を用いるように教えられる。構図を決めるときに、画面を縦横それぞれ三等分に区切る線上のどこかに主対象を配置するという原則である。ところがパーマーが被験者に写真を好みによってランクづけしてもらったり、カメラをわたして最も満足できる写真を撮ってもらったりすると、被写体が構図の中央にあるものが圧倒的に好まれる。

ここでまた疑問が生じる。それではなぜ芸術家は人が好みそうにない構図にするよう教えられるのだろう？　なぜ芸術家の好みは一般人の好みと一致しないのか。[22] パーマーは美術と音楽を学ぶ学生に（対照群として心理学の学生も加えた）、「調和を好む傾向」に関する質問をした。[23] 学生たちはさまざまな作曲家の音楽を聴いたり、色の組みあわせを見たり、長方形のなかに配置された円を見たりして、どれが調和がとれているかをたずねられた。彼らの意見はおおよそ一致した（モーリス・ラヴェルは無調音楽の巨匠アルノルト・シェーンベルクよりも調和があると考えられた）。だが、美術と音楽の学生が好むものは、彼らが調和があると考えるものからそれていったのだ。

彼らはスノッブになりかけていただけなのだろうか。芸術の修練は調和への関心を失わせるのか、あるいは調和を好まない者が芸術家になるのか。パーマーにも確かなところはわかっていない。芸術を学ぶほど、芸術への関心を維持するために「より強い」刺激が必要になるということかもしれない。パーマーはこういった。「一つには、たんに過剰接触のようなことだと思います。同じものには誰でも飽きるでしょう。初めは重要なものを全体の中央に置く空間構成を試みても、そのうちに少し退屈になってきます。それに教師は新しさを奨励しますし、実際、構図の中央に被写体を置かないようにいったりします」

芸術家もそうでない人も、みな美に反応する。意識するしないにかかわらず、あるものが好きかきらいかを考えずにいられない。赤ん坊は生まれてしばらくは、自分を見ている顔を見るのがとても好きだ。[24]それでは青色の何が多くの人を引きつけるのだろうか。先駆的な研究をしたジョゼフ・ジャストロウが一八九三年のシカゴ万国博覧会で大勢の来場者に色見本を手わたして質問をした心理学の黎明期から、青色が最も好まれているのである。[25]

たんに青が色彩のスイートスポットである、ということなのだろうか。だが、もしも私たちが生まれながらに青が好きなら、乳児も青が好きだと考えてもおかしくない。ある実験で、パーマーは乳児（とりあえず「いつものぐずり」で失格にならなかった乳児）に一対の色の円を見せた。[26]赤ん坊が円を「見ている時間」が好みの指標とされた。見ている時間が長いほど、それが好きだということだ（大人は乳児ほどはっきりした相関がない）。大人の被験者にも同じことをしてもらった。予想どおり、大人は青を見ている時間が最も長い傾向にあったが、乳児は青に対して明らかな好みを示さなかったばかりでなく、とくに「暗黄色」を好んだのである。この色は大人がふつうきらう色の一つだ（この茶色がかった黄系統の色をパーマーは研究のなかで「気持ち悪い色」と呼んでいる）。

どういうことなのだろう。パーマーと共同研究者のカレン・シュロスは、大人と乳児の両方の選好を説明する生態学的誘発理論という考え方を提唱している。私たちは最も好きなものの色を好むというものだ。実験の手順はうまく簡潔にまとめられていた。まず、被験者の一グループに三二色を好みにしたがってランクづけさせた。次に別のグループに、各色についてその色をしているものを二〇秒でできるだけ多く挙げさせた。最後のグループにはそれらのものがどの程度好きかをランクづけさせた。その結果、好きなものの色は八〇パーセントの割合で好きな色と一致した。最も好まれたのは予想どおり青だった。青から連想されるものを思い浮かべればわかる。たとえば澄みきった空、清らかな水。それらをきらいな人が――生きていくのにそれらを必要としない人が――いるだろうか。男性のワードローブに青いシャツとカーキ色のズボンが多いのは、大自然と何か関係があるのだろうか。ジャーナリストのピーター・カプランは、淡青色のワイシャツとベージュ色のズボンという彼の好みのスタイルについて、「浜辺の色だ。海が陸に出会う」と語っている。(27) 海辺がきらいな人がいるだろうか。

対照的に、パーマーの実験で不人気だった茶色がかった黄系統の色は、不快なものがぞろぞろと連想される。色の濃い粘液、嘔吐物、膿汁、一九七〇年代に流行《はや》ってすたれた乗用車のAMCペーサー。しかし、それならなぜ乳児は暗黄色が好きなのだろうか。

生態学的誘発理論のよいところは、色の好みは食べものの嗜好と同じで、進化的に脳に組み込まれている（私たちは自分にとってよいものを好む）と同時に、適応的な学習の機能をもつ（私たちは自分を心地よくさせるものを学習する）としていることである。結局のところ、乳児はまだ糞便の類を嫌悪感と結びつけることを学習していない。おむつの交換台で奮闘している親なら誰でも立証できるだろう。進化論で考えれば、乳児が暗黄褐色系統の色を「好む」のは母親の乳首の色に似ていることに関係があって、最終的には背を向けたりきらいになったりする、などといった「それらしい説明もその気になればつけられますが」とパーマーはいった。

生態学的誘発理論はほかにもいろいろな方法で検証されている。パーマーの研究チームがカリフォルニア大学バークリー校とスタンフォード大学の学生に色について質問したところ、学生たちはライバル校のスクールカラーよりも自校のスクールカラーを好んでいるのがわかった[28]。また、自分の大学を気に入っているほど、その色がより好きだった。パーマーからすれば、このことは色の好みは色そのものよりもその色から連想するもので決まる度合いが大きいことを示唆している。たまたま青と金色が好きだからという理由でバークリー校に行くとは考えにくい。赤い色の好ましいもの（イチゴやトマト）の画像を人に見せると、彼らの赤への好みは強まる。開いた傷口やかさぶたの写真を見せれば、赤が好きな気持ちはやや弱まる。大統領選挙の日に民主党支持者と共和党支持者に質問すると、選挙を目前にしてそれぞれの党の色である青と赤への好みがわずかに強まる[29]。

色彩業界の人々と話せば、彼らは生態学的誘発理論にかなり似た一種の適応的な学習の話をするだろう。著名なカラーコンサルタントのリアトリス・アイズマン（彼女がヒューレット・パッカードに青緑色のコンピューターを発売するよう熱心に勧めたのは、アップルがあの革新的なアイマックを発売する数カ月前だった）は、シャトルーズグリーン（明るい黄緑色）――おしゃれな色とされる時期がときどきある――のような色は初めはきらわれるかもしれないが、しだいに見直されると指摘している。「私は周辺視野の色と呼んでいます」とアイズマンは私にいった。「おや、あそこにも黄緑、あそこにも黄緑。なるほど、そんなに悪い色じゃない。黄緑色のシャツも悪くはないな」。そう感じるころには、黄緑色がきらいだった理由は急にどこかへ消えてしまっている。ライフタイム・ブランズ（キッチンに白色でない調理器具をいち早く持ち込んだ企業）の取締役トム・ミラビルと話したときには、彼はこんな言い方をした。「充分に目にすると、目にしたいものだと思いはじめるんですよ」
どんな選択もつくり上げられるとするのは行き過ぎだと指摘し、消費財のようなものの好みは「備わっているもの」であって、抑圧された記憶のように埋もれていて解放されるのを待っていると考える人もいる。[30] 彼らの主張によると、私たちはアイフォーンの登場によってスマートフォンのメカニカルキーボードを（多くの人は好きだといっていたが）好きではないことに気づかされたという。だがその一方で、「生来の」好みとされるものの陰には、往々にして文化がひそんでいる。ピンク色は「本来」女の子の色だという考え方があるが、前世紀の初めには男の子の色とされていたという事実を知るとそれもあやしくなる。[31] 女の子がピンク色を好きなのはほかの女の子たちがピンク色の服を着ているのを見ているからだというのが、最も考えられそうな理由だ。というのも、いくつかの研究からわかったように、女性に「赤みの」色を好む傾向がやや強く見られても、そのことは、男の子の自転車にピンクはふさわしくないと思われたり、赤い女の子用自転車がめずらしかったりする理由にはほとんどならないし、それこそピンク色の女性向け大人用自転車をめったに見かけない理由にもならないからだ。

　こうして一種のフィードバックループがはじまる。ある色を見る機会が多いほど、またその機会がよい出来事に関連するほど（女の子の誕生会のピンク色のケーキとか男性の紫色のシャツとか）、その色がいっそう好きになるだろう。そしてその色が好きになるほど、ほかの機会にその色に一役買ってもらうようになるだろう。赤のフェラーリはかっこいいから、ミキサーも赤くていいよね、という具合に。パーマーはこう述べる。「私たちは自分の好きなものときらいなものに関連する色のデータを蓄積しながら暮らしています。そのデータを絶えず更新しているといってよい」。私の娘がお気に入りの色を絶えず見直しているように、私たちは「その場その場で経験を差し引きして好きな色を決めているのです」とパーマーはいう。好きな色とは、それまでに心地よく感じたすべてのものの色彩記録のようなものなのだ。

数年前のある日、私はふと気づいた。いつもと同じ一日に、どれほど頻繁に好ききらいをたずねられ（自問もし）、どれほど答えが曖昧なことか。具体的にいうと、

「その映画、見たよ」「おもしろかった？」「ああ、まあね」

あるいは、

「あの新しいタイ料理店に行ったよ」「おいしかった？」「おいしかったけど、期待してたほどじゃなかった」

そして、判で押したように、

「ご意見を参考にさせていただきます。あなたのお考えを1から5の五段階でお答えください（1は非常にきらい、5は非常に好き）」

これらは本当はどういうことなのだろう？　気持ちのよい経験、愉快な経験は何段階あるのだろうか——五段階で充分なのだろうか。私がインスタグラムの投稿に「いいね」をつけたとして、それはどういう意味だろう？　画像の内容が気に入ったのか、写真の撮り方か、あるいは投稿した人に好感をもったのか。私はほかの人の「いいね」の数につられなかっただろうか。もし「いいね」をつけなければ、気に入らないといっているに等しいのか。神経インパルスが脳から親指に伝わるときに、私は自分の頭のなかで何が起こっているのかに気づいていただろうか。インスタグラムの写真に顔が写っているだけで、その写真を好ましく思う気持ちが約三〇パーセント高くなることが研究によって示されている(32)（年配でも若者でも、男性でも女性でも、一人でも一〇人でも関係なく、ただ顔ならよい）。このことは私が「いいね」をつけようと決めたときに意識されていただろうか。

好ききらいを判断すべきものは増える一方だが、判断をたすけてくれる大原則や基準は少ない。私たちはインターネットで大量の他人の意見を見てまわるが——イェルプの星四つのレビューやユーチューブのサムズダウン——注目に値する意見はどれだろう？　世界中のほぼどんな曲も聴くことができる現在、どれを聴くか、それを気に入ったか気に入らないかを私たちはどうやって決めているのだろうか。世の中は逆さまになった。以前はめったに手に入らなかった食べものやファッションがあたりまえのものになる一方で、あたりまえだったものが目利きや通の評価するものに昇格している。「まったくけっこう」なことだとしても、どこかに不都合はないだろうか。

快楽と美にものすごい速さで反応している私たちが普段、考えているひまなどなさそうなことを、ここで問いたい。好きときらいは同じものの裏表なのか、それとも別のものなのか。[33]以前はきらいだったものをどのようにして好きになるのか。好みは数値で表わせるのか。専門家と素人の好みはなぜこうもたびたび食い違うのか。好きなつもりでいるものは、絶対に好きなもののかわりになるか。私たちは好きなものを知るのか、それとも知っているものが好きなのか。

二〇〇〇年にイタリアの神経科学者のチームが、前頭側頭型《ぜんとうそくとうがた》認知症の高齢の男性に関するめずらしい事例を報告した。[34]その男性は、以前は「ただの騒音」だとけなしていたイタリアのポップミュージックが突然好きになった（以前はおもにクラシックが好きだった）。以前の好みを「忘れた」わけではなさそうだった。たとえばアルツハイマー型認知症の患者は、ほかの記憶がうすれていっても美的なものへの好みは残るらしいからである。[35]それよりも治療が神経系に影響をおよぼして、男性のなかで新しいものへの欲求が目覚めたのかもしれないと研究者らは考えている。

このように好みが急にがらりと変わるとなると、たくさんの疑問が頭に浮かんでくる。好みはたびたび変わるものなのだろうか。きらいだったものがきらいでなくなったとき、つまり「ただの騒音」が本当はたのしい音楽かもしれないと判断したとき、脳内では何が起こっているのか。神経の構築のされ方によって、新しいものを受け入れやすかったり、ピッチとリズムの特定の組みあわせを好きになりやすかったりする人がいるのだろうか。

この男性の状態の変化が彼のなかに眠っていた——だが抑圧されていた——ポップミュージックへの好みを解放したのだとしよう。それはどうも考えにくいことだ。しかし、私たちは自分自身の好みをどれだけ知っているだろう？　山ほどの趣味や嗜好や傾向をどれだけわかっているだろう？

ドイツの見本市で行なわれた実験では、来場者に二種類のケチャップを味見してもらった。どちらもクラフトの同じケチャップだったが、片方にはバニリン（バニラビーンズのフレーバーの主成分である化合物）が少量加えられていた。[36]なぜこうしたかというと、ドイツでは乳児用の粉ミルクはふつう少量のバニリンが入っているからである。食べものの嗜好についての質問表には、ミルクと母乳のどちらで育ったかをたずねる質問が紛れ込んでいた。母乳で育った人は「自然の」ケチャップのほうを好む人が圧倒的に多かったが、ミルクで育った人はバニリンが入ったほうを好む人が多かった。彼らはこれらの事実を結びあわせて回答したわけではない。ただ好きなものが好きなだけだった。[37]

よく「好みは説明がつかない」とか「蓼《たで》食う虫も好き好き」といわれる。あなたも首をふりながらそういったことがあるだろう。だいたいは他人の趣味や嗜好に呆れたときにいう言葉だ。自分の好みが自分でも説明できないという意味でいうことはめったにない。なにしろ自分の好きなものなのだから、明々白々ではないか。ところが、好みに関する実験をすると、その結果に本人が驚き、動揺さえすることがある。フランスの社会学者クローディア・フリッツは、ストラディバリウスなどむかしのイタリアの名工が製作したバイオリンに関するプロのバイオリニストの好みをさまざまな環境で調べている。そのようなバイオリンがいまは失われたむかしの不思議な魅力を備えているかのように美しくゆたかな音を響かせるにちがいないとは、タクシーの後部座席に非常に高価なバイオリンが置き忘れられていたというニュースを通じてだけにしろ、誰もが考えることだ。ましてやバイオリニストなら、そんな名器を弾きたいと思わないわけがない、と。ところがフリッツがこれまでに調べたプロ演奏家は、楽器が見えない実験環境で選ばされると新作のバイオリンの音色のほうを好む者が多かったのである[38]。

ティモシー・ウィルソンは著書『自分を知り、自分を変える――適応的無意識の心理学』で、私たちは物事に対する自分の反応の理由を知らない場合が多いと主張している。そのような行動の多くは、彼が「適応的無意識」と呼ぶ状態で起こっているという[39]。ところが私たちはいわば自己確信の錯覚に陥っていて、自分の感情の理由は何にせよ自分の感情なのだからわかっていると思い込んでいる。ウィルソンの挙げた例にならっておたずねしよう。あなたは本書の表紙をどう思うだろうか。[40] 好きだろうか。もし二種類の表紙から選べるとしたら――読者が選べることはめったにないが――どちらを選んだだろう？ それを選んだ理由を考えてみただろうか。あるいは好きかどうかなど、いま問われて初めて考えただろうか。では、知らない人がこの表紙をどう思うかを想像してみてほしい。その人がそう思うのはなぜだろう？ この表紙が何か特別にあなたの心に訴える――好きだった別の本を思い出すとか、あなたがグラフィックデザインの学生だとか――のでなければ、いま思いついた理由（たとえば目にとまりやすいとか、色の感じがよいとか）はこの表紙へのあなた自身の反応の理由とあまり違わないプロセスで生じたにちがいないだろう。いろいろなことが推測できると思う。*

要するに、私たちは自分の好みのことを何もわかっていない。そろそろ知ってもよいころだ。「すべての好みの原型」である食べものからはじめるのがよいのは当然だろう。[41]

＊ もう一つのたのしみとして、同じ本でも出版される国が違えば表紙の装幀がすっかり変わる理由も考えてみてほしい。

第1章　何を召し上がりますか

食べものの好みについて考える

どれもこれもおいしそうだ——というよりもどうして食べたくないものがほとんどないのか

　何が好きかという問いをどんなときよりもあからさまに突きつけられるのが、レストランで食事をするときである。席について食事をするのは、体に栄養を補給する日課というだけにとどまらず、一つの物語の体験でもある。「食事をひととおり終えるまでの過程」は、発端あり、山場あり、余韻ありの物語だ。同時に食事は選択とたのしみ、期待と後悔、欠乏の充足と次への欲望の集中実習でもある。

　そこで本書も、食の探訪から旅をはじめることにしよう。場所はマンハッタン西側の川沿いの地区、風の吹きすさぶ冬のある日、レストラン〈デル・ポスト〉で。マリオ・バターリがジョー・バスティアニッチ、リディア・バスティアニッチ親子と組んで経営するこのイタリア料理店では、板張りの店内が温かな明かりに照らされ、ピアニストが情感を込めて奏でる「悲しみのクラウン」が流れるなかで、ヨーロッパなまりの洗練されたウェイターの手で赤ワインがグラスにそそがれている。

　これで何が不満だろう？

　何もない。そういってよいだろう。《ニューヨークタイムズ》紙に最高の四つ星をあたえられたレストランで白布のかかったテーブルにつき、どれもこれも口に合わないまずい料理だったということはまずありえない。そもそもメニューに載っているのは選び抜かれた伝統的なイタリア料理ばかり。そのメニューに載せられていること自体、客に好まれている料理であるしるしだ。私たちは原始時代の祖先とは違う。料理などというものがなく、見慣れない植物や苦労して捕まえた獲物のなかから栄養になる食べものを見つくろって食べ、選んだものを好んでよいかどうか（つまり食べても死なないか）を体が教えてくれるのを待たねばならなかった時代に生きているわけではない。

　しかし、そのころから脳の後部で感じるあのむずむず感――「そっちじゃなくてこっちを食べろ！」――は、なくなっていない。私たちは生まれながらに二つのことを知っている。甘いものはよく（熱量になるから）、苦いものはよくない（毒素かもしれないから）ということだ。また、生まれ出《い》でれば、さまざまな程度の好ききらいが複雑に混ざりあった世界に足を踏み入れることにもなる。その一方で、人間は雑食性だ。食べようと思って食べられないものはほとんどない。ペンシルベニア大学の心理学者ポール・ロジンがご親切にも指摘してくれたとおり、人間はなんでもござれの「ゼネラリスト」として「ネズミやゴキブリといった立派な生きものと」同じ立場にいるのだ[1]。そのくせこれもネズミと同じく極端な「新しいものぎらい」で、知らない食べものを口にするのをいやがる。雑食動物で、なおかつ新しいものぎらいという二面性には進化上の利点がある。新奇なものを食べないおかげで悪いものを摂取せずにすみ、雑食であるおかげでよいものを幅広く取り入れるようになった。だが、新しいものぎらいも度が過ぎることがある。いくつかの実験で、初めてのものを食べて軽い食中毒になったラットは、それ以来知らない食べものを極度に怖がるようになり、とうとう餓死してしまった。[2]

本当のところをいうと、私たちは好きなものよりも好きでないものにより敏感らしい。好きなものでもほんの少し違うところがあるだけで、まるで悪いことが起こる予兆を察知して知らせる体内警報が備わっているかのように警戒する。[3]私はダイエットソーダがきらいで飲まないので、もしまちがって出されたら、「危険だ！」と本能的に反応する。この警報は苦いものに対して最も敏感だ。また「不快感」は快感よりも強く感じる。[4]おいしいリンゴなのに最後のひと口に虫でも見つかろうものなら、それまでのせっかくの満足感が吹き飛んでしまうだろう。こういうことで人生のたのしみが台なしになることがままあるだろうが、体によくないものにいつでも気づくことができれば、人生を長くたのしめる。

こうして私たちは生まれて数日でもう好ききらいを表わしはじめ、味のない水よりも甘い水を選び、（いくらかでも）苦い食べものに顔をしかめる。これはまだ生きるための反応であり、食べるのは生きるためだ。本当にえり好みをするようになるのは二歳ぐらいからで、そのころになると（a）しばらく粘っていれば（b）思いどおりのものがもらえるのがわかってくる[5]。なるべく素材のまま食べさせるのがよいのは、赤ん坊に甘いものをやりだしたらきりがないからだ。甘いもの好きは私たちの根元的な好みなのである。人間が生きるために塩が不可欠なことは、ザルツブルクとかイギリスの「〇〇ウィッチ」（塩坑は「ウィッチハウス」と呼ばれていた）といった市町村の名に表われているとおりだが、その塩への欲求さえ生後数ヵ月しないと現われない[6][7]。

　甘味を好むのは、生をたのしむことだ。味覚と嗅覚に関する米国随一の研究所、フィラデルフィアのモネル化学感覚研究所で当時所長を務めていたギャリー・ビーチャムがあるときオフィスで私にこう説明してくれたことがある。「人間のよろこびは、みな糖類からくるんではないかと思うんですよ。糖は原型的なもの、ある決まったレセプターを刺激する化合物は糖だけなんです」。ビーチャムがそういったのは、塩漬けの軍隊アリを缶から一匹取り出し、まずは平然と私に勧めたあとだった（缶の成分表示ラベルには「アリ、塩」と書いてあった）。要するに、糖以外の物質——塩漬けのアリなど——は刺激が脳に伝わる経路が迷走気味だが、糖は「その経路が感情や快感に関わる脳の部位に直結している」とビーチャムはいいたいのだ。脳の知覚中枢の部位が先天的に欠けている無脳症の新生児でも、甘味にはポジティブな反応を示す（いわゆる「味覚顔面反射[8]」）。甘味が心底きらいな人間は一人としていない。ほかの人ほど好きではないというだけだろう[9]。

　そうはいっても、味の好ききらいのほとんどは生得的なものではない。あの大きい角砂糖、軽い塩気、あるいは舌の上をとろりとすべる脂。こういうものさえも心変わりを免れない。

好きでないものもそうだ。生物学的な理由で特定の物質に敏感な人がいるかもしれないが、それは正確には味覚でない場合が多い。コリアンダーは人によって「石鹼のような」味がするらしいが、これは嗅覚のレセプターの遺伝的な変異と関係があるといわれている[10]。一方、豚肉を炒めたりソーセージを焼いたりしているときに「豚肉の雄臭《おすしゅう》」に気づくのは二人に一人しかいないらしい。この臭いは少なくとも人間には不快で、「いたんでいる」とか「尿」の臭いがするとか、たんに「豚くさい」と表現される。雄臭はステロイドホルモンのアンドロステンが原因の強いにおいで、去勢していない交尾期の雄豚が雌を引きつけるためにこのホルモンを分泌する。雄臭を感じる能力は遺伝子が関係しているが、訓練で感知できるようになる（もちろん訓練は仕事のためであって、好きこのんでするわけではない[11]）。

　しかし、物質に対する生物学的な感度がそのまま食べものの好ききらいに結びついているわけではない。ビーチャムは、なんらかの適応のメカニズムがはたらいているのかもしれないと考えている。この野菜が好きな人もいればあの野菜が好きな人もいて、栄養素が乏しいとわかった野菜でも、誰も食べなくなるということはないだろう。ある物質を人よりも苦く感じるからといって、それだけでその物質を好きでなくなると決まったわけではない[12]。ある研究者がいうとおり、「遺伝的性質は食べものの風味の好ききらいに驚くほど影響しない」のである[13]。

　しかもレストランに行くと、〈デル・ポスト〉のように料理のおいしさで評判の人気レストランでも、メニューにはこれよりもこちらにしようと思うものがあるだろう（それも日によって違ったりもする)。「お水は炭酸入りと炭酸なしのどちらがよろしいですか」という質問を皮切りに、選択できるものがずらりと並べられるのは人の嗜好の多様さを物語っている。それにしても、炭酸入りかなしかといったどちらでも大差なさそうなものからいずれかを選ぶとき、心のなかではどんなことが起こっているのだろうか。水分補給にちょっとしたわくわく感をプラスしたいか。それともまったりしたやわらかな口あたりを望むのか。どれくらい真剣に選ぶか、気分しだいか。仮に炭酸なしを選ぶとしよう。ここでまた次の選択に迫られる。「水道水とミネラルウォーターとどちらになさいますか」。どちらかを選ぶなんらかの理由はあるだろうが、五感による識別力と無関係なのはほぼまちがいない。大部分の人が水道水とミネラルウォーターを識別できないことは研究結果が示している。[14]

私たちは好きなものはとことん好きだが——「ラグーソースのボロネーゼが大好物」といった具合に——きらいなものには輪をかけて頑《かたく》なだ。「ナスなんて耐えられない」と妻は始終いっている。いくらそのわけはなんだと迫られても、好ききらいの正確な理由は自分でもわからないだろう。進化の途上で怖い思いをした影響だろうか。なにしろナスはナス科の植物なので、葉を大量に食べると中毒を起こすことがある。[15] しかしそうかといって、妻は同じナス科ナス属のトマトとジャガイモはよろこんで食べるのだ。[16]

ナスがきらいなのはもちろん妻だけではない。[17] 料理雑誌でナスが出てくると「もしナスがきらいでも」といった励ますような言葉が添えられていることが多いし、日本の小学生を対象にしたある調査では、「最もきらいな」野菜がナスだった。[18] たぶん食感がきらわれるのだろう。どうかするとナスはぬるっとして、そこがかならずしもよろこばれない。まったくのところ、食感とか口あたりを見くびってはいけない。私たちは食感を「味わう」ことができるだけでなく、食品科学者のアリーナ・スルマッカ・シチェンシニャクが書いているように、「口に入れる食べものは完全に制御したいと思うものだ。ねばねばぬるぬるした食べものや、入っているはずのない塊《かたまり》や硬い粒が混ざった食べものは、むせたり喉に詰まったりするのがいやできらわれる」[19]

とはいえ、好ききらいの原因がそこまではっきりしていることは多くない。毒のある葉は別として、ナスそのものやほかの大部分の食べものをきらう生物学的な理由はない。心理学者のポール・ロジン――その詳細な研究から、嫌悪感の帝王と呼ばれている――は、あるとき私と一緒にフィラデルフィアで甘酸味の小海老を食べながらこういった。「人がものを好きだきらいだというときの理由はまったくいいかげんだよ。無理に理由をつけているんだ」

しかも、食べものほど好ききらいが根本にかかわるものがほかにあるだろうか。食べものの選択は、そのときそのときものちのちも私たちの健康と幸福に直結する。いうまでもないが、私たちは口にそれを入れるのだ。「外のものを体に入れるのは、その人個人の身に危険のおよぶ行為と考えられるため、口に入れるものに特別な感情を抱くのはもっともなことである」とロジンは書いている。そのうえ、人間は食べる頻度が非常に高いという単純な事実がある。コーネル大学の研究者ブライアン・ワンシンクは、私たちは食べものに関する決定を一日に二〇〇回すると推算している[20]。着るものや読むもの、あるいは休暇に出かける場所についてよりも食べものについてのほうが決定回数が多いのだ——それに、普段は食べられないものが食べられるのでなければ、旅行に出かける甲斐などないではないか。

ものを食べるとき、私たちはいつも純然たる快楽を求めているわけではない。モネル研究所の研究者ダニエル・リードが示唆したとおり、ひと口に食べものの好みといってもいろいろある。研究所で誰かに食べものをあげて、気に入ったかと聞くのも一つの好みだ。これは好きか好きでないかということだから、比較的単純である。好きな理由までたずねているわけではない。また、店に入って食品をこれにするかあれにするかと選ぶときの好みというのもある。これは少し複雑になる。「それから、習慣で食べることがありますね」とリードはいう。「おわかりでしょうけど、そういう場合はどれくらい好きかということはあまり関係がありません」。リードはオフィスの窓から見える通りの向かいの屋台を指さした。「なんだかよくわからないものをランチに食べましたよ。好きで食べたわけではなくて、たまたま便利だっただけで」。本当に好きなのか、好きなわけではないけれど、ましなものを選んだだけなのかは区別が難しい場合がある。リードは「興味深い疑問」といっていたが、自分の嗜好にどれだけ忠実でいるかは人によってどれくらい違うのだろう？　この疑問はあとで取り上げることにするが、ある人にとっては好みが重要な決め手だろうし、ほかの基準で決める人もいるだろう。

決定回数が群を抜いていることのほかにも、食べものの好みには非常に重要な要素がある。ここでは食べるときに五感を——さらにたくさんのものを——総動員することが関係している。色に音を、音ににおいを感じる共感覚者は別として、私たちは絵に音を、音楽ににおいを求めない。だが、好物はふつうその味だけでなく、においや食感、見た目も好きだ（同じ食べものを真っ暗ななかで食べると、そこまで好きとは感じなくなる[21]）。料理をするときや食べるときの音まで好ましく感じる。ポテトチップスの「パリパリ」という高周波音[22]を大きく立てるとパリパリ感が増す気がすることが研究からわかっている[23]。それでますますポテトチップスを好きになるのだろう。

好きという気持ちにさせるものがなんなのかがよくわからないことは多い。たとえば、同じ果汁でも色の濃い――限度はあるが――ほうが、風味は似ていても色のうすいものよりもおいしく感じられる[24]。他方、「感覚情報の入力」の一つをいじると、まったく違う結果になる。訓練された人でも飲んでいる牛乳が見えないと、脂肪の含有量を判定するのが急に難しくなるのだ（「白さ」という目に見える重要な手がかりがなくなるため[25]）。あるマーケティングの研究では、食べている途中で特殊なライトのスイッチを入れると――ステーキが突然青っぽく見える――それだけで吐き気をもよおさせることができた[26]。

音楽、ファッション、美術――どんなものもその好みや嗜好や趣味はみな「テイスト」と呼ばれる。好み全般に使われるこの言葉が味覚《テイスト》と同じなのは興味深い（しかも偶然ではない）。ニューヨーク州立大学バッファロー校の哲学教授キャロリン・コースマイヤーは、「肉体で感じる快」の概念では、むかしからこの二種類の「テイスト」が区別されなかったと指摘する。美術や音楽のたのしみ方は食べもののたのしみ方と、さほど違っていなかったのである。
一八世紀になって、少なくとも哲学者にとってはそれが変わりはじめた。食べものの好み（何かを体に取り入れる「低級な」「肉体的」快）は、哲学者イマヌエル・カントの唱える美の判断における「無関心な快」――心身ともに距離を置いて冷静に「自由美」を分析する――という重要な概念にそぐわなかった。コースマイヤーが『味覚の解明――食べものと哲学』で述べているとおり、「西洋哲学での知覚分析のほぼすべてにおいて、対象と知覚者とのあいだに距離があることは、認識や善悪の判断、美的判断におけるありうべき態度とみなされてきた(27)」。私たちは絵画や映画を鑑賞するとき、そのなかにいるわけでないし、自分の体に取り込むわけでもない。しかし、好きな食べものを「肉体の感覚作用」から切り離すことなどできるだろうか。以来、食べるものに関する「好み《テイスト》」は、いかにも個人的かつ相対的であると同時に、根元的かつ本能的なものと考えられている。「味覚はきわめて重要なことでありながら、知覚というくくりのなかにあるとは見なされなかった」とコースマイヤーは書いている。

私が〈デル・ポスト〉でランチの席についたのは、哲学と科学のこの重い問題を抱えているときだった。ニュージャージー州立モントクレア大学の心理学教授デブラ・ゼルナーが一緒だった。ゼルナーは、食べものとその分野でいう「ポジティブ感情」の交点を長年にわたって研究している。学生時代に嗜好に関する研究でポール・ロジンに師事し――いわば嫌悪感の帝王の弟子――チューブから出る水をラットがぴちゃぴちゃなめるのを観察したり、もっとたのしい気分になれる実験で、「盛りつけ」が食べる量におよぼす影響を料理学校のカリナリー・インスティテュート・オブ・アメリカと共同で調べたりしている。

ラットの場合、相関関係はまったくもって単純である。食べたなら、それが好きということだし、たくさん食べれば食べるほどそれだけ好きということだ（逆もまたしかり）。ラットの摂食行動は誰が見ていようと変わらないし、罪悪感や見栄で変わることもない。一方、人間は一筋縄ではいかない。好きな食べものをたずねても、それで食べているものの全部がわかるわけではないし、食べる量が好きなものを表わしているとはかぎらない。盛りつけに関するゼルナーの研究で、同じレストランの料理がある晩はふつうの盛りつけで出され、次のときはふつうより少しセンスよく盛りつけて出された。(28) 後者の待遇を受けた人々のほうがより料理を気に入った。ただし重さを量ってみると、「ふつう」と「センスよく」のグループのあいだに食べた量の差はなかった。

ゼルナーは長いあいだ嗜好について考察しているが、彼女自身が好みというもののいいかげんさのケーススタディだ。席につくと、自分は乳製品アレルギーだと彼女はいった。これは体が拒否反応を示すほど乳製品がきらいだということだろうか。いや、そんなことはない。特定の食べものを理屈抜きに拒絶する「味覚嫌悪条件付け」を獲得するには、食べたら吐いた経験を経ることが一般に不可欠である。どうしてそうなのかはいまのところ謎だ。ポール・ロジンと同じように私も不思議に思うが、「腹痛などとは違って、吐き気が質（快楽）を変えるのには適応上どんな価値があるのだろうか」[29]。おそらく胃そのものから食物を意識的に除去する、ストレートな激しい嫌悪感が記憶に焼きつくのだろう。

　吐き気で反応するのは食べものに対してだけではない。ロジンは「嫌悪を表わす開いた口」――不快なものを飲み込んだときの、あのゆがめて軽くあけた口――は、「口からものを出て行かせる役目」があると指摘する[30]。あの独特の顔は（きらいな食べものを食べるときは顔の筋肉を多く使う）[31]、いやなにおいから不快な画像や倫理的犯罪まで、あらゆる種類の嫌悪感を示すのに使われる[32]。嫌悪感の起こりはきらいな食べものだったのではないかとロジンはいう。口は門番で、開いた口はそのメッセージというわけだ。「後味の悪さ」を残す、むかつくほど不快な行為は、古い例《たと》えかもしれないが、口から吐き出したくなるようないやな味によく似ているといえるだろう[33]。

　ゼルナーはアレルギーであるがために、ひどい吐き気をもよおすまで乳製品を食べたことがない。それで宙ぶらりんの状態でもやもやしている。食べたい気持ちといやだという気持ちのあいだに放り出されているのだ。乳製品の口あたりが好きになれないという。「口あたりが悪いと感じるのは、食べると気分が悪くなるものだとわかっているからかしらね」。それなのにときどきチーズで「気を紛らわせる」というから、ますますややこしい。特別においしいチーズを少しだけ食べるのだという。

　ウェイターがやってきた。「〈デル・ポスト〉は初めてでいらっしゃいますか」。これが何気ないようでいて、じつはこれから述べるように重要な質問なのである。二人でメニューを見ながらああでもない、こうでもないとやっていると、好みに関する重要な疑問の一つが湧いてくる。「何を決め手に選ぶの？」とゼルナーが聞いてきた。そのとき私は「ヘリテージ・ポークトリオ」の「リボリータ・アラ・カゼッラと黒キャベツの煮込みがけ」か、「天然シマスズキ」の「キクイモのやわらか煮と茹《ゆ》でたロメインレタス、温かいオッチェリバター添え」にするかで迷っていた。ゼルナーはつづけていった。「私が選ぼうとしているのは、好きだから？　味が好きなのではないわね、まだひと口も食べていないのだから」。もし私が以前にもこの店にきて料理を食べたことがあったなら、それを気に入ったのを憶えているかもしれない。好みはもっぱら記憶にもとづいているといえるのではないか。ある食べものが気に入るかどうかの唯一にして最大の予測因子は、前にそれを食べたことがあるかどうかだ（これについてはあとで詳しく述べる）。

逆に、私が初めての料理を選んだとしよう。その場合はたぶんその料理の感じが好きなのである。過去に似た料理を食べた記憶があるからだ。ある経済学者がいったとおり、「選ぶものは好みで決まり、好みは過去に選んだもので決まる」(34)。また、メニューにどう書かれているかにもよるだろう。言葉は料理をよりおいしそうに見せる調味料だ。「温かい」「やわらか」「ヘリテージ（伝統ある）」といった言葉は、なんのはたらきもしていないわけではない。言葉は脳にとってのアペタイザーなのだ。神経科学者のジョン・S・アレンは著書『雑食性の心』のなかで、「パリッとした」というような擬音語——シェフのマリオ・バターリは「本質的に欲望をそそる」と呼んでいる(35)——を耳にするだけで「そういうものを食べてい

る感覚が喚起されやすい」と述べている。[36]そそられる言葉であればあるほど、本当に食べて

いる感じが強く湧いてくる。[37]経済学者のタイラー・コーエンは、そういう誘惑に負けずに、

メニューのなかで最もおいしくなさそうなものを注文するとよいと主張する。「料理はそれ

だけの理由がなければメニューに載りはしない。おいしくなさそうに思えても、きっととび

きりおいしいだろう」[38]

　そういわれても、手元のメニューに食欲をそそらない料理を見つけるのは難しい。「どれもみんな、とてもおいしそうに聞こえるわよね」とゼルナーがいった(私たちはそれぞれメニューを目で追っているのでおかしな言い方だが)。ここで確実に好きだといえることが一つある。私たちは選ぶのが好きなのだ。手元にメニューがあって、そこから選べるというだけで、メニューに載っているすべてが好ましく感じられることが研究からわかっている。[39]さらに選んだものへの期待に私たちは胸を躍らせるが、脳画像での研究が示すように、選ぶたのしみは、自分で選ばずに何かをたのしみにするよりも神経活動を活発にするようだ。[40]

　言葉が料理を「前もって食べる」たすけになるなら、何を選ぶかを考えるだけでも同じことが起こる。それを心理学者のティモシー・ウィルソンとダニエル・ギルバートは、「予感」と表現している。二人の説では、私たちはこれから起こるさまざまなシナリオを「試して」みて、そのときの快楽反応を、選んだあとにどう感じるかの尺度にする。当然かもしれないが、どんな見返りがあるかを考えることは、実際に見返りを経験することと同様に脳の活動を促すらしい。だが、将来を考えるのでさえ記憶が必要だ。記憶をなくした人は「展望

する」、つまり将来を見通すことができない。ウィルソンとギルバートの表現を借りれば、「記憶は模擬体験の材料」だからである。[41] 経験していないものを好きになるかどうかが本当にわかるのは、経験してからだ。

　ここでまた疑問が湧く。メニューのなかから好物を注文するのと初めてのものを注文するのとでは、どちらが満足感が大きいだろう？　ロジンはどの時点で満足感を得たかによるだろうといっていた。食事の前か、最中か、あとか。「期待される満足感は好物を注文したときのほうが大きい。食べたことがあって、慣れていて、どんなものかがわかっているからだ。実際に感じる満足感も、きっと好物のほうが大きいだろうね。だけど記憶に残るような満足感がほしいなら、初めての料理を注文するのがいい。いつもの好物を注文しても記憶には残らないだろう。もう食べたことがあるんだからね」

　好みとは、つまり期待と記憶のことなのだ。何かをたのしみにしているときでも、それを前回たのしんだときの記憶をふり返っている。パスカルが嘆いたように、「現在はわれわれの目的ではない」[42]。過去と未来が私たちの思考を支配している。あるいはもっと簡単に、過去と未来は現在よりも長くつづくというのが真実だろう。「人生でまたとない食事」を数週間も心待ちにすることはできても、食事そのものは二、三時間ですんでしまう。「いまを大切にしよう」としても、その「いま」のなんと短いことか。あっという間に記憶のなかに運び去られ、インスタグラムで心にフィルターをかけたようににじんだ記憶が符号化される。多くの人が「思い出に残る」食事の写真を撮る現状は、体験が消えていく速さばかりか、写真を撮ればたとえ短時間でも記憶に残りやすいことを物語っている。私の好きな手帳のブランド「フィールドノート」のキャッチフレーズにこういう文句がある。「あとで思い出すために書きとめているのではない。いま憶えておくためだ」

残念ながら、記憶も期待も、何をどれくらい好きだったか、あるいは好きになるかを教えてくれる一〇〇パーセント確かな指標ではない。ある研究で、好きなアイスクリームを一週間毎日食べつづけたあとにそれをどれくらい好きでいるかを予想してもらったところ、その予想は一週間後の感想とまったく違っていた(43)。好みはいろいろに変わってしまい、まったくあてにならなかったのだ。ロジンは「予測した好みと実際の好みの相関関係はゼロに近い」という(44)。

また私たちは、決定するときに必要以上の選択肢があってほしいと思うようだ(45)。たとえば私は子供のころ、ケロッグのシリアル詰め合わせに病みつきになった。アップルジャックスやフロステッドフレークスがぎっしり詰まっているのを見るとたまらず、シュリンク包装された栄養食品が山と積まれたなかで一番大きい箱を親に大声でねだったものだ。しかし、好物を夢中で食べるうちに、好きな気持ちが徐々にしぼんでいくのがわかった。大好きなアップルジャックスの山が消えるころにはスペシャルKとオールブランが二つ三つ寂しく残り、それらは食べられないままビニールの経帷子《きょうかたびら》をまとってゆっくりと終わりを迎えることがしばしばだった。親にしてみれば、私の好きな種類だけを数箱買えばよいなら、そのほうがもちろんらくだっただろう。それなら私は毎日かならず食べたのだから。

過去をふり返ろうとしても、憶えているはずの前回の食事でさえ――これから食べるものを決めるために思い出そうとするだけでも――記憶はゆがんでしまう。心理学者によるある実験では、好きな度合い（この場合は「レンジでチンするだけのハインツ・ウェイトウォッチャーズ・トマト&バジルチキン」）を食べたあとに変えることができた。(46) ラットでの実験のように、脳を物理的にいじったわけではない。被験者に食事の「どこがよかったか」を「語って」もらっただけだ。それによってたのしかった時間が「思い出しやすく」なるのを実験者はねらったのである。実際、あとで被験者に食事のことをふり返ってもらうと、たのしい記憶が瞬時によみがえった。ほら、やっぱり！　食べたものが急においしかったように思えたばかりか、また食べたくなったのだ。いま食べた料理をもっと気に入りたければ、どこがどんなふうによかったかを話すとよい。

ふたたび〈デル・ポスト〉で。私はようやく何を注文するかを決めた。私がその料理を選んだ、そのことこそが好みを解明する手がかりかもしれない。見劣りしない別の選択肢のことも考えたけれども、選んだ料理は急にきらきら輝きだした。いまやポークトリオは、数々の魅力的なメインディッシュの一つだったときよりもおいしそうに思える。このとき二つのことが進行している。第一に、レオン・フェスティンガーが一九五七年に「認知的不協和」（訳注：人が自分のなかで矛盾する認知を同時に抱えた状態、またはそれによる不快感。これを解消するために、人は態度や行動を変えるとされる）の理論を提唱して以来、心理学では、人は選んだものをより好きに(「このパスタは最高!」)、選ばなかったものをよりきらいになることで、決定後に不安になる(「本当は魚が食べたかったのだったらどうしよう?」)のを避けようとするとされている。バイヤーズリモース(購入後の後悔)をいつまでも引きずらないための生来備わったシステムのようなものである。だが、いつもうまくいくとはかぎらない。私はレストランで連れの選んだ料理を見て、「そっちが正解だった」と何度いったことか。バイヤーズリモースは、「感情的」な精神状態でものを買い(「どうしてもこれがほしい」)、「認知的」な状態でふり返る(「あのとき何を考えていたのだろう?」)ために起こるといわれている。[47]

選ぶものに好みが影響するのと同じくらい、選んだものは好みに影響する。選んだことを追想できない健忘症患者も、選んだものをより好きになるようだ。[48] 興味深いことに、ただ選んだことを一時的に忘れてしまっただけの非健忘症の人にもこれと同じ効果が見られる。[49] 神経科学者のタリ・シャロットらは、旅行に行くとしたらという仮の話として旅先を選ぶときでさえ、被験者は「選んだ」場所を「却下した」場所と比較するときに脳が活発に活動するらしいことを発見した。[50] つまり被験者は選んだ場所に満足し、選ばなかった場所を「たいしたところではない」と感じていたのである。追跡研究では、被験者に「サブリミナル手法」で見せた旅行先候補からいずれかを選ばせた。[51] 実際に被験者が「見せられた」のは意味のない記号の羅列だけである。ついでそれまで実際に見せられていなかった場所が無作為にスクリーンに表示されると、被験者は自分の「選んだ場所」を「却下した場所」よりも高く評価した。私たちには自分の選好をより好むという好みがあるようだ。

このときの被験者は引っかけられたのだという意見もあるだろう。だが、選択肢のなかからいずれかを選ぶよう依頼されて、「どれがお好みですか」という言葉が聞こえたときにどんなことが起こっているか考えてほしい。実際にやってほしいと依頼されたのは「どれを選びますか」ということだ。好みはたいていそのあとにくる。私たちは選びながらすでに「再評価プロセス」に入っているという指摘さえある[52]――事後に選択を正当化するのとは対照的だ。

私が最終的に選択するときには、頭のなかでまた別のことが起こっているだろう。私は実際よりも多くの人が自分と同じものを選ぶだろうと思っているのだ。これがよく知られている「偽《ぎ》の合意効果」である。ミシガン大学で行なわれた研究では、被験者にフレーバーをいろいろに組みあわせたアイスクリームサンデーを評価させた。被験者の学生たちに、ほかの人は何人ぐらい自分と同じ意見だと思うかをたずねたところ、ほかの人は反対意見だろうと思う学生よりも同意見だろうと思う学生のほうが多く、とくに自分の好きなフレーバーの場合はそれが顕著だった。私もその実例を知っている。義理の父は家族の集まりでパイを食べるとき、かならず私にアイスクリームを勧める。パイにアイスクリームをのせるのは好きではないと私がはっきり断わっても効果がない。それで私は義父が私の好みを忘れているのではなく、たんにこう考えているからだと思うようになった。「私はパイにアイスクリームをのせて食べるのが好きだ。だからトムもきっと好きだ。きらいなわけがない」

三たび、〈デル・ポスト〉で。ソムリエでもあるウェイターからワインはどれにするかと聞かれた。私はワインリストからフリウリ産の赤を示し、二〇〇四年のアンティコ・ブロイロはどうだろうといった。もちろん彼が「かしこまりました」とか「お気に召すでしょう」とだけいってすませるわけがない。ソムリエのような専門家については第6章で取り上げる。いまは彼の口上に耳を傾けることにしよう。「これは少し重めで、胡椒《こしょう》の香りがいくらかしますのでポークにとてもよく合います。ドロミテのワインでございますから産地の地勢がよく表われています。お口全体にミネラル感が広がりますよ。ボルドー地方と同緯度ですのでハーブの香りもおたのしみいただけます。ほのかなミントとセージの香りがします」。私たちはそのフリウリの赤を頼むことにした。

ひと口飲んだところで、好みのもう一つの性質が作用しはじめた。それを何として好きなのかが好きな度合いに影響するという性質だ。私の頼んだワインはワインとしてよいか。赤ワインとしてよいか。レフォスコ種のワインとしてよいか。フリウリ産の赤としてよいか。その値段のワインとしてよいか。あとで見ていくとおり、専門家は素人よりも細かい分類を言葉で表現できる。この分類がさまざまに作用するとゼルナーはいう。一度本当によいワインを飲むと「あともどりできなくなるわ。なんでもそれとくらべてがっかりするのよ」。一九九〇年のシャトー・マルゴーを理想的な赤ワインの基準にすると、ほかのほとんどの赤ワインはさほど好きと思わなくなるだろう。

それでもなお、世界のほかのすべてのワインをおいしく味わう方法はあるだろうか。ありふれた安ワインでも好きなものが見つかるだろうか。ゼルナーはこれに関してビールとコーヒーで実験をし、「スペシャルティビール」と「グルメコーヒー」および「レギュラー」のビールとコーヒー（たとえばバドワイザーとフォルジャーズ）について被験者から話を聞いた[53]。飲みものを分類しようとする人は、たんに「ビール」「コーヒー」としてひとまとめに考える人よりもレギュラーの飲みものを好ましく感じていた。「快不快の対比」をあまりしないのである。換言すれば、上等なもののどこがよいのかを識別できる人ほど、上等でないものもたのしめるのだ（上等ではないものとしてたのしんでいたのであっても）。「悪くないね、ファストフードにしては」というようなことを誰でも何気なくいったことがあるだろう。そういうときは判断基準をゆるめているだけではない。素直にファストフードをたのしんでいるにちがいない。たのしんでいないまでも、不満は少なかったはずだ。

話は料理そのものに移った。上質の料理を出すレストランではそれがふつうになっているが、〈デル・ポスト〉の料理は「アミューズ・ブーシュ」（訳注：食欲をそそるために食前酒とともに供されるつまみ）ではじまる。フランス語で「口をたのしませるもの」という意味だが、よくぞいったものだ。「何かひと口おなかに入れるだけでインスリンが分泌される。そうすると血中のブドウ糖が細胞に取り込まれるのよ」とゼルナーがいう。「それが空腹だっていう合図。だから、ちょっとでも食べるとますます空腹を感じるわけ」。これを「アペタイザー効果」という。最初の一品が口に合うほど——どんなにあっという間に食べ終わっても—

—食欲がそれだけ増すことが知られている。[54] 食べるといかに空腹だったかを思い出すのだ。

ところが、最初に湧き上がるあの胸いっぱいのよろこびには裏がある。このときはうれしさに気をとられてたいていの人には心によぎりもしないことだが、それは食のたのしみにつきまとう悲しい皮肉だ。食べはじめたときから、それがだんだん好きではなくなっていくのである。食欲が最高潮に高まった空腹のピークから（「ああ、うまい！」）、しだいにうすれていく愛情に少しずつ失望を感じつつ（「なかなかいいな」と半分は自分に言い聞かせながら）、しばらくはどっちつかずの状態をさまよい（「デザート用におなかをあけておこう！」）、それからゆっくりと坂を転げるように重たい気分になっていき（「もうそろそろいいや」とばつが悪そうにニヤッとする）、ついにうんざり感に襲われるのだ（「下げてくれ」と最前までの最愛の料理を押しやる）*。

突然のうんざり感は食べて数分でピークがくるらしい。[55]「感覚特異性満腹」という現象は、簡単にいうとある食べものを充分に摂取すると体がシグナルを送ってそれを知らせるということだ。ただ「満腹になってきた」のではなく、その食べものについて満腹になってきたという合図である。「食べたことのあるもののおいしさは、食べたことのないもののおいしさよりも大きく減少する」とある画期的な研究は報告している。[56] 飲み込まずに口に入れただけでもおいしさは減少する。サルの実験では、食べたことのある食べものを見ただけでは、食べたことのない食べものの場合ほどニューロンが興奮しなかった。[57]

バラエティに富んでいることは脳だけでなく食欲も刺激する。いくつかの研究で、被験者はバラエティがあると最高で四〇パーセントも多く食べた。「感覚特異性満腹」は進化において有利なメカニズムであり、さまざまな栄養素を摂取するたすけになると科学者は推測している。[58]私たちの選択の裏にはこの「感覚特異性満腹」がひそんでいる。週末の朝、あなたは炭水化物とシロップがたっぷりのパンケーキの朝食を家族そろってのんびりたのしむだろう。そろそろ昼食という時間にはきっと、パンの類ではなく、おいしそうなにおいを漂わせる料理らしい料理が食べたくなっている。理屈で考えれば、パンケーキが好きなのは変わっていない。ただ、いまはパンケーキでないというだけだ。体内に快不快の小さいサーモスタットがあって、体の要求にしたがって絶えず調整しているかのようだ。食品研究家のクララ・デイヴィスが一九二〇年代から一九三〇年代に行なった有名な実験では、州立病院の離乳後の幼児は当時としては一般的に健康によいとされる食品をならべたトレイから（「脳」や「ボーンゼリー（訳注：ゼリー状に煮詰めた骨）」もあった）、食べたいものを自分で選べた（「自己選択食摂食法」）。子供に好きなように選ばせるやり方であっても、食べたがらない幼児に「医師の処方による食事」をなんとか食べさせようとするよりもよほど「放任」ではなかった。デイヴィスの報告書は、データが圧倒的に不足していたにもかかわらず、断固として言

＊　そのあと、勘定書が届けられる。コメディアンのジェリー・サインフェルドは、レストランの勘定は食事の前にすませたほうがよいという。「いまはちっとも腹なんか減っちゃいない。なのになぜ料理にこんなに払うんだ？」

い切っている。「自分で選べない子供はいなかった。全員が食欲旺盛に食べ、全員が元気に育っている」[59]

好きは好きのまま変わらなくても、好きな度合いは長つづきしない。食べているあいだにも変わる。カリカリのシリアルが入っていたボウルの牛乳の底から探し出した最後の数片を最初の数口と同じくらいおいしいと思うだろうか。一粒のブレスミントの一気に広がるあの強烈なミントの風味が好きでも、それがずっと口に残ったらどうだろう？　一度の食事が数品からなるコース料理なのは（しかも一皿に三品目かつ三色の最適な取りあわせが好まれるらしい）、感覚特異性満腹が理由の一つだ[60]。グリーンサラダが終わったら、ますます好きだとも、もっと食べたいとも思わないだろう。しかし、ここでポークが出てくれば感覚特異性満腹は退場し、新たな章の幕開けとなる。

奇妙なことに、感覚特異性満腹を引き起こすのは味覚だけではない。色とりどりの粒チョコレートを出された人は、食べたことのある色よりも初めて食べる色のほうがおいしいといった[61]。ポテトチップスでの研究では、断面が波形になったギザギザカットのポテトチップスは、ギザギザでないポテトチップスよりも早く感覚特異性満腹を引き起こすようだった[62]。バゲットでの同様の研究結果と考えあわせると、食べにくいもののほうが早く「飽きる」ようだ。いわゆるアイスクリーム効果について、食品科学者のロバート・ハイドとスティーヴン・ウィザリーは、私たちがアイスクリームにこれほど満足できるのは食べているあいだに食感や冷たさなどの知覚特性が変化するからだと論じている[63]。満足感のもとを手を替え品を替えして繰り出すアイスクリームは、じつは感覚特異性満腹がやってきてたのしみを台なしにされる前に口のなかで多少の時間稼ぎをしているのである。

　アイスクリームといえば、〈デル・ポスト〉もいきなりデザートの時間になる。私たちは満腹だったが、ここで突然新しい風味と感覚を突きつけられる。私たちにかならず「デザート用の別腹」があるのは、デザートがこれまでに出されたものとまったく違うかららしい。同時に私たちは、いわゆるデザート効果の魔術にかかっている。[64] デザートを食べるころは――何が出されようと、食事の最後の最後なのだから――それまでに食べた料理の「摂取後の」栄養効果が出はじめている。確かにそのチョコレートはおいしいが、いまこんなに満足しているのは野菜のおかげだろう（もしもデザートを食事の最初に出されたら、そこまでうれしくはないのでは？）。満腹であればあるほど、どんなものもさほどおいしく感じられなくなるので、ゼルナーは提案する。「最後には絶対においしいものを食べなくてはだめ。だからデザートなのよ。何よりもおいしいに決まっているのだから」。チョコレートは死ぬほど食べても、決して死なない。

　最後に、記憶はおいしさをかすませる。不思議なことにロジンによる研究は、食事で記憶に残る満足感は、食べた量や食べるのに費やした時間にほとんど関係がないことを示している。これを「持続時間の無視」という。「好きな料理を数口食べれば、記憶するには充分だろう」とロジンは書いている。[65] フィラデルフィアで会ったときには、こうもいった。「好物を二倍の大きさにしたところで、食事をどれだけ気に入るかにはなんの効果もないよ」。過食防止のための「小さい皿を使おう」運動に一点追加だ。ロジンの研究によれば、食事の記憶は「エンド効果」や「ピーク効果」のようなよく知られた現象――体験の最後の瞬間か、最も印象的な瞬間が記憶されやすい現象――のおかげをあまりこうむらないようだ(66)。要するに、最後に好物を食べたからといって、かならずしも満足感が増すわけではない。ロジンは「最初のもの」は一般的に過小評価されていると考えているが、事実、食べものの「好みの動態」の研究では、最後よりも最初の数口の満足感のほうが大きいことがたびたび発見されている。ところで、私は記憶に残る満足感を得る前にこのことを考えすぎて飽きてきた。目の前の皿には片づけるべきものがたくさんあるのだ。

期待していたよりはおいしいが、記憶に残っているほどおいしくない

私たちはおいしい食事がしたくて評判のレストランへ行く。だが、どんな食べものが好きで、なぜそれが好きなのかを考えるには、気に入るはずのない食べもののことを考えるのも一つの手だ。

これからお話しするのは、私の目の前にある迷彩色のテーブルクロスの上にずらりとならんだ軍用食についてである。場所はマサチューセッツ州ナティックの米国陸軍兵士システムセンター内にある〈ウォーファイターカフェ〉。私は非常にきらわれている食べもの――MRE(meals ready to eat)(携帯口糧《こうりょう》)――をもっとよろこばれるものに、という大変な課題について知るためにここにきている。通称ナティックで知られるこのセンターは一九六〇年代によくあった画一的な低い建物が不規則に広がり、迷彩研究棟、風雨実験棟、落下実験塔が敷地内に集まっている。国防総省の戦闘糧食《りょうしょく》局もここにある。メニューの品目リストの上部には、「近日公開！」という見慣れた文句が書かれていた。案内をしてくれるジェラルド・ダーシュとキャシー・エヴァンゲロスは、戦闘糧食局で先頭に立って活躍している人たちだ。ダーシュがいった。「戦車にはディーゼルエンジンオイルを入れますね。私たちの仕事は兵士に燃料を供給することです」

トランス脂肪酸フリーのバニラパウンドケーキ、ハーブフォカッチャ、カフェイン入りミートスティック——私の前にならんだご馳走で最も驚いたのは、三年後にまたこの部屋にきて同じ食事をとることができることだ。文字どおり同じ食事を、である。

「MREは保存可能期間が最低三年は必要です」とダーシュはいう。MREにはMREの特別な制約がある。「クラフト社は自社製品を空中投下することなど心配しなくていいですからね」。食品とその包装が手荒い扱いに確実に耐えるようにするために、信じられないほど多くの技術が投入されている。サンドウィッチは現地の病院でMRIスキャンにかけ、過剰な水分が——結果的にカビが——広がっていないかを確認する。これは長年の課題だ。ナティックで開発された新技術「圧力補助熱滅菌法」は、パリで料理人をしていたニコラ・アペールが食品の保存技術の改善案を募ったナポレオンの呼びかけを機に開発した「高温処理」を土台にしている（訳注：アペールは食品を瓶に入れて高温加熱したのちに密封する瓶詰めの技術を考案したことで知られる）。「ナポレオンは、多くの兵士を敵の弾丸によるよりも栄養不良と食中毒で失っていたんです」

ありとあらゆる技術が食品の保存性確保に応用されるが――「まるで『チャーリーとチョコレート工場』に出てくる製品の戦闘糧食版のようですよ」とエヴァンゲロスは冗談をいった――それよりはるかに重要な問題は、食品の嗜好性、すなわちナティックでいう許容性を確保することである。これはぎりぎりの線だ。なにしろ口に入れるのすらいやだと思われてはおしまいということなのだから。「できるだけ小さい容積にできるだけ多くのカロリーと栄養を詰め込めるのはわかっていました」とダーシュは説明する。「理論的にわかりやすい問題ですから。基本要素のなかで些細《ささい》な問題だと思って気にかけなさすぎたのが、兵士に受け入れられるか、はたして食べてくれるかという点でした」。要するに、軍用食は「見た目がよくて、味もよく、しかも兵士に望ましい栄養量の三分の一をまかなう」必要があるのだ。

戦闘糧食局が現在遂行中のおもな作戦の一つは、期待との闘いである。期待は好みの基本原理といってよい。きっと気に入ると思っていれば、本当に好きになる可能性が高いのだ。

残念ながら、軍用食には期待されていないという隠しようのない長い歴史がある。歴史学者のウィリアム・C・ディヴィスが著書『軍用食の味』で言及しているとおり、南北戦争で「乾燥野菜」などの新しい軍用食が誕生した。この「乾燥野菜」は、キャベツの葉からパースニップまで、ありとあらゆる野菜を厚さ五センチほどの円板状に圧縮したもので、「水に溶けはしないが、正体も解けない大きいカス」だった。ゆでるとふくらみ、まるで「腐った枯れ葉がそこらじゅうに浮いている汚い川」だったという兵士もいた。兵士が「穢《けが》れた野菜」と呼んだのもうなずける。[67]

食品科学者が料理の味をよりよくする研究をする一方で、上級研究員のアーマンド・カーデロをはじめとするナティックの研究者らは、兵士たちがどのように食べて何を好むか、その心理状態を長年にわたり解明しようとしている。そしてその研究が逆輸出されて食品産業に多大な影響をおよぼすようになった。カーデロが小さいオフィスで散らかった机をはさんで向きあう私にいった。「人が何をもとに食品を選び、食べるのか、価格なのか栄養なのか、なんなのか。どんなかたちの調査をしても、最も重要な要素としてかならず浮かび上がってくるのは味なのです。味の話は、すなわち食べものの好みの話なんですよ」

軍用食についていえば、好かれるものよりもきらわれるもののほうがずっと多い。兵士に配られる奇妙なパッケージの中身は、かろうじて正体がわかるといった体《てい》の食べもので、カーデロにいわせれば「気温が五〇度近くある砂漠の倉庫で三カ月も眠っていた」ものだ。兵士が思うわりにはおいしいかもしれないが、それはそれで彼らが首をかしげだすことにもなる。戦闘という極限状態でこいつを食べられる状態に保つのに、いったいどんな奇妙な魔法が使われているんだ？　そこにこそ、研究チームが軍用食を通常の食品に極力近づけようと努める理由がある。いや、なんとかして私たちが普段食べているものを使おうと努力しているのだ。

「トースターペストリー　ブラウンシュガー」と書かれた地味なパッケージをダーシュが私によこした。「それ、ポップタルトなんですよ！」。糧食用の特別なポップタルトではなく、地味なパッケージに変わっていても中身は本物のポップタルトだ。おなじみの市販のポップタルトと似たパッケージで届けば、兵士がもっとよろこぶのはカーデロの研究からわかっている。なぜ市販のポップタルトをそのまま支給しないのか。「湿気や酸素や光が入るのを防ぐパッケージになっていませんからね」。同じ常温保存食品といっても、軍用とスーパーマーケットの商品とでは仕様が違う。このポップタルトはケブラー素材の衣を着せられているのだ。

期待が好みを後押しする。私たちはあるものを「これはお気に入りだ」と思ってすごすのに負けず劣らず長いあいだ、「これが気に入るといいな」と思ってすごすのだ。おもしろい映画だったと事前に感想を聞かされていると、その映画を実際に見るときに二つのことが起こりうる。一つは「同化」だ。感想を聞いて期待が高まったことで、感想を聞かなかった場合よりもその映画が好きになるケースである。もう一方の「対比」では、さほど期待していなかった場合よりも余計にがっかりする。

食べものについては、私たちは同化しやすい。「見た目も味のうち」とよくいうが、見るよりも前に頭のなかで試食してたのしみにしている。ナティックで問題になっているのは、たのしみにされなさすぎることだ。カーデロの研究チームはMREのパッケージに入れたグリーンジャイアントブランドのコーンと、グリーンジャイアントの缶に入れたMREのコーンとで比較した。「グリーンジャイアントのものだと思うと、大よろこびしますよ」とカーデロはいう。ことによると、いつも以上にグリーンジャイアントを気に入る。中身はMREのコーンなのに。「軍用食はまずいという思い込みが強く、それだけで気に入られない」のだ。

同化で説明づけられる好みの原理がもう一つある。人はある品物が期待どおりであればあるほどそれだけその品物を気に入り、期待からずれているほど好きにならない。食べものの場合はつねにそういうことがあり、その際、その食べものへの実際の知覚反応はほとんど関係しない。このコーヒーは苦いですよと教えると、そう聞かされた相手はそうでない場合よりも苦いと感じるだろう[68]。その逆もあって、神経学者によると、苦いと教えられていなければ脳が苦さへの反応を「抑制する」らしいからだという[69]。被験者にオレンジジュースにはウォッカが入っていると教えると、彼らはウォッカが入っていないものよりも入っているほうを気に入る[70]――本当はどちらにも入っていないのだが（念のためにいっておくが、被験者は大学生だった）。

食べたことのないものについて――ナティックであるとき試みられたのはホロムイイチゴだった――期待させる何かしらの情報をあたえられただけで、それを好きになる度合いが増す。それが「得体の知れない宇宙食」だったら、これは得体の知れない宇宙食です、というのだ！　それでも教えられない場合よりは気に入るだろう（宇宙飛行士で実証済み[71]）。ナティックの研究では、兵士に暗闇で食べてもらった。兵士だったら充分にありうる状況だ。結果は、何を食べているのかを聞かされたときのほうが気に入った。

期待が裏切られたときには、興味深いことが起こる。有名なある研究では、被験者にサーモンの味のするアイスクリームが配られた[72]。ラベルには「アイスクリーム」もしくは「おいしいフローズンムース」としか書かれていない。被験者は「アイスクリーム」よりも「ムース」のほうを気に入った。「アイスクリーム」と書かれたほうのきらい方は激しく、現に研究者らがいくらか心配そうに述べているところによると、「被験者の多くが吐き気がするくらいだといった」ほどだという。チョコレートやカラメルを使ったデザートに塩気もあることがメニューにかならず明記されるのも、この同化と対比の心理があるためだ。ある著名なパティシエによると、「塩気があるといわれていれば、塩の味がするのはわかりきっているので誰も驚かない。むしろ塩気と甘さの対比を味わえる[73]」。より好きになるということだ。思い出してほしい。私たちは食べるものに「よくない」ことがあるのに気づく――そしてそれをきらう――ようにできているのである。

しかし、サーモン味のアイスクリームの実験からわかるように、好むというのはたんにそれそのものを好むことではない。何として好むのか、それも重要なのである。カーデロが「新しい食べもの」に関して行なった研究では（「軍とNASAは、極限状況で使用する『新しい』食品の開発をたびたび必要とする[74]」）、被験者は「スープ」（キャンベルの濃縮クリーム・オブ・マッシュルームをうすめたもの）と「流動食」（顎の手術をした患者のために開発された、固形物をつぶしてどろりとさせたチキンカッチャトーレ――学生時代に、うちの学校のカフェテリアも私のために一度そうやって出してくれたと思う）をあたえられた。

どちらも陶器のボウルとストローを添えたコップで出された。いずれも表示は「スープ」となっていた。当然だろうが、被験者は本物のスープをより好んだ。しかし二回めの試行では、コップに入れられたものには「歯科用流動食」と表示された。被験者は一転、コップのスープよりもコップの歯科用流動食を気に入った。研究者が述べているとおり、「表示を変えたので期待が変わり、コップのスープは期待と一致しなくなって、結果として情緒反応が弱まった」のである。

こうした期待との不一致は、軍の研究所の開発する奇妙な食べものにかぎったことではない。ある日の午後、私はブルックリンブルワリーのギャレット・オリヴァーを訪ねた。都会的で颯爽《さっそう》とした、ビールづくりにかけては持論を曲げない一徹な醸造長だ。バーボン樽で寝かせ、リースリング種《しゅ》ワイン発酵時の沈殿した酵母を含む一樽限定ビールの「ゴーストボトル」をやりながら、オリヴァーは数年前に新しい限定生産ビールのアイデアを思いついたときのことを語ってくれた。スコッチウィスキー、ジンジャー、ハチミツ、レモン果汁を合わせてつくるペニシリンという人気のカクテルをもとにしたビールだ。「ペニシリンは酸味と甘味がある」とオリヴァーはいった。「あれが好きなのは、そういういろいろな要素が合わさって調和と統一がとれているところだね」。オリヴァーはそれと同じ魔法をビール樽のなかで起こしたらどうだろうと考えた。そこでピートモルト、オーガニックレモンジュース、ワイルドフラワーハニー、刻んだジンジャーをブレンドした。

そのビールへの反応は真っ二つに分かれた。「《ドラフト》誌は、二〇一一年のビールの上位二五位に選んでくれたが、ぼくらをぶん殴ってやりたいと思う人たちもいたんだ」。バーテンダーが彼の思っていたやり方でビールを出すとはかぎらなかったのがまずかったのだろうとオリヴァーは推測している。「スコッチ、ジンジャー、ハチミツ、レモンのカクテルがもとになっているとだけは客に話す必要があった。だけどそうしてくれるバーテンダーばかりではなかったんだよ」。そういうわけで、カクテルをもとにしたビールだと知って飲み、場合によってはくらべるためにもとになったカクテルも一緒に出された客もいたが、黙って出された客もいたのだった。オリヴァーはこう説明した。「『これはブルックリンブルワリーの新製品で、たぶんペールエールか何かでしょう』といわれただけでは、この変わった風味を味わう心の準備ができない。だから口に含むと、『ゲーッ』ってね」。彼らは好きになるための予備知識を教えてもらえなかったのだ。

九段階評価――好みを測ることの難しさ

これまでのことでおわかりいただけたと思うが、消費者の期待に添えるかどうかは、死活問題である。

味と期待はずれで残念な結果になった事例の一つに、一九九〇年代初めにペプシコが発売したクリスタルペプシがある。ミネラルウォーターが売れるようになり、また食器用洗剤から消臭剤まで、幅広い製品に「クリア」タイプが好まれるようになったトレンドに乗って生産された、透明なソフトドリンクだ。クリスタルペプシは、色とカロリーが「よりライト」

で「健康的」なペプシコーラという位置づけだった。すべり出しは順調で、当時のCEOデヴィッド・ノヴァクがコロラド州でのテスト販売は「大成功」とコメントしたほどだった。全国流通を開始した三カ月後には、二・四パーセントというかなりのマーケットシェアを獲得していた(75)。価格もペプシコーラより高く設定され、それとなく格の高さをにおわせていた。

ほどなく、コーラの〝気〟が抜けはじめた。クリスタルペプシは一九九四年には市場から姿を消し、不名誉にもマーケティングの負の歴史の片隅に追いやられてしまった。何がいけなかったのだろう？　失敗した新製品の大半にありがちなわかりきったことは別にしても、不人気の兆《きざ》しは早くからあった。ある新聞が行なったブラインドテストこそ、クリスタルペプシの問題点を示唆するものにほかならなかった(76)。どういうことかというと、人々はクリスタルペプシの味が好きだったが、それは文字どおり目隠しをされた場合にかぎられていた。目で見たときは、こういう味にちがいないという期待があり、それが見事に裏切られたのである。また、ペプシは期待に関する別の問題も提起したとノヴァクはあとになって述べている。クリスタルペプシは「ペプシコーラに充分に似た味」ではなかったというのだ(77)。ペプシという名前そのものが、ペプシコーラに似た製品だろうと消費者に思わせてしまった。たんにクリスタルという名にしたほうがよかったのかもしれない。だが、この話から微妙な疑問が生じる。食品の色の「おもな効果」が、ある研究が指摘したように「風味の識別」にあるのだとしたら、色を取り去ったときに識別される風味とはいったいどんなものなのだろう(78)？

期待はずれの問題はさておくとして、クリスタルペプシの完全な失敗には、もう一つ重要な教訓がある。消費者の嗜好を予想するのがいかに難しいか、である。単純なことに思える。試飲テストでそれなりの数の人が気に入ったなら、市場で受けないはずはないではないか。ペプシは気まぐれにクリスタルペプシを市場に放ったわけではない。九〇人あまりの人々が一五カ月間にわたってこの新製品の開発に携《たずさ》わり、数千もの試作品を検討したという。さらに地域限定販売にこぎつけるずっと前に、社内で相当数の官能評価パネルと消費者パネルによる試飲テストが行なわれたのはまちがいなく、パネルの大半が好きだと評価したにちがいないと推測できる。

偶然にも、まさにこれこそが、つまり食品会社の「消費者パネル」による好みの測定こそがナティックが開発し、完成したプログラムだ。プログラムそのものは、軍用食の品質とそれが軍の士気におよぼす影響という当時の懸案問題を解決する目的で、一九四四年にシカゴの需品科食糧・容器研究所でスタートした[79]。心理学者が集められ、その多くはのちに食品産業で重要な研究をするようになる。「最初に浮かび上がった問題の一つは、誰かが何かをどれだけ好んでいるかをどうやって測定するかでした」とカーデロはいう。

それ以前にも、ヴィルヘルム・ヴントらの先駆的な心理学者が、さまざまな刺激に対する私たちの知覚の数値化しがたい反応（たとえば甘さを二倍にしても、二倍甘くは感じない）を「精神物理学」によって定量化しようと試みていた。

だが、好みを定量化できた者、というよりもそうしようとことん努力した者は一人もいなかった。そこで「九段階快不快尺度」が生まれた。最初は兵士に用いられ、ついにはほぼすべての主要な食品製造業者の商品開発調理室で使われるまでになった。たったいま、あなたの家の冷蔵庫に入っている何をとっても、どこかの誰かがその食品をどの程度気に入ったかを九段階尺度で答えているはずである。ある報告によると、九段階の前に「一一段階尺度」を導入する試みがあったが、政府所定の用紙にどうしても合わなかったという[80]。キャットフードのような製品についてまで人間が引っぱり出され、感想を九段階で書かされている。なぜか？　添付報告書にあるとおり、猫が「好ききらいを言葉で表現できないのは明らか」だからだ。猫は尻尾で軽蔑を表わしながら偉そうにプイと行ってしまうだろうが、この態度を数値に置き換えることはできない。報告書は「驚くべきことなのだろうが、快不快尺度の値の総平均は4・7で、これは数値の説明の『好きでもきらいでもない』と『やや好き』のあいだだった」と結論している[81]。人間はキャットフードを、少なくともキャットフードとしてはそうまずくはないと思ったのだ。

　快不快尺度は業界基準として簡便かつ比較的正確で、それなりに有用であるため、好みを数値に置き換えようとすることの手法上の問題は目立たなくなっている。ポリグラフ（訳注：呼吸、脈拍、血圧、発汗などの生理現象を同時に測定、記録する装置）などのほかの方法は惨憺《さんたん》たる失敗に終わった[82]。しかし、問題はまだたくさん残っている。まず、語義の問題だ。「やや好き」は、誰にとっても同じ意味だろうか。単純な算数の問題もある。8という数値は4の二倍好きということにならないとカーデロはいう[83]。また、好きときらいは、はたして同じ尺度上で表わせるものだろうか。バージニア大学のティモシー・ウィルソンのチームによる研究で明らかになったように、被験者に選択した理由を分析してもらうと、初めの選択を変えようとする人がいる。[84] しかも、たいていはプラス方向にではない。

しかし、どれが好きかを消費者に答えさせるのも、思うほど単純ではない。よく使われる「JAR（just about right）（ちょうどよい）」尺度では、被験者は製品のサンプルをいくつかわたされる。各サンプルは、たとえば甘みなら甘みが段階的に少しずつ違い、被験者はどれが「ちょうどよい」かを答える。よさそうな方法ではないか？　ところが、これにも一つだけ問題がある。被験者がちょうどよいものとして選ぶ甘さは、好きだと答えた甘さとはたいてい違うのだ。[85]

さらに、大半の人が快不快尺度の1と9を選ばないという事実がある。1と9は不自然に感じられるのだ。そこで被験者はこの二つの数字を避ける。これでは最初から七段階尺度だったも同然だ。「次のサンプルがいまのよりもずっとよいってこともありえますからね」とカーデロはいった。

私たちが自分の舌で感じたことをきちんと表わせないことが、それを測定しようとする人々の頭痛の種《たね》になる。好みに関しては、人は「平均への回帰」（訳注：二回めの試行で結果に偏《かたよ》りがあっても、複数回試行するうちに集団全体の平均値に近づく現象）傾向にある。たとえばラザニアとかレバーがどの程度好きかを事前にたずね、食べたあとで再度たずねると、被験者は好きなものは最初よりも少し低い評価を、好きでないものには最初よりも少し高い評価をつける。[86] 好みに期待はつきものだが、その期待が私たちを混乱させるのだ。好みの科学をじっくり見わたしていくと、これはもう、まじないの文句にかぎりなく近い気がしてくる。「悪いものは思うほど悪くなく、よいものは思うほどよくない」

ナティックの研究の影響力が大きくなった理由の一つは、ナティックが囚われの大衆である被験者を毎年のようにテストできることだ。ここは外界のあれやこれやに影響されずに、嗜好について純粋に分析できる研究所でもある。MREを食べる兵士には価格も広告も無関係だ。ほかに選べるものがあるわけでもない。そこで研究の関心事の一つは「単調さ」ということになる。兵士がMREを食べるしかない期間はどれくらいと考えるのが無理がないだろうか。軍の分析は二一日間を目標にしているとダーシュはいう。ただしこれは「控えめな数字」で、「たぶん三〇日を超えるでしょう。そのあいだ、数値的に体重と筋肉が減少せずにいなければなりません」

だが、もっと広く考えて、輸送と補給が困難でない範囲で品目を増やし、なおかつ兵士によろこばれるメニューにするにはどうすればよいだろうか。ナティックは長年それを考えつづけている。兵士は、いくら空腹でもなんでも食べるわけではない。食品の許容性が低ければ、健康と士気への影響はもちろんのこと、摂取する量も減ってしまう。軍全体への食糧供給であるからには、好みは千差万別にちがいない。初期の研究で観察されたように、「非常に好まれる食品でも、好む消費者がわずかな数にかぎられるなら、軍用食には適さない」(87)。ニューイングランド・クラムチャウダーのようなメニューがうまくいかなかったのは、ダーシュの言葉を借りれば「ニューイングランド・クラムチャウダーがどんなものなのかを、食べる人の多くが知らなかった」からだ。

食品業界で著名な心理学者のハワード・モスコウィッツは一九五〇年代にナティックで、「メニューの最適化」の数学的モデルに関する研究に携わっていた。ニューヨークのハーバードクラブで私と朝食をとりながら、モスコウィッツは自分の研究は単純なのだと語りはじめた。要は「一つの食品をどれくらいの頻度で出せばうんざりさせないか」だ。メニューは二つの要素の力関係で決まる、それは好みと時間だ、というのが彼の考えである。私たちには好きな食べものがあるが、その好物でもいかにあっという間に飽きてしまうことか。多くの研究が示しているとおり、嗜好テストで最も好まれたものでも、サンプルを数多く試食したあとは最も好まれないものになってしまうことが多々あるのだ[88]。クリスタルペプシは、嗜好テストでは目新しさで興味を引いたかもしれないが、冷蔵庫に入れて切らさないようにするようなものだろうか。糖分の摂取によるあの興奮状態《シュガーラッシュ》にしろ、それまでにないフレーバーにしろ、最初はよさそうでも、「長くつきあうとなるとね」とモスコウィッツはいった。

「大好きなものがあったとしても、いつもそれを選ぶでしょうか」と彼はつづける。そんなことはしない。私たちはたぶん大好きなものを大好きなままでいるためにも、そこまでではないものを選びはじめる[89]。モスコウィッツの表現を借りれば、「ハンバーガーに溺れ死に」するのは避けたいのだ。どうして食べものにうんざりしなくてはならないのだろう？　私はモスコウィッツにたずねた。栄養が充分に足りると感覚特異性満腹になるからか。あるいは人間が生来目新しいものをほしがるものだからなのか。「わかりませんね」とモスコウィッツはため息をついた。「なぜ私たちは香水のにおいに慣れてしまうんでしょう？　線路ぎわの家にしばらく住んでいると列車の音が耳に入らなくなるのはなぜなんでしょうかね？」。それにいったいなぜ私たちはほかのものも必要なのだろう？　モスコウィッツはいう。「食堂に入るとメニューが七ページもあったりします。それなのに注文するものはいつも同じだ。選択肢はいらないのです。選択肢の幻がほしいんですよ」

アメリカで最も食品に詳しいであろう経済学者のタイラー・コーエンは、その日のランチを何にするかで思案している人が「今日はタイ料理は食べたくないな。昨日食べたばかりだから」などというのを聞いて考え込んでしまうことがよくあるという。タイ人はタイ料理を毎日食べているではないか！　「家でにしろレストランでにしろ、一週間毎日インド料理だけを食べるのはそんなにいやなことだろうか」とコーエンは首をかしげる[90]。何かに飽きたと思うとき、私たちはいかにいろいろなものを手にできるかを忘れてしまっている（「バラエティアムニージア（多様性健忘）」と呼ばれる現象だ[91]）。風味ゆたかな食べものはそう簡単に飽きないと思われがちだが、不思議なことに、食品の単調さに関するナティックの研究結果はその逆を示している。可もなく不可もない食品ほど、兵士は飽きるのが遅い。風味に乏しい食品は心躍る食品よりも記憶から消えるのが早いからだ。食べた記憶がうすければうすいほど、それだけ飽きがこないというわけである。

ナティックは食べる場所の問題とも取り組む必要があった。まったく同じ食品でも、研究所のカフェテリアや実験室で出されるよりもレストランで出されたときのほうがおいしさの評価は高いだろう。戦地の兵士は二つの点で不利だ。MREは種類が少ないうえに、主菜はどれもそれらしい味というだけで何を食べているかわからないような食感だし、しかもそれを食べる場所は遠い任地の過酷な環境ということが多い。一連の革新的な実験では、兵士（ハワイの島で野営中）とマサチューセッツ工科大学（MIT）の学生（大学構内の食堂）にMREだけを食べつづけさせた。兵士は三四日間、学生は四五日間だった。どちらのグループもMREは「許容できる」と思った（ということはMITの食堂がおいしい証拠にならなかった）。どちらも体重が減少した。それでも学生は、野外の兵士よりも食べる量が多かった。実験の結果は、好みにおいては環境が重要であることを示している。戦地の兵士に食べてもらうのは、いろいろな事情から大変なのだ。

通常の社会でも環境が重要であることに変わりはない。雰囲気のあるエスニックレストランで食事をする人は料理の評価が高い(92)。赤いチェックのテーブルクロスやセルジオ・レオーネ監督のマカロニウェスタン映画（訳注：一九六〇年代から七〇年代にかけて多く製作されたイタリア製西部劇を指す和製英語）のポスターでも貼ってあれば、パスタがすすむ。音楽の音量やジャンルが料理の感じ方に影響する場合もある。大勢で一緒に食べれば、たくさん食べられる。ガラス食器の種類や皿の重さ、料理の色が皿の色と調和しているかどうか――さらに料理がくるまでどれだけ待たされたか――そのすべてが料理を気に入る程度や食べる量に影響をおよぼすことが立証されている。

映画『サイドウェイ』に胸の痛む場面がある。何もかもうまくいかない主人公マイルズが将来の見通しの暗さに腹立たしさと失意に襲われ、大切にとっておいた一九六一年のシャトー・シュヴァル・ブランを持ってファストフード店に行く場面だ。まぶしい明かりと油臭さのなかでハンバーガーとオニオンリングを食べながら、彼は発泡スチロールのカップで「とっておきのワイン」をこっそりがぶ飲みしてしまう。ワインはそのワインに変わりはないので、飲んだり食べたりするものだけが重要なら、理屈ではどんなときも同じようにたのしめるはずだ。しかし、その場面はすべての面が「もう一つ」だった。男は独りぼっちで、食べているものはパッとしない。まともなグラスもなく、内装は話にならない。彼は味わいながらではなく、意趣返《いしゅがえ》しに飲んでいる。

時刻も、ものを食べる環境の一つといえる。朝食にはシリアルを食べたくても、その気持ちはよほどのことがなければ夕食まではつづかないだろう。オランダの食品研究者E・P・ケスターが述べているように、朝食そのものが食事としては少々奇妙だ。どんなに冒険的な美食家も、朝食には毎日同じものを食べる[93]。まさか夕食でそうしようとは思わないだろう。朝食が毎日同じなのは簡単で手早いものをという理由が大きいが、文化による違いはあるものの、朝食に好まれない食感というのがかなりあることが研究によって示唆されている。夕食後のデザートになるころには、私たちはあれもこれもという気分になっている。朝は目新しいものがほしいとあまり思わず、一日が進むにつれて徐々に興奮の閾値《いきち》が低くなるのかもしれない。

〈ウォーファイターカフェ〉にもどろう。私は目の前にずらりとならべられたものをじっと見つめた。明日のMREはどれくらいがんばってくれるだろう？　「退出しようとしない食べもの」（訳注：食物繊維不足から便秘になりやすいため）とか「エチオピア人にも拒絶される食べもの」（訳注：一九八〇年代のエチオピア飢饉に由来）といったかわいそうなあだ名で呼ばれても、まだしかたのないものだろうか。私は「ＭＡＴＳサーモン」をひと口食べた。「ＭＡＴＳ」は「マイクロ波補助熱殺菌」（microwave-assisted thermal sterilization）のことである。この名はいま一つで、サーモンがマットのように少々硬かったのは否めない。「噛みごたえが少しありすぎるんですよね」とダーシュがいった。それもそのはずだ。サーモンは一二万ｐｓｉ（重量ポンド毎平方インチ）を超える圧力の衝撃を加えられ、その圧力は残っている細菌の細胞壁を地中貫通爆弾《バンカーバスター》で容赦なく攻撃したように文字どおり破裂させていた。それでもサーモンの味はした。少なくとも、常温保存ができて賞味期間の長いシュリンク包装された魚にしては期待以上だった。〈デル・ポスト〉でもいけるだろうか。まさか。しかし、灼熱の砂漠で長距離哨戒にあたっている兵士にとっては上等かもしれない。

自分が何を好きなのかわかっているつもりだが、わからないものが好きではないのははっきりわかる――好みは学習するものだ

モネル化学感覚研究所で長く研究に携わっているマルシア・ペルチャットに会いにフィラデルフィアへ行った朝、私は風邪ぎみだった。ペルチャットは折り目正しい小柄な女性で、

軽い冗談で人をなごませる。私がオフィスに着くと、コーヒーを出してくれた。私は紅茶をお願いできないかと頼み、風邪をひくとかならずコーヒーよりも紅茶のほうが急においしそうに思えるのだと説明した。彼女は少し考えてからいった。「香りのないコーヒーなんて、きっと燃えかすみたいでしょうね」

つい忘れてしまうので、直《じか》に体験するたびにかならず驚くことがある。何かを味わう行為のほとんどは鼻からはじまるということだ。コーヒーは味よりも香りがよいという奇妙なものの一つで、香りがなくなれば、はっきりいって何も残らない。知覚に関するこの基本的な事実を思い出すには、その朝ペルチャットが私にしたのと同じこと、つまりゼリービーンテストをときどき自分でしてみるとよい。ペルチャットは私にゼリービーンを三粒くれて、詰まった鼻をつまむようにいった。どれもただ甘い味がした。最後の一粒の途中で鼻から手を離したとたん、鼻づまりだというのにハーゲンダッツのコーヒーアイスクリームに似た味が口と鼻の奥に一気に広がるのを感じた。バナナ味とカンゾウ味のあとに食べた三つめは確かにコーヒー味のゼリービーンだった。

私たちの舌には味蕾《みらい》が分布し、その味蕾が基本の味覚を分類している。甘味、酸味、苦味、塩味、それに正式な分類とまではいかないが、うま味（そしておそらく脂味《あぶらみ》も）である。もっと細かい区別——たとえばマンゴーかパパイヤか、ラムかポークか——は「後鼻腔《こうびくう》経路で」口から鼻を抜けてにおいとして知覚される。私たちがイチゴやコカコーラやシラチャソースとして認識しているものは、味ではない。風味だ。よく「蜜の味」というが、厳密にいえばそういうものはなく、あるのは「蜜の後鼻腔経路の口中香」である。ハチミツがハチミツであるためには、香りが吸気に乗って鼻咽頭へと漂っていく必要がある。レモンのように強烈に思える「味」も、舌では酸味と苦味と甘味の集まりとして感じられるだけだ。テルペン（訳注：主として植物の精油に含まれる、芳香のある有機化合物）が嗅覚粘膜にある受容体を刺激することで、レモンはレモンらしくなる。[94]

どのように知覚するかが、どのように感じるかに影響するとポール・ロジンは論じている。[95]コーヒーの味がきらいな人でも、香りはよいと思えるにちがいない。皿にのったリンバーガーチーズは、逆にそのにおいで不快感をもよおさせるだろう。ところがひとたび口に入れれば、とろけるおいしさに豹変する。口に入ってあの凶悪さが消えたのを脳が感知して、がらりと意見を変えるかのようだ。ペルチャットの話によると、黄色い食品で彩りを添えたビーフブロスを風邪で鼻がつまっている人に飲ませると、その人はチキンスープを飲んでいると思うらしい。後鼻腔の通路を奪われてしまうと、無数のチャンネルのあるケーブルテレビ一括契約から、かわり映えのしない番組ばかり放送する数局だけの放送網に切り替わったような感じがするのだろう。

ところで、私がペルチャットのオフィスを訪問したのは、嗜好について話を聞くためだった。口腔と鼻腔のどの部分が風味の正体を知らせてくれるにしろ、私がその風味を好きだということを教えてくれるものはなんなのだろう？　小説家のヴァージニア・ウルフは「読むことは見ることよりも時間のかかる複雑な過程だ」と書いている。[96]口に入れたものへの味覚反応よりも、ほかにもっとそれを好きにさせるものがあるのかという疑問もこれと同じである。何かを好きかどうかを判断しようとするとき、別の好きなものに邪魔されてしまうことがあるのだ(97)。消費者にいろいろなパイナップルを食べてもらう研究では、「有機栽培」および「フェアトレード」と表示されたパイナップルを好んだ人は、有機栽培とフェアトレードの生産品そのものを好ましいと思っている人に多かった。有機栽培に関心の高くない人は、その種のパイナップルをあまり好まなかった。研究者によれば、「同じ認知情報が被験者に正反対の情緒反応を引き起こした」のである(98)。

ペルチャットは紅茶を用意してくれていた。ただし、初めにカプセルを飲んでみてほしいという。カプセルには砂糖かカロリーゼロのただのセルロースが入っている。「風味 - 栄養」条件付けとして知られる嗜好のメカニズムを私に体験させようとしているのである。たとえその正体を知らなくても、私たちは気分をよくしてくれるものを好きだと思う――それを実地に示してくれるというわけだ。

この条件付けの威力は、人間と同じく新しいものがきらいな雑食動物のラットでの実験で何度も証明されている(99)。通常の手法では、ラットにたとえばオレンジ味のクールエイドを自由に（好きなだけ）飲ませる。研究報告に目を通せばわかるとおり、ラットはクールエイドをごくごく飲む。そのとき、飲む前か飲んだあと、もしくは飲んでいる最中に、「胃カテーテル」で胃に甘味料を直接「注入」する。次に、胃に甘味料を注入せずにグレープ味のクールエイドを飲ませる。こうしてから両方の風味のクールエイドを飲ませると、どちらにも甘味が添加されていないにもかかわらず、ラットは胃に甘味料を注入されたときに飲んだオレンジ味を好む。甘味のついたものを新しい選択肢としてあたえても、相変わらず前に気に入ったオレンジ味を好むこともめずらしくない。

不思議なことに、ラットがある風味をほかよりも好むようになったことに味の好みは関係がなかった。どうして研究者はそう確信できるのだろう？　「じつは」とペルチャットは少し声をひそめていった。「食道を露出させていたのです」。なるほど食道を体外に出してそこからブドウ糖を注入するなら、ラットはブドウ糖を味わえないし、げっぷでブドウ糖が口にもどることもない。それでも、胃に注入された甘味は快感の報酬をあたえてくれるのだ。

「胃か代謝系の何かがはたらいて、ラットはその風味を好きになるんです」

ペルチャットは、人間の知覚機構にそこまでの外科的処置をせずに同様のバイパスをつくれないものかと考えた。そこであるとき、自分で経鼻胃管を一日つけて胃にブドウ糖を注入しようとした。「自分に言い聞かせたわ。大丈夫、わかってる。食べものだと思って飲み込めばいい。なんでもないんだって。ところがなんでもないどころか、ゲエッてなって涙がぼろぼろ出てしまって」。結局、錠剤を思いついた。だが、錠剤がうまく胃に甘味を放出してくれるかどうか。偽薬のセルロース錠剤はカロリーゼロで、体にはなんの利点もない。まあ、ほとんどない。しげしげと錠剤を眺めている私にペルチャットが笑いながらいった。「関係ありませんけど、それを飲むとお通じの調子がいいですよ」。ペルチャットの実験では、被験者は（味のない）糖の錠剤と一緒に紅茶を飲んだときのほうが、糖の入っていない錠剤と一緒のときよりも、紅茶の風味を好んだ。[100]

ということは、被験者は理由がわからないながら一方の紅茶をもう一方よりも好んだのだ（私たちは自分の好みをまったくわかっていない）。「摂取後」のシグナルを栄養の報酬というかたちで受け、その報酬によってその風味を好きになりやすくなったのである。「いつもみなさんに、報酬と快感は同じものではないと話すようにしています。食べものは快感という意識にのぼる経験とは違う報酬もあたえてくれるんですよ」とペルチャットはいった。誰もがこれを経験するのは、テレビを見ながら食べているときだ。これと逆のことも起こる。がん患者に吐き気を伴う化学療法の前に初めての風味のアイスクリームを試食してもらうと、彼らはその風味がいつもの好みの風味とくらべてよりきらいになった。そもそも食欲が減退しているがん患者は、目新しいものも食べる気分にならなかったのである。治療が正常な食欲の妨げにならないようにする方法の一つが、食事中の患者に「身代わり」として初めての風味のもの――たとえばライフセーバーズのキャンディ――を食べさせることだというのは興味深かった。[101] 身代わりがふつうの食べものにかわってきらわれ役を引き受けるのだ。このことは、なじみのある食べものを好み、新しい食べものをきらう私たちの傾向に関係している。

アメリカ人が甘くない紅茶を好きになれるかどうかを調べたい紅茶会社の後援でペルチャットが行なった研究では、被験者はブドウ糖を加えていない紅茶をしだいに好きになっていった。なぜだろうか。理由は単純で、繰り返し飲んだからなのである。一九六八年に心理学者のロバート・B・ザイアンスは、非常に重要な論文のなかでこの現象に「単純接触」効果と名づけ、「ある刺激に繰り返しさらされるだけで、刺激に対する態度に変化が生じるに充分である」と述べている。[102] ザイアンスは食べものについて論じたのではないが、現在では、接触は食べものの嗜好における基本概念になっている。ある代表的な研究では、二歳児に食べたことのない何種類かの果物とチーズを二六日間つづけて食べさせた。[103] その後、食べたもののから無作為に抽出した二品目のうちどちらかを選ばせたところ、食べた頻度の高いものを――初めは吐き出していたものでさえ――選んだ。

鎮痛・制酸剤アルカセルツァーのむかしのコマーシャルは、「試してごらん、気に入るから」と（厚かましくも）請けあった。[104] 親はふつう、研究者のような忍耐力をもちあわせていない（胃にチューブを入れるわけにもいかない）。子供に新しいものを三、四回食べさせてだめなら、たいていもう食べさせる努力をしなくなる。[105] イギリスの研究で、被験者のグループにイギリスでは人気のないホウレンソウを何度も食べさせた。[106] 別のグループには、ホウレンソウより好まれているエンドウマメを食べさせた。その結果、ホウレンソウは好まれる度合いが少し高くなり、とくに初めはきらっていた被験者が好きになりだした。エンドウマメが好まれる度合いは初めから高く、試食後も高いままだった。被験者がエンドウマメを好んだのは、すでにエンドウマメを好むことに慣れていたからだ。[107]

接触は、私たちが知っているものを好むことの論拠になる。だが、知っているためには、たとえきらいでもまずそれを食べなくてはならない。ある研究で、被験者は初めはきらった減塩スープをほんの数回飲んだだけで好きになりはじめた[108]（スープに「減塩」と表示しなかったのは、表示するだけできらわれるおそれがあるからだ[109]）。また別の実験では、加える唐辛子の量を増やしながら缶詰のラタトゥイユを被験者に食べてもらったところ、辛味が強くなるほど好まれた[110]。ジョージ・オーウェルは一九四六年の随筆「一杯のおいしい紅茶」で、このように味覚が順応することを書いている。「紅茶そのものが好きなわけではなくて、体が温まって気付けになるので飲むだけだから、味をごまかすために砂糖が必要なのだと答える人もいるだろう。そういう考え違いをしている人にはこういわせてもらおう。砂糖を入れずに紅茶を二週間でも飲んでみてほしい。そうすれば砂糖で紅茶を台なしにしようなどとはもう思わなくなるだろう[111]」

好みは学習するものなのだ。この自明の理は文化全体から個人にまであてはまる。接触効果は生まれる前からはじまっている。赤ん坊がニンジンジュースを好きだって？　だとしたら、母親がニンジンジュースを好きだった可能性が高い[112]。においと味はいつも私たちのまわりにある。羊水という環境中では、それが私たちの最初の食事体験だ。熟練の官能評価パネリストは、羊水のにおいだけでどの女性がニンニクのサプリメントをのんでいるかまでわかる[113]。子宮を出た私たちは、好きなもの（慣れ親しんだもの）に引き寄せられ、きらいなものに対しては「ゆがめた口を軽くあけて嫌悪を表わす[114]」。滑稽な顔をするのも、好きときらい――おもにきらい――を示す社会的な行為の一部だ[115]。自分が食べているものに関するシグナルを送り、また他人が食べているものの情報を探すのである。

他人が食べているところを見るだけでも、その食べものを好きになることがあるらしい[116]。女子刑務所での乳幼児の食事を観察した一九三〇年代の有名な研究では、乳幼児の好みは誰が食事をあたえているかで決まるようだった。「トマトジュースを飲もうとしない赤ん坊は、トマトジュースがきらいな大人に食事をあたえられていることがわかった」のである[117]。また保育園児に関する研究では、ある野菜がもう一種の野菜よりも好きな子供を「ターゲット」とし、好みが逆のクラスメイト三人と一緒の席につかせた[118]。その子の好みは実験二日めにはすでに逆になっていた。他人との接触は食べもの自体との接触と同じくらい好みに影響するのだ。

食べものの好ききらいをめぐる謎はまだ、つきるところを知らない。以前はきらいだったものが突然好きになるのはなぜだろう？　コーヒーやビールは初めから「好き」になる人はほとんどいず、多くの人はだんだん好きになる。ひと言でいえば、味というものはみな「習い覚えた味」なのである。あるいは、ペルチャットのいうように「習い覚えた嗜好といったほうがよい」

そして「習い覚えた味」というのも、じつは「習い覚えた風味」なのである。このことを私に指摘してくれたのは、イェール大学ジョン・B・ピアス研究所のアソシエイトフェローで、摂食の神経心理学を研究しているデイナ・スモールだった。私たちはコーヒーのような風味を理解するようには生まれついていない。苦い、だからよくないものだ、とわかるだけだ。スモールはこういう。「何を試食しても、苦味は毒素が含まれているかもしれないというシグナルです。人はそのシグナルを知りたいだけで、それを学習したいわけではありません」

だが、鶏のもも肉を好きだったりきらいだったりするのは生まれつきではない。そもそも「門番」である味覚系は、もも肉と手羽肉を区別できないだろう。どれもみな鶏肉だ。好きかきらいかと食べものが私たちを悩ませる前に、文化が先に好きの基準線を調べて、食べものを大まかに分類している。進化生物学者のジャレド・ダイアモンドによれば、「フランス人は馬もカエルも食べるが、イギリス人はどちらも食べない(119)」。どんな食べものもそうだが、フランス人が馬を食べるのは、歴史上の一時期に馬を食べものとして「好むことを学習する」よう教えられたからこそだ(120)。だが、風味とは対照的に、味の好みは世界中のどこでもよく似ている。心理学者で知覚科学者のジョン・プレスコットが著書『嗜好の謎』にこう書いている。「ショ糖水の甘味は、約一〇〜一二重量パーセントの濃度(熟した果物の多くとほぼ同じ)のときに最もおいしく感じられる。それは日本人か台湾人かオーストラリア人かによらず、誰にとってもそうだ(121)」

風味の条件付けは、私たちの風味の好ききらいに一役買っている。スモールがいうように、条件付けのおかげで「入手できる食べものを好きになったり、栄養物の全種類ではなく特定の食べものを避けたりするのを学習する」ことができる。スモールは若いころに、故郷であるカナダのブリティッシュコロンビア州の州都ヴィクトリアで開催された人気のヨットレースを見に行った。大学の友人たちと一緒にマリブのセブンアップ割りを少し飲み過ぎた。ラム酒ベースの甘いココナッツリキュールと柑橘系《かんきつけい》のソーダ水という、おぞましいほど甘ったるい取りあわせだ。「二〇年前でした。いまでも日焼け止めのココナッツローションすら塗れないんです。吐き気がして」(122)

私たちは脳内の複雑にからみあった一連の活動を通じて、「風味事象」――食べるものすべての触覚、味覚、嗅覚が一体になった「知覚のゲシュタルト」――を学習するのだとスモールはいう。「この食べもので吐き気をもよおさなかったか。この食べもので活力が得られたか。風味にかかわる事象全体から好みを学習するのです」。風味事象そのものは神経活動のネットワークによって「創造」される。神経活動のネットワークとは、具体的には「臭気事象の神経発現、単味覚細胞、単口腔体性知覚細胞、複合細胞、そして『結合メカニズム』などからなる分布回路」といったものである。(123)人はイチゴをただ「味わう」のではない。実質的にイチゴを出現させているのだ。

コーヒーは――物質としてのコーヒー――一〇〇回飲んでも、最初のときよりも苦くなくなるわけではない。だが、何かが起こる。「コーヒーになるんですよ。コーヒーの苦さは有害かもしれないというシグナルではないのだと脳が学習したわけです」とスモールはいう。初めてコーヒーを飲むときは、好みのもの――ミルクや砂糖――を入れる人が多い。これは苦味をやわらげるだけでなく、コーヒーとの関係を良好にするのに役立っている。この逆はかならずしも成り立たないとジョン・プレスコットは述べている。コーヒーを飲んで砂糖を好むことは学習しないが、砂糖を入れてコーヒーを飲むことでコーヒーを好きになることを学習する。そこにカフェインの摂取後のシグナルが加われば、いつのまにかコーヒーは好きな飲みものになっているというわけである。カフェインやアルコールによる快感だけでも、コーヒーやウィスキーを好きになるように条件付けられる理由として充分ではないかと思えるかもしれない。だが、それなら好きなものにカフェインやアルコールを加えないのはなぜなのか。最初は大きらいだったものが一番の好物になっていくのはなぜなのだろう？

きらいが好きに変わる瞬間があるにちがいない。スモールはその瞬間が神経科学的な時間・空間のどこにあるのかを突き止めようとしてきた。ある実験で、カロリーゼロの新しい風味の飲みものを被験者に飲ませた。[124]数週間後、それらの一つにカロリーはあるが味のないマルトデキストリンを加えた。被験者はマルトデキストリンに気づかなかったが、それが入った飲みものをより好んだ。ペルチャットの紅茶の実験と同様に、消化器——腸はマルトデキストリンを適切にブドウ糖に分解する——からくる「口腔後のシグナル」が嗜好を変えたのだ。

とはいえスモールの研究では、どの飲みものについての評価でも、「やや好き」が選ばれた。これではどのようにしてきらいなものが好きになるのかという疑問にはまだ答えていない。大きらいだった食べものがまるでスイッチが切り替わったかのように突然、食べたくてたまらないようになるとしたらどうだろう？　ミシガン大学の神経科学者ケント・ベリッジは、ラットでのパブロフ型条件付けの実験でまさにそのような状態を生じさせた。[125]まず、ラットにある音を聴かせながら、おいしいショ糖液を「間欠投与」した。次に濃度が海水の三倍の、不味《まず》いことこのうえない食塩水「死海の塩」を、別の音を聴かせながら摂取させた。ラットは塩が大きらいだった。だから食塩水は「カニューレを埋め込んで」それを通して口に入れなければならなかったほどだ。そのあと二つの音を聴かせると、ラットはそれぞれに応じて飲みものから離れるか飲みものに近寄るかし、そのときの表情もそれぞれにふさわしいものだった。次に、ある注射をほどこすことでラットの脳に変化をもたらし、塩を渇望する偽の欲求を生じさせた。翌日、ふたたび音を聴かされたラットは即座に死海の塩に近づいて、舌をぺろぺろ出す「快」の表情（人間の乳児に見られるのと同じ表情）をした——そして初めて塩水を「気持ちよさそうに」舐めさえしたのである。換言すれば、ラットは自分がそれを好きだと知らないのに、いつのまにかそれがほしくなっていたのだ。

このことは嗜癖行動のみならず日常の好ききらいを説明するかもしれない。ベリッジの研究チームはある実験で、被験者の学生にコンピューターの画面上に出る顔を見て性別を判断させた。また、怒った顔や悲しそうな顔もこっそり——六分の一秒——表示して見せた。その後、学生に清涼飲料の会社が開発中の飲みものだといって果実飲料を飲んでもらい、どの程度好きかをたずねた。「うれしそうな」顔を見た学生がその飲みものを好む程度は、悲しそうな顔を見た学生の一・五倍だった。うれしそうな顔は「それを見た学生の脳で『欲求』をつかさどる中脳辺縁系《へんえんけい》の回路を活性化し、その状態は彼らが自分の気分を評価しているあいだ、気づかれずに数分間つづいた」とベリッジは記している。「『欲求』が表面化したのは、自分が味見をして受け入れるかどうかを選択できる状況で、求めているものが快楽を伴う甘い刺激としてあたえられたときだった」[126]。むかしのカントリーソングの一節をちょっと言い換えて、「見当違いなところでばかり探して」いたが、やっとほしいものが見つかったというところだろうか。

このメカニズムは、どのようにしてきらいが好きに変わるのかを解明するたすけになるかもしれない。「味覚」は遠い「下流から」脳に入ってくる。脳には脳幹くらいしかない赤ん坊でさえ、「認知も評価決定もしている」。だが、ベリッジがいうには、赤ん坊はその「風味事象」を形成してはいない。それはもっと「上流の」どこかでなされるのだ。神経科学者アイヴァン・デ・アロウホのチームによるすぐれた研究では、被験者はイソ吉草酸《きっそうさん》とチェダーチーズを混ぜたにおいを瞬間的に嗅がされ、チーズのにおいか体臭だと教えられた。「体臭」だと（いわば）条件付けられた人は、チーズだといわれた人よりもそのにおいを低く評価した。ここまでは当然だ。だが、チーズといわれた人のほうが、より広い脳領域のネットワークが活性化したのである。これは「好むこと」のほうがきらうことよりも広範囲の脳活動を活性化させるらしいという既知の知見と一致する。きらう理由よりも好む理由を見つけるほうがエネルギーが要《い》るといっているようではないか。

体臭とチーズのにおいは脳での解釈が違う。ただしベリッジによれば、心的処理過程の最初の数段階では、「シグナルは同じはず」だという。「しかし、シグナルは経路のかなり早い段階で予想と期待によって修正されるのかもしれない。脳のさまざまな部位に到達するまでに、シグナルはどれくらい同じでいるんでしょう?」」。もちろんそこに被《かぶ》さっている予想と期待は非常に強力なので、デ・アロウホの研究では「さわやかなにおい」を嗅がされた被験者まで、チーズや体臭だといわれると脳の活動が同様のパターンを示した。するはずのないにおいを好んだりきらったりする準備、つまり幻の快と不快を感じる準備ができているのである。

「結局、最終的にでき上がったものはわかるけれども、でき上がるまでの過程はわからないんですよ」とベリッジはいう。脳幹での苦味のシグナルは同じでも、高次の認知過程のどこかで「コーヒー」になる。学習が味覚と相互作用しながら快感を生むのである。「どんな快感も快感に関する同じ基本回路からくる。甘味はその回路に優先的に入り込めるんでしょう」。脳があなたのコーヒーを甘くするのだ。

きらいなものが好きになる正確な瞬間と場所の発見が難しいのは、好むことで刺激を受ける脳の部位ときらうことで活性化する脳の部位が同じだからだ(127)。たとえば扁桃体《へんとうたい》は、好きなものにもきらいなものにも同じ程度に反応するらしい。きっといつの日か、どっちでもいい、よ回路が発見されるだろう。そして私たちが大方のことについてどっちつかずであり、それを最後にどちらかに後押しするのは特定のシナプスの発火、たとえばその日一緒にランチを食べた人とかラジオから流れていた歌とか、そういうことなのだとわかるだろう。

好ききらいが外部からの影響を受けるほか、自分の脳にも同じように歪曲されたり操作されたりしやすいというのに、それにしては好ききらいを曲げようとしない私たちの頑固さもたいしたものだ。もしかすると私たちは、好みの変わりやすさ、気まぐれさを本能的に感じていて、それがためにいっそう好みにしがみつくのかもしれない。はっきりしているのは、食べものは文字どおりにも比喩的にも、私たち自身の嗜好《ティスト》と最も密接な個人的関係にあるということだ。モネル化学感覚研究所でビーチャムがいっていたとおり、「すべての人が毎日している意思決定のなかで最も重要なものは、それを口に入れるべきか否かという決定でしょう」。そのむかしは生死を分かつ決断だった。いまではたんなる個人の嗜好だ。

しかし、その意思決定は考えに考えて下すほど、ますます確信がもてなくなるばかりのようだ。あの中華料理店で、ロジンは私たちと食べものとの「情緒的」関係をこう言い表わした。「非常に基礎的、基本的、そして始終かかわりあっている。呼吸みたいにひっきりなしというわけではないけれど、呼吸は好ききらいの問題ではないからね」。ロジンはそこで言葉を切って、残っていた甘酢あんの海老を手元に寄せてつまみ、口に入れてからいった。

「両方とも、口がからんでるな」

第2章　誤りは私たちの星評価にあるのではなく、私たち自身にある

ネットワーク時代における好み

趣味判断はそれ自体では関心を抱かせるものではない。社会のなかでのみ、趣味をもつことは関心を引く。

――イマヌエル・カント『判断力批判』

大事なのは好きだというあなたの言葉ではなく、あなたの行動である

ある晩、映画でも見ようと思ってネットフリックスをのぞいてみたら、画面に『ザ・ロッキング・ホース・ウィナー』という映画名が出た（「あなたは『アニー・ホール』『サイコ』『ファーゴ』をたのしまれたので」とも）。映画名をクリックすると、それはD・H・ロレンスの短篇小説を映画化した一九四九年のイギリス作品で、木馬を駆って競馬の勝ち馬を予測できる少年の物語だった。その物語も映画も、私はまったく知らなかった。

これぞアルゴリズムによるレコメンドシステムの真髄だ、と私は思った。私の理解を超え

た目に見えない錬金術で、無名の映画を歴史のくずカゴから選び出してくれるとは。『ザ・ロッキング・ホース・ウィナー』は、ウディ・アレンの代表作のコメディやアルフレッド・ヒッチコックのスリラー、アメリカ中西部を舞台としたコーエン兄弟の殺伐としたサスペンス映画とどういう関連性があるのだろう？　視聴した映画への私の評価のどこがこの四作品を「四角関係《メナージュ・ア・キャトル》」としてひとまとめにしたのだろうか。もし私が『サイコ』は大好きでも『アニー・ホール』は好きではなかったら、どうだったのだろう？　ほかの作品を薦められたのだろうか。

　アマゾンの先駆的なアルゴリズムの考案に関わったグレッグ・リンデンの言葉から、アルゴリズムには気味の悪いほど正確に予測して提案する能力がそれほどあるわけではないと気づかされる。リンデンはこういった。「コンピューターは人間のしていることを分析するだけだ」。それでいながら、アルゴリズムの考案者らは、機能がさらに複雑化すれば、それはHAL（訳注：『二〇〇一年宇宙の旅』に登場する人工知能コンピューター）のように「ブラックボックス」と化し、もはや正確にふるまう（私たち人間が少なくとも扱える）よう制御することも予測することもできなくなるおそれがあるなどと認めてもいるのだが[1]。

　私はネットフリックスのおすすめにときどきイラっとする——**アダム・サンドラーのコメディ？　冗談だろ？**　しかし、これだけたくさんの映画から選べるということは、裏を返せば、何を見るかを決めるのにそれだけ時間を食われるということだ。そこで私は、選択に迷うこの時代にあって、おすすめにしたがってみることにした。いまは≪カイエ・デュ・シネマ》誌のバックナンバーを読む時間も、レコード店で製造中止のセール品をあさる時間もないから、新しいものを発見したりどれにするかを決めたりするのをコンピューターに手伝ってもらうのもよいかもしれない。低下した記憶力の大部分をグーグルに外部委託して補っているのと同じことだ。

そんなわけで私はしばらくのあいだ、私を分析しているネットフリックスのアルゴリズムを厳しく訓練した。見た映画を一作一作きっちり評価したうえで、私が気に入るかも知れない作品の予測を重箱の隅をつつくようにチェックした。私の好みのゆがみまできちんと反映するようにアルゴリズムを微調整したかったのだ。『死霊のはらわた』が大好きだからといって、ホラー映画ならなんでもござれというわけではないことをアルゴリズムに知ってほしい。その作品を気に入ったというだけではなく、気に入った理由も知ってほしい。このアルゴリズムに能力以上のはたらきを期待していたわけである。

こうしてカリフォルニア州ロスガトスにある赤瓦屋根の——むかしのハリウッドのようでもあり、ホテルのラ・キンタ・インのようでもある——ネットフリックスの本社ビルを訪れた私の頭にあったのは、星評価のことだった。もう、何か執念のようなものになっていた。私が下す評価は2・9だろうと予測された映画は見るべきか。そんなことを考えつづけて、尋常ならざる時間を費やした（2・9と3・0の隔たりには、真理を突く超越的な力があった）。予測評価1の映画を見るのは、道ならぬことのように思えた。一方で、予測評価4・7の未見の作品に出会うと、躍り上がらんばかりだった。

そういう人間が私だけではないのはわかっていた。ネットフリックスは有名になった「最適化賞」を設けて、評価予測の精度を一〇パーセント上げられたコンピューター科学者に一〇〇万ドルを授与したことがある。たくさんの頭のよい人々が相当な時間を投じて、いわば『ナポレオン・ダイナマイト』問題――好ききらいが予測不能なほど真っ二つに分かれそうな作品にどう対処するか――を解こうとした。私は想像していた。世話好きな諜報員が人々の映画の趣味や見方をすべて調べ上げているここロスガトスには、莫大な量の映画愛が保管されているだろうと。私が知りたいことは企業秘密として話してもらえるはずがないのはわかっていた。アルゴリズムは評価に対してどのように反応するのか。ネットフリックスが私の評価を3・2と予測した映画を私が2・7と評価した場合、このずれはどの程度すばやく私の評価エコシステム内を波紋のように伝わっていくのか。極端に否定的な評価と極端に肯定的な評価とに最もはっきり分かれる映画は何か。

そんなことを考えていたので、「トップガン」という部屋で（ネットフリックスではどの部屋も映画やテレビ番組のタイトルから名前がつけられている）プロダクトイノベーション担当副社長のトッド・イエリンと席についたとき、私はレコードをこする針の音さえ聴き逃さないくらいの勢いで耳をそばだてていた。イエリンが話しはじめた。「ここでの最初の仕事は製品のカスタマイズ担当役員でした。どのように評価してもらい、そこからどのようにしてよりよい予測をするか、それらをユーザーインターフェイスのどこに配置するかといったことに取り組んでいました」。ここまではよかった。つづいてイエリンはこういったのだ。

「カスタマイズの範囲を広げたときに、長年やってきた評価予測を重視しないことにしたのです」

意味を飲み込むのに時間がかかった。重視しないことにした？　きっと顔色が変わったのだろう。イエリンが私の落胆に気づいたのがわかった。私がここにきたのは、映画の好みを予測する世界有数の高性能エンジンについて知るためだったのに、好みは——少なくとも評価で表わされる好みは——重要でなくなったと早々に宣言されたのだ。イエリンは説明にかかった。「うちは映画やテレビ番組に関して世界のどこよりもユーザーから評価情報をもらっています。しかもその予測の精度を上げるアルゴリズムの方法もいろいろ見つけてます」。だが、それが最先端だったのは「二〇〇五、六年」ごろの話だという。「星評価」に関する私のマニアックな疑問が急におそろしく時代遅れに思えてきた。評価にもとづく完璧なレコメンドシステムの構築に多くの時間と労力をそそいだ挙句に、ネットフリックスはそれをすてたと？

いや、そういうわけでもなかった。「いまも視聴者に評価してもらっていますし、とても有用な情報だと思っています。二次的だというだけなのです」。二つの事柄がたまたま星評価の有用性をかすませたのだ。第一に、レコメンドシステム担当役員のゼイヴィア・アマトリアンの話によれば、ネットフリックスは好みの予測に関して頭打ちに、つまり、いわゆる終端速度に達しつつあった。「アルゴリズムの世界ではよくあるんですがね、そういう状態によく似てきたんですよ。九〇パーセントの精度を達成するには時間の二〇パーセントを使いますが、あとの一〇パーセントに残りの八〇パーセントの時間がとられるのです」。あとの一〇パーセントのためにどれだけ投資しなくてはならないか、またアルゴリズムそのものもさらに複雑になることを考えると――「制限ボルツマンマシン」や「ランダムフォレスト」やら「潜在的ディリクレ配分法」ですでに目一杯なレコメンドシステムがさらに複雑になる――それに見合う成果がはたして得られるのかどうかはまったく見通せなかったのだ。

ほかにも変わったことがあった。最適化を競うネットフリックス賞以降、ネットフリックスはDVD郵送レンタル一本の会社から映像ストリーミング配信サービスを主とした会社に移行していた。アマトリアンはいう。「星評価をしてくれる視聴者は、何をどう考えているかを表わしたくて星評価をしていたのです。たとえば視聴者がキュー（訳注：ネットフリックスのユーザーの希望作品リスト）に何かのDVDを追加して、二日後にそれを見たとします。そのあとで、いつかはフィードバックされると思って意見や感想を書いていました」。だが、即時の映像配信は「コンセプトがまったく違います。選んだ映画が気に入らなくても、どうということはない。ほかのに替えればいいだけです。コストもDVDよりずっと安いですから」

ストリーミング配信では視聴者からの明確なフィードバックはないかもしれないが、行動がフィードバックのかわりになる。「リアルタイムのデータを利用できるのです。何を求めているかを直接聞くよりももっと多くのことがわかるんですね」。いまでは、視聴者が何を、どのように見るか、つまりいつ見るか、どこで見るか、いつ中断したか、次に何を見るか、二度見るかといったことまでネットフリックスは知っている。何を検索するか。これも好みの一つのシグナルだ。こうした話をイエリンは夢中になって語る。神経質そうな早口に、髪がうすいせいで目立つ頬の骨ばった顔は、往時のビデオ店の博識な店員を思わせる。実際、アメリカ人がビデオデッキに何を挿入し、どこで「巻きもどしボタン」を押したかまでを見通す力をあたえられたビデオ店の店員に等しい。これがプライバシーの侵害にあたるとしても、どうしたところで好みはおのずと表われてしまうものだ。

好きなものときらいなもののデータ、「いいね」や「お気に入り」のデータを何ペタバイトももつネットフリックスのような企業の出現で、長らく謎だらけだった分野、すなわち判断の形成過程、選好の表現、好みの構造に関して、ついぞなかった理解がもたらされた。この幅広いオンライン活動――いわゆる「ネット上の口コミ」――は、好みという「説明のできない」抽象的な概念がインターネットと出会う場所だ。そして協調フィルタリングアルゴリズム、膨大なデータセット、ひっきりなしに見える活動の記録から経験的順位が抽出される。レビューはどれも――「いいね」も「お気に入り」も――基本的に役に立たない。経済学者のレイ・フィスマンが「無意味な言葉《チープトーク》」と呼んだ問題があるからだ[2]。集計レベルでは、厳密に数字を通じてノイズが除去され、外れ値は無視され、統計的に合意を得る。

誰にもまして好みについて考えたであろうピエール・ブルデューら社会学者は（ブルデューについてはまたあとで取り上げる）、つねに自己申告の問題点を突きつけられた。人々に何が好きかをたずねても、それは彼らの行動を観察するのと同じことではない。インターネットの長所は、人の言葉は無視して実際の行動を忠実に見せてくれる点であり、しかもその忠実度は増している。ブルデューが関心をもった人間の趣味や嗜好のほぼすべての側面が毎日ネット上で分類され、その側面の数は社会学者が夢にも想像しなかった数に上る。どんな音楽が好きか（音楽配信のスポティファイ、パンドラ）、どんな顔立ちが理想か（出会い系サイトのオーケーキューピッド、マッチ・ドットコム）、写真の理想的な被写体は何か（画像共有サイトのフリッカー、インスタグラム）。

こうしてネットフリックスは、好きだと視聴者がいったもの——それ自体はレコメンドシステムの基盤として新しかった——から、視聴者が実際に見たものに注目の先を変えたのだった[3]。「これには多くのメリットがあります」とアマトリアンはいう。「一つは視聴者の評価の仕方です。人は願望から評価するものなのです。何を見たいかとか、どんなふうに見たいかという気持ちを表わすんですよ」。ネットフリックスのプロダクトイノベーション担当役員のカルロス・ゴメス・ウリベがいうとおりなのだ。「相当数の視聴者が外国映画やドキュメンタリーをよく見るといいます。しかし、実際にはそうでもないのです」

ネットフリックスは視聴者の願望と行動のギャップをかならず嗅ぎつけた。一例を挙げると、DVDが見られないままどれくらい長くユーザーの家で放置されているかを追跡できる。テーブルをかこんでうなずきながら聞いている人たちに、イエリンがいった。「アル・ゴアの『不都合な真実』はずっと返却されないことに気づきました。あれはお飾りのようなものだったんですね」。現在の調査のレベルはもっとリアルタイムで、もっと生々しい。イングマール・ベルイマン監督作品を途中でやめてコメディの『ドッジボール』に変えた？　その時点でデータポイントが生じる。

イエリンがいうには、人は「自分ってこうなんだと思いたいんです。こういう自分というのを思い描いて、自分で自分にうそをつくことさえありますよ――どういう種類の作品を好きだというか、ある作品に星をいくつつけるか、本当は何を見るか」。『ホテル・ルワンダ』に星五つ、『キャプテン・アメリカ』に星二つをつけておいても、「見るのは『キャプテン・アメリカ』だったりするんです」

これはいまにはじまったことではない。ソースタイン・ヴェブレン〔訳注：アメリカの経済学者。著作『有閑階級の理論』（一八九九年）で、富裕層の贅沢な生活様式は、見せびらかすためのものだと断じた〕以降、経済学者は趣味や嗜好に関するさもそれらしい「シグナル」について、正直なものかそうでないのかを論じてきた。ふつう、そうした「シグナル」は外面《そとづら》をよく見せる方向のみだ。だから〝ヒーロー物の『キャプテン・アメリカ』に星五つ、社会派作品の『ホテル・ルワンダ』に星二つをつけながら、じつは後者を見ている〟ということはない。

社会学者のアーヴィング・ゴッフマンが自己呈示を「演出的」行為と評したのは有名である。ゴッフマンはこう述べている。「一般的に、上昇志向には高い地位にふさわしく見せようとする演技《パフォーマンス》が伴い、上昇しようとする努力と下降しないようにする努力は体裁を保つために払われる犠牲というかたちで表われる」(4)

理想の自分になりたいと願ったことは誰でも一度や二度はある。劇作家のエーデン・フォン・ホルヴァートが書いているように、「実際の私はまったく違う人間だ。彼のようにはなれない」[5]。映画『ボギー！　俺も男だ』を思い出してほしい。ウディ・アレン演じる主人公がデートを前にして、大急ぎでコーヒーテーブルにまともな本を何冊もならべているシーンがある（「読んでないんなら、本をそのへんに散らかしておいちゃだめだよ」と友人に文句をいわれた主人公がこう答える。「これでイメージがよくなる」）。ネットフリックスのデータの興味深い点は、非公開であることだ。あなたの趣味のよい選択や興味をそそるキューを見る人はほかに誰もいない。イエリンが示唆したとおり、ネットフリックスでの演出的行為は自分自身に向けられているのである。

この問題は、進化心理学者のロバート・トリヴァーズと共同研究者のウィリアム・フォン・ヒッペルによって提起された「自己欺瞞を見る観衆《オーディエンス》は誰か」という興味深い疑問につながる。往々にして人が規範を保たないわけにいかないのは、「目に見えない観衆がいて、規範を逸脱すると彼らに罰せられると信じきっているためである」とゴッフマンは書いている。こうして「やましい愉しみ《ギルティプレジャー》」のやましさが生じるが、この問題は第4章で取り上げよう。もしも欺瞞自体が有用な進化的戦略で「動物のコミュニケーションの基本」であるなら、自己欺瞞もまた「他者を欺《あざむ》くために進化した攻めの戦略」になる[6]。ウディ・アレンの演じた主人公はその種の本をならべることでよい気分になれると同時に、自分はそういう本を読むような人間だと自分自身に信じさせ、結果的にデートの相手にもそう思わせることができるだろう。

だからといって、つくろった姿に合った反応が返ってくればかならず満足できるかといえば、そういうわけでもない。確かにネットフリックスがよく聞かされるのは、「なぜ星が二つや三つのこんな映画ばかりを薦めてくるのか」という不満である。なぜ私が気に入るわけがないものをよこすのかというわけだ。しかし、ネットフリックスはあなたを映画人にするビジネスをしているのではない。契約を継続してほしいのだ。カジノがうまく計算して客をゲーム機に引きつけておくのと同じである。ネットフリックスはあなたがかならず見るものを薦めたいと思っている。(7) 彼らはそれを「エンゲージメント」と呼んでいる。ゴメス・ウリベはいう。「『シンドラーのリスト』のような映画は、かなり高い評価がつきやすいですね。『オフロでGO!!!!! タイムマシンはジェット式』のような、私が見るばかげたコメディとは対照的です」。だが、星が四つか五つの映画ばかりを薦めたところで、「忙しく働いた水曜日の夜に視聴者がそういう映画を見たくなるかというと、そうとはかぎらないのです」

星評価システムそのものが、かなりバイアスがかかりやすい。人は評価尺度の両端を避ける。これは「縮小バイアス」という(8)。その結果、星一つおよび五つよりも二つや四つの評価がはるかに多くなる。アマトリアンによると、もう一つの統計上の不都合は「評価尺度が線形的ではないことです。つまり、星一つと二つの隔たりは、星二つと三つの隔たりと同じではありません」。中間の「まあまあ」領域は、見る価値があるかないかという観点からすれば曖昧模糊としている。さらにまた「整数値バイアス」がある(9)。人は整数で評価する傾向があるということだ。

文化製品の星評価は、それ自体が興味深い――しかも長らく異論の多い――試みである。はじまりは本だったらしく、エドワード・オブライエン編纂《へんさん》の『アメリカ短編小説傑作選一九一五年』に星評価が見られる。オブライエンが序文で述べているとおり、彼が選んだ短篇小説は「自然に四グループに分かれた」（傍点引用者）。評価はアスタリスクで表わされ、三つを最高に（「アメリカ文学において永遠の地位を獲得する」に値する作品）、数が多いほどすぐれた作品とされた。私心のない批評家たらんとして、オブライエンはこう断言している。「私はどのような個人的趣味も偏見も作品に対する賛否の判断に影響させないように、意識して努めた」（そうするのがいかに難しいかはあとで述べる）。オブライエンの星評価システムは――じつをいうなら、その年の「傑作」を選ぶこと自体が――辛辣な批判を浴びた。*《ニューヨークタイムズ》紙の評者は『アメリカ短編小説傑作選　一九二五年』のレビューで、その「独断的な」評価システムをたしなめてこう述べている。「これがよいと誰かにはっきりいわれると、多くの人はたいてい、そうなんだなと思ってしまう」[10]。その後の星評価の歴史は判然としないところがあるが、一九二八年七月三一日付けのニューヨーク《デイリー・ニューズ》紙のアイリーン・サイラーによるレビューで、ついに映画の星評価が登場する。サイラーは「星による映画の評価は、今後は継続する予定」と書いているから、星

＊　オブライエンのこの著作自体は、グッドリーズの五つ星評価で3・75である。

評価はその前にもあったということだろう。そして『ザ・ポート・オブ・ミッシングガールズ』に手厳しく星一つをつけている。

以来、人々は星の数にケチをつけている。問題の一つはわかりきったことだが、映画の好みは人それぞれなので、ある人が星三つをつけた映画があなたにとっては星五つだったりすることだ。そこでネットフリックスは、星の集計と「あなたへのおすすめ」とを別にしている。これで好みがさらけだされる。あなたはこの映画をほかの人よりも0・7ポイント多く気に入った、ということがわかるのだ。これは「私たちそれぞれの」好みがより純粋に表わされていると考えてもよいが、一つ複雑なところは、すべてのレコメンドエンジンと同様に、この0・7という数字が算出されるにあたっては、ほかの人の行動に拠《よ》っている部分もある、ということである。[11] さらにもう一つは、あなたがその映画をどう思っているかにかかわらず、評価を高めにしたり低めにしたりするバイアスをかけることで、実際に感じているのとはずれた評価をするかもしれないことだ。アマトリアンはこういった。「私が知っている人のなかには、高く評価することにとても慎重な人がいます。彼らにとっての星二つや星三つは、かならずしも悪い評価ではないんです」

　このことは、ネットフリックスとその星評価の興味深い点を示唆している。しっかりした自分の評価基準があるレビュアーをおもに参考にしていた時代の名残なのか、私たちは星評価を品質の、少なくともその人の好みの確固とした尺度だと考えてしまいがちだ。しかし、個人レベルであれ集団レベルであれ、ネットフリックスの星評価は確固としているというにはほど遠い。むしろ自由市場のようなもので、反動、バブル、ヘッジ、インフレ、そのほかもろもろの統計上の「ノイズ」に汚染されやすいのである。

一例を挙げると、二〇〇四年の初めにネットフリックスで「映画の評価平均の急上昇」があった。ハリウッド映画が急によくなった？　じつはレコメンドシステムの仕業《しわざ》だった。ネットフリックス賞に参加した研究者のイェフダ・コレンは、「ユーザーが自分の趣味に合う映画を評価することが増えている」と書いている。[12] 要するに、映画の評価が上がったのは、よいと思った映画を選んで評価する人が増えたからだったのだ。これは見方によって、選択バイアスの一種とも、好みに関する市場均衡の一種とも考えられる――気に入った映画なら好意的に評価するのは当然だし、あるいは気に入りそうな映画（需要）を正確に見つけている（供給）のかもしれない。

個人レベルでは、もっとややこしい。見た映画をもう一度評価するようにユーザーに依頼すると、五割を超える確率で評価を変えてくるのだ。[13] ユーザーの最初の評価を操作すると、それだけでそのユーザーの再評価に影響をおよぼせることが実験から明らかになっている。また（自分のアルゴリズムを鍛えようと）たくさんの映画を一度に評価するのと、一作品だけを評価するのとでも違うようだ。[14] テレビ番組と映画とでも評価の仕方が異なる。「テレビ番組の平均評価は映画よりもずっと高い傾向があります」とイエリンはいう。は映画よりもよくなったのだろうか。「私の勘では選択の問題だと思いますね。「テレビの《ザ・ソプラノズ／哀愁のマフィア》の評価をしそうな人は誰でしょう？　五分見て、自分に縁のない世界だからと気に入らなかった人ではありません。このドラマにのめり込み、それを見るのに自分の時間の一部をあてている人です」。一方、「映画の『モール★コップ』を評価するのは誰か。すばらしい映画ではないかもしれませんが、九〇分の作品ですからそれなりの時間を使う。見る側の制約や評価の基準は変わってくるでしょう」

同様に、同じ映画を配信サービスで見る場合とDVDで見る場合とでも、評価は違うかもしれない。それから、「心を揺さぶる作品にはありがちです」――たとえば「非常に感情に訴える」スピルバーグ作品がそうだ。「衝撃を受けるでしょうが、その衝撃は一時的なものかもしれません。ですから見終わってすぐに評価した場合は、高い評価になるでしょう。一週間後までつづいていないかもしれません」。また一人で見る場合は、映画ファンの友人と一緒に見るよりも評価が低くなるだろう。

こうして挙げていくときりがない。「私は長年、この評価ゲームに深く関わってきました」。そういったイエリンの重々しい口ぶりは、まるで疲れ果てたギャングが街での殺伐とした過去をふり返っているといった感じだ。彼は好きなものがきれいに表われたプラトン的な評価の理想像を求めてがんばってきたんだな、と私は思った。「私の髪が気になるでしょう？　こういうことを理解しようとして頭をかきむしったんですよ」。結局、評価は視聴者が何を見るかというシグナルとして思うほど有効ではなかった。性別や居住地なども同じである。「ほかに何も手がかりがないのなら、そういったものも少しは役に立つでしょう。けれどもそれはそれとして、視聴者がネットフリックスで五作品見れば、その人に関して年齢や性別や住所どころではない、もっと桁違いに多くのことがわかるんです」。あなたの見るものはあなた自身を表わしているのだ。

評価が重視されなくなったのは以上のような事情からとのことだったが、それでもレコメンドがどうでもよくなったわけではない。それどころか、ネットフリックスのアルゴリズムではこれまで以上に中心的役割を果たし、視聴全体の約七五パーセント以上がレコメンドした作品なのである。

しかし、いまのレコメンドはひそやかだ。現在、ネットフリックスはユーザーに気に入りそうなものを直接的に教えるというよりも、ユーザー自身の行動にもとづいて構成された「カスタマイズ」リストのかたちで表示している。「五つ星のシステムよりもすぐれている」というこの新しい方式について、アマトリアンは「なんでもレコメンドになる」とたびたびいった。何かを検索したことさえ、「何を見ればよいかを視聴者に示せていない」シグナルとしてレコメンドエンジンの情報になる。視聴者が何を探しているかがわかれば、そこからその人の好きなものが読みとれるからだ。つまり、ネットフリックスのウェブサイト上ですることも、それ自体がレコメンドに関するメタデータになるのである。インターネットとはそういうもので、ネットフリックスのサイトも選好に関する一つの絶え間ない大きな実験であり、ユーザーは知らないうちに一連の「A／Bテスト」に参加している。たとえば検索ボックスはオンライン靴店の広告の左右どちらに配置したほうが商品の売上げにつながるか、「一九八〇年代の海外ドラマ」のリストをスプラッシュページ（訳注：宣伝効果を見込んで、アクセスするといきなりフル画面表示されたフラッシュ画像などが現われるページのこと）にしたことでそれらのドラマの視聴が増えるかといったことを見るのが「A／Bテスト」である。

おすすめリストに表われているのは、片方だけでは有用といえない二つの正反対のシグナルの妥協点といえる。シグナルの一つは視聴者が表明した好きなものである。そればかりを取り入れると趣味の袋小路にはまってしまい、気軽に手をつける気にならないような、あまり有名ではないめずらしい映画ばかりのリストになりかねない。「過剰適合」はアルゴリズムの用語である。エンジンはある意味で完璧すぎる――したがってまったく効果のないレコメンドをする。

もう一つのシグナルは大衆性である。これはアマトリアンのいうとおり、「カスタマイズ」の対極だ。そうなのだが、消費を最適化するという観点に立てば、「ユーザーがほかの多くの人が見ている作品を見る可能性は非常に高い」。ここから『ショーシャンクの空に』問題につながっていく。世界中の人が見ている作品を無用にレコメンドすることになるのだ。『ショーシャンクの空に』はネットフリックス史上最も評価の高い映画で、サイトではもっぱら賞賛されているため、放っておいても好まれる映画をそれ以上にレコメンドする必要はないのである。「まったくあの映画はそこらじゅうで愛されてますよ」。イエリンは驚いたというように首をふった。

人間の好みには避けがたいノイズがあり、ネットフリックスはそれに譲歩したのだろう、ユーザーの行動に全面的には頼らない。[15] ネットフリックスでは「タグ付け」する人を大勢雇っていて、映画のメタデータの迷宮を構築させている。視聴者二人の趣味の類似点を見つけるのではなく、二つの映画の類似点を突き止めるほうがたいてい簡単だと気づいたからだ。これが不思議な発見につながる。二つの映画がどちらもペドロ・アルモドバル監督作品だというだけでまったくタイプが違っていても、二つはリンクされるのだ。だが、メタデータだけでは頓珍漢《とんちんかん》なことにもなる。『めぐりあう時間たち』か『ムーラン・ルージュ』を見た人に、これらにニコール・キッドマンが出演しているというだけで『ドッグヴィル』――『ナポレオン・ダイナマイト』と同じくらい好ききらいが分かれる作品――を薦めるとさんざんな結果になる。

それでもメタデータは、意外なものを探り出してもくれる。前述したとおり、人間がどうかすると突飛なほどジャンルを細かく分けたがることを思うと、分類というものがいかに好みに影響するかを考えさせられる。私たちは対象を何かとして好きになる。たとえ『ビッグ・リボウスキ』のように、なんの映画なのかがすぐにはわからないような作品でもそうだ。ネットフリックスの突飛なジャンル分けは、じつは一見でたらめに見える提案に意味をあたえる効果をねらっている。「レコメンドは妙なものになることがありますよ」とイエリンはいう。「『ええっ、『紅夢』に星五つをつけただけで、どうして私がこの子供向けの日本映画を気に入ると思うんだ？』という感じです」。イエリンはそういって自分のノートパソコンを指さした。ネットフリックスの彼のページにおすすめ作品がずらりとならんでいる。

『ゴモラ』、『ヴァルハラ・ライジング』、『エンター・ザ・ボイド』、『アンダルシアの犬』。これらはみな、外国映画の衝撃作というジャンルだ。「これを見てなるほどと思いましたよ。でも、これをなんの脈絡もなく見せられたら、それほどそそられなかったでしょう」。ジャーナリストのアレクシス・マドリガルは次のように述べている。「ネットフリックスは視聴者が好みそうな作品を提示するだけでなく、それがどういう種類のものかを教えてくれる」

この二つのことがたがいに影響しあうのは、レコメンドシステムのビッグデータに見られる一風変わった〝量子もつれ〟の一つであると同時に、それが人間の趣味嗜好の現実でもあるからなのだ。

誰もが批評家──無数の不平家でインターネットは大にぎわい

夫と一緒に夜に暗い砂漠の幹線道路を車で走っていて「人里離れた」この場所を見つけました。部屋はちょっと古くさかったのですが（天井に鏡！　笑）グレードの高い部屋に通してもらえたのでうれしかったです。氷で冷やしたシャンパンもありましたし！　でも、ここは音の問題があります。真夜中に廊下の先から声が聞こえてきて、目が覚めてしまいました。『なんてすてきなところ！』と書いているレビュアーに賛成しますが、どうかなと思うところもありました。でも、最悪なのはチェックアウトの規則で、納得できませんでした。

お気づきかと思うが、これはよく知られている二つのものから取ったフレーズをごちゃまぜにして私が作文したものだ。イーグルスの「ホテルカリフォルニア」の歌詞と、旅行サイトのトリップアドバイザーのレビューである。「ホテルカリフォルニア」はＦＭラジオで飽きるほど耳にして、きっとご存じだろう。トリップアドバイザーはサイトをご覧になったことがあれば、ホテルに関する二八番めのレビューを読み終わるころには、やんわりと上げたり下げたりする書きように慣れているだろう。さりげなく秘密を打ち明けるような口調、ほかのレビュアーへのひやかし、不当な扱いを受けたことを誰にも共感してもらえる小市民と、相応の待遇をされて当然と思っているプライドの高い有名人とが二重映しになったキャラクター。さらにお決まりの「でも」。これは不平という「言語行為」の顕著な特徴だ。言語学者のハーヴェイ・サックスが指摘したとおり、不平は標準的なパターンに沿う傾向がある。「褒め言葉、プラス『しかし』、プラス話題の切り替え」[16]というパターンである。ふつうは最初に褒め言葉がくる。「私が理不尽なわけではない」とあらかじめ断わっておくかのようだ。

この手のレビューを読むと、私は不思議に思わずにいられない。インターネットやソーシャルメディアがなかったころは、胸の内で渦巻く言い分のはけ口はどこだったのだろう？　シャワーの水の出が気に入らなかったら、フロントという専属の聞き手のほかに不満をぶつける場所はあっただろうか。当時もいまも、不愉快な思いをした人は二度とそこへ行かないと決めただけかもしれない。そのことを友人や家族に話し、その小さな不平は数人には広がったにちがいない。しかし、いつかあの有名なホテルカリフォルニアへ行こうとしている知らない人に、あそこはお金を払って泊まる価値のないホテルだと、どうやって警告できただろうか。

もうなかなか思い出せなくなってしまったかもしれないが、インターネットがなく、ましてスマートフォンなど影も形もなかった時代には、たとえば初めてのレストランで食事をするには、完璧ではないがとりあえずの役には立つ経験則を頼りにした。辺鄙《へんぴ》な場所に食堂があって、トラック運転手や警官でにぎわっていたら、おいしい店のしるしと思ってよかった(周辺にそこしか店がなかっただけかもしれないけれど)。「エスニック」レストランに対しては「〇〇人でない客は私たちだけだった」という決まった言い方があって、そこは本場の〇〇料理がたのしめる店という意味だ。あるいは、地元週刊新聞のレビューの黄ばんで丸まった切り抜きを手に店の前の歩道に突っ立って、店主にじろじろ見られてばつの悪い思いをしながら、一九八七年のある日の午後にこの店にきた評者の感想はまだ参考になるだろうかと考えたりした。

私たちは情報に乏しい環境で暮らしていた。知らない街でホテルを選ぶのに、ガイドブックのページをめくったこともあるだろう。だが、そのガイドブックにホテルが二、三軒しか載っていなかったり、情報が古かったりしたら? 安直にブランドを頼りにし、オハイオのアクロンで泊まったホテルだからアイオワのダベンポートでもここにしよう、という具合だったかもしれない。だが、アクロンがとりわけよかったのだったら？

「品質のよし悪しを見分ける難しさは、ビジネスの世界にはつきものだ」と経済学者のジョージ・アカロフは書いている[17]。アカロフの有名な「レモン市場問題」は、中古車市場を情報の非対称性の典型ととらえるものである。中古車の品質を、売り手は買い手よりもはるかによく知っている。だから買い手はだまされることがある。だが、まさにその危険性ゆえに、売り手の提示できる価格は下がるのである。アカロフによれば、ブランドは消費者が劣悪品の売り主に、今後あこぎな商売をつづけられなくすることで報復する手段の一つだ。一目でわかるブランドというかたちで、チェーン店も品質を保証してくれる。こうして、消費者は何が期待できるかがわかることになる。どんなにささやかな期待であろうと、期待が裏切られるよりはずっとましなのだ。

幹線道路沿いのチェーン店で食事をすることには、特有の情報の問題があった。アカロフはこう述べている。「地元の人はめったにこない。有名なチェーン店は平均的な地元の店よりもおいしいハンバーガーを出すが、その地域をよく知っている地元の人は自分の好きな店を選べるからだ[18]」

これを「レモン・チキン問題」（訳注：英語では、レモンには欠陥品の、チキンには小心者の意味がある）と呼ぶことにしよう。地元の消費者のほうが情報を多くもっているので、つねによりおいしいものを食べることになる。情報の乏しい環境にいる旅行者は、しかたなくかわり映えのしない月並みな経験に甘んじるばかりで、旅行雑誌によく書かれているような「地元の人が集まる」とびきりの店など見つけることはできない。もちろん、そういう店も旅行客が集まるようになったらなったで、そのころには地元客の意向にあまり気を配らなくなり、質が低下してしまう——なにしろ、旅行客のうちまた店にきてくれる人がいったいどれだけいるだろう？　困り果てたときは、勘をはたらかせるという手もある。そして勘にすがるしか手がないことはままあった。

イェルプやトリップアドバイザー、アマゾンといったウェブサイトの出現で、状況は根本から変わった。二二四号室のシャワーカーテンがカビていた？　みんなに知らせなければ！　ルート51号沿いの目立たない店のドーナツがすばらしくおいしかった？　ＧＰＳ機能や大量の「ユーザー生成コンテンツ」のおかげで、人々は以前なら見逃していただろうことに急に精通するようになった。

「ネット上の口コミ」が市場を動かせることにもう疑問の余地はない。アマゾンに関する全米経済研究所の研究によると、ある本の「平均星評価」が上昇すると、サイトの全書籍におけるその本の「市場シェアが上昇」する。[19]一方、アイルランドの研究者グループは「トリップアドバイザー効果」なるものを発見した。アイルランドでは、トリップアドバイザーのサービスが導入されてから、このサイトでのホテルの総評価が二年間にわたって上昇した。ホテルがオンラインのフィードバックに対応するか、高い評価が得られるように努力していたからである。[20]どちらにしても、宿泊客はよりよい部屋に泊まれるようになった。ところが、トリップアドバイザーがもっと前から知られていたラスベガスでは、ホテルの評価に変化は見られなかった。「効率的市場」仮説でいわれるような状況と同じで、ラスベガスのホテルに関するすべての情報がすでにレビューに反映されていたからだ。

　イェルプについては、シアトルの市場において飲食店の評価が星一つ増えると、収益が九パーセントも増加することをハーバード大学の経済学者マイケル・ルカが発見した。この効果を「牽引していたのはもっぱら個人店」だった。これは当然といえる。チェーン店は基本的に口コミ評価の差がならされるので、口コミに商売を左右されない。あるチェーン店のことをまだ知らない人がいたとしても、何がいえるだろう？　もしあなたがマクドナルドの秘伝のビッグマックソースをきらいでも、誰が気にするだろうか。誰も気にはしない。なぜならほかに数えきれないほど多くの人が好きなのは明らかだからだ。

　ルカは自分の研究対象の市場にイェルプが参入して以降、チェーン店が個人店にマーケットシェアを奪われはじめたことにも気づいた。こんなことを想像してみてほしい。アカロフの記事にある一九六三年当時の客が沿道のチェーン店でふつうよりもややおいしいハンバーガーを食べていると、魔法の力でスマートフォンを授けられたとする。たちまちその人は、どこでとびきりおいしいハンバーガーが食べられるかがわかってしまうのだ。ルカが述べているとおり、個人店へ行くほうが「効用」が大きい。客が失うものはチェーン店だけだ。これもあの「効率的市場」である。すべての「既知情報」がすでに株価（店の評価）に反映されている場合、アマチュアの投資家（アマチュアの食事客）も専門家と同じように好結果を出せる[21]。イェルプなどでネットを通じて好ききらいが広範囲に伝達されるおかげで、チェーン店よりもよい選択肢が現われるようになったという見方もできるかもしれない。
だが、ネット上の口コミには、それはそれで問題が生じている。最近では、情報不足の問題のかわりにその逆、つまり情報過多が問題になっているのだ。たとえば、ある店が出費に見合うサービスをしてくれる店かどうかという単純な判断をしたくて、張りきってイェルプにサインインしたとする。表示される体験談は両極端を行ったりきたりしている。ある店での食事は「最高」だったという感想もあれば、同じ店の食事が「かなりお粗末」だったという感想もある。あるいはレビューを読んでいくうちにいつのまにか本筋からはずれ、他人が気にした細かいこと――音楽が気に入らなかったとか、皿のデザインについての余談とか――につきあわされていたりする。あれやこれやの情報が入り乱れている大量のレビューをいちいち検討したあとは、気抜けした心持ちになりはじめているだろう。結局その店は行かないことにするか、行ったとしても店に着くころには期待に疲れ果て、すでに気が重くなっている。もう体験したも同然で、いまはただ形式的に店にきているだけといった感じだ。

飲食店のレビューに目を通していると、いつのまにかレビュアーをレビューしていることがあるだろう。というのも、その人がその店を気に入ったかどうかと同じくらい、その人が自分に似た人間かどうかが重要だからである。そのために、その人を信頼してよいかどうかがわかるシグナルや、ものの見方の自分との共通点を探す。たとえば、私にとっての警戒信号は「最高〈awesome〉」という言葉だ。この言葉が本来もっていた含みをほとんど失ってしまったと思うからだけではない。この言葉を使うような人の意見は（「最高のマルガリータ」）信用できないからだ*――などというと、この言葉を信用しない私を信用しない人もいるかもしれない。また、レビューのなかの「記念日」や「ハネムーン」という言葉は、裏に特別な夜への大きな期待のあったことを物語っている。その厳粛な行事へのレストランやホテルの対応がまずかったと感じた彼らの不満は、かならずしも誰もが共感できるわけではない。ホテルのパンフレットに書かれていたつまらない感傷的な言葉（「めくるめく体験」など）をそのまま拝借していたり、「罪深いまでのおいしさ」といった陳腐でみっともない表現をしていたりするレビュアーは、私はそれだけで即、見かぎる。

レビューから飲食店やホテルの情報だけでなくレビュアー本人のこともうかがい知ろうとするのは、ある意味ではいまにはじまったことではない。以前は、信頼している友人や確かな意見をいう批評家から情報をもらって選択していた。それが突然、多くの意見に接する道が開かれた。ただしそれは、権威ある人の意見でもなければ社会的信頼のある人の意見でもない。批評家の批評が本人の趣味やバイアスに影響されていないかと疑われるのは世のつね

＊　大げさな言葉の使い方はネット上のレビューのもう一つの問題点である。イェルプの効率化のために設計された情報抽出アプリ「ＲｅｖＭｉｎｅｒ」の開発者は、たとえば「おいしい点心」を探す人は、実際にはおいしい点心ではなく、「人が『すばらしい』とか『びっくりするような』と評価した点心」を探していると述べている。ただおいしいだけではもはやだめで、「最高」といわれるものでなくては気がすまないのだ。

だが、いまやインターネットは素人批評家で大にぎわいだ。ごたごたした、たいていは見えないところで絡まりあった好み、趣味、嗜好の主張、そしてそれらをめぐる闘いが、突如として私たちの目の前で繰り広げられている。

クラウドソーシングにおける素人レビュアーの大量出現は、概して平等主義の開花ととらえられ、それぞれが独自の主義と趣味をもつ大家の専横《せんおう》から消費者を解放した。イギリスのジャーナリスト、スザンヌ・ムーアが《ガーディアン》紙で明言している。「専門家の論評があらゆる分野で排除されている。誰も彼もがあらゆるものに対して無料で論評しているのに、誰が専門家の意見を必要とするだろうか。これこそまさに民主的ではないか。批評の性質が変わってきたために、専門性の序列がくずれつつある(22)」

スペインの哲学者ホセ・オルテガ・イ・ガセットが一九三〇年に発表した警鐘の書『大衆の反逆』を読んでいると、イェルプのようなものの出現を見越した声がうしろで響いているのが聞こえてくるようだ。かつては「小集団で世界のあちこちに分散していた」大衆は「塊《かたまり》になって」出現し、「突如、目に見えるものになり」、以前は「社会という舞台の背景」にいたのに「いまは舞台前方にしゃしゃり出て主要人物になった(23)」。あたえられて然るべきものをあたえられずに不機嫌になった食事客は、いまや集団の意思によってレストランの運命を左右できる。批評する権利のこの平等化を、保守派は痛烈に批判する。《グルメ》誌の元編集長のルース・ライクルは勇ましく言い放った。「イェルプを信用している人は、ばかだ。イェルプに書き込む人の大半は自分が何をいっているのかまったくわかっていない[24]」

インターネットによって専門家の権威と批評の正当性が必要とされなくなったといってよいかどうか、そこは簡単な話ではない。そもそもエネルギーを使ってイェルプにレビューを書き込む行為は、とりもなおさず誠実であろうとする努力である。マンハッタンのミッドタウンにあるインド料理店のレビュアーは、自らがレビューを書くにふさわしい人物であることを三つの点を挙げて主張する。「私は食通で、（インド人である）私を満足させてくれるインド料理はなかなかない。この店では最低でも週に一度は食事をする。素材の取りあわせがじつに斬新で、それでいて正真正銘のインド料理だ」。この男性はただの食通ではない。インド人の食通であり、本物の料理評論家のように同じ店に何度も足を運んでいる。だから「正真正銘の」という疑わしい言葉をとやかくいう者はいない。この言葉やそれに類する言葉はなかなか信用ならないものだが、イェルプに載っているレストランについては高い評価につながるらしい[25]。

イェルプはこのような、経済学でいうシグナリングだらけだ。似たり寄ったりの大勢のレビュアーの上をいくために、レビュアーとして適任であることを印象づけようとするそれとない言いまわしにあふれている（「そのシェフは前に○○で働いていたころから知っている」とか、「私の知る数ある河南料理店のなかで、ここはトップクラスだ」など）。これは「慣習的シグナリング」である。ただそういっているという以上に言葉の内容を立証するものは何もない。あなたが「I❤NYC」とプリントされたTシャツを着ていたら、あなたの熱烈な気持ちは疑いようがないだろう。だが、ネット上のシグナルにはお金にしろエネルギーにしろ、「コスト」はほとんどかからない。だから信頼性もほとんどないのだ。それでもこれらのシグナルが信頼性をすっかり失わずにすんでいるのはなぜだろうか。MITメディアラボのジュディス・ドナスが論じているとおり、これらのシグナルがうそではないと見なされるのは、結局はたんに「うそをつく動機になるものがほとんどないから」でしかない。[26]ならば信憑性を疑う動機もほとんどないというわけだ。匿名が基本で、なおかつドナスがいうように「すべてがシグナルである」ネット上で、どうすればレビューの質を手早く見極められるだろう？

イェルプは民主的な大集団を集める一方で、「エリート」レビュアーという階層を設けて序列を再導入することもしている。[27]認定バッジ——一種のシグナル——を表示されるエリートは、協議会と呼ばれるチームによって選ばれる。「どのように選ぶかは私たちも知りません」というイェルプの広報担当者の口ぶりは、まるで秘匿されているミシュラン調査員の採用方法について答えているかのようだ。これは少しばかり矛盾している。いまの世の中は、従来の専門家の権威——マスメディアから行政や医療機関まですべてにおける権威——がぐらついている。それなのに、ネット上のレビューサイトは（アマゾンの「トップレビュアー」やトリップアドバイザーの「トップコントリビューター」などの選任によって）ただかたちを変えた専門性をまたつくりだそうというのだろうか。[28]「素人の専門性」とはおかしな話だ。

この新種の専門家を私たちはどの程度、信用しているだろうか。ネットで飲食店やホテルや本のレビューを見るとき、星の数を見るだけか、それとも個々の雑多な意見にも目を通すだろうか。ネット上の口コミの威力が、集めた大勢の意見を定量化して一人のせまい視野から私たちを解放できることから生まれるなら、どれか一つのレビューを読む有用性はどこにあるのだろうか。

ルカはイェルプの研究のなかで、被験者の反応が「ベイズ学習理論」と整合的であった事例にふれている。つまり、被験者が情報の多そうなレビューにより強く反応したケースがそれにあたる。イェルプのエリートレビュアーの影響は、統計的には一般のレビュアーの二倍だった。一方、イェルプで突出した影響力を示すグループがもう一つある。クーポン共同購入サイト、グルーポンの利用者だ。グルーポンユーザーがイェルプに書き込んだレビューは、イェルプの平均的なレビューよりも長く、より好意をもたれていることがある研究で示されている。この影響は非常に重大だ。グルーポンの利用者は、レストランへのレビューの平均値を引き下げてもいるようだからである。不思議なことに、彼らの評価が辛いというのではない。現にイェルプに書き込まれたレビューはグルーポン利用者のほうがそうでない人よりも「穏やか」だとその研究報告は指摘している[29]。

大衆が批評の対象を批評家の圧政から解放したという見方は、卑小な権威意識をもちはじめているらしいレビュアーが多いせいで揺らいでいる。イェルプやトリップアドバイザーのレビューを読むと、とくに星一つのレビューに多いが、恨みがましさが容易に感じとれる。案内係の女性が「夜の女子会」グループを「へんな」目つきで見た、赤ちゃんを連れていたのに、ウェイターはかわいいですねのひと言もなかった、ウェイターが客に対して「値踏みするような態度」だった、迎え方が大げさだった、逆に心がこもっていなかった、ウェイターが「ウェイターとしてぎこちなかった」など、料理とほとんど関係のない話がいくらでもある（これらはみな私がサイトで見つけた実例である）。これは労働紛争だ。利用客が投下した資本と、そして得るべきものへの彼らのどこまでも主観的な期待とのあいだの紛争である。

いまやサービス経済の大半は「情動労働」――組織に強制されて「客」に笑顔で対応する従業員――を中心としているため、「商品」の評価はますます主観的かつ個人間のものになる。ジャーナリストのポール・マイヤースコフは次のように述べている。「労働はもはやものを生み出すことではなく、もしくはそれにとどまらず、肉体的および精神的なエネルギーを人々へのサービスに提供することになろうとしている」(30)。正当な精神的エネルギーを提供されなかったと感じる人にとって、イェルプはくどくどと愚痴をならべる場所になっている。そのレビュアーがその日たまたま機嫌が悪かっただけではないと、どうしてわかるだろう？

ネットレビューの信用問題で最も由々《ゆゆ》しいのがレビューの捏造だ。競合する飲食店経営者、妬心《としん》の強い物書き、女性にふられたホテル客などがでっち上げのレビューを書く。イェルプのレビューのほぼ四分の一がイェルプ独自の信頼性フィルターで排除されている。[31] ルカとゲオルギオス・ゼルバスの研究によると、このような虚偽の評価の頻度には予測しやすいパターンが見られる。飲食店の評判がよくないほどレビューの数が少なく、にせの肯定的なレビューが投稿される可能性が高くなる。タイプの似たレストラン（たとえば「タイレストラン」と「ビーガンレストラン」）で地理的にも近いと、にせの否定的なレビューが投稿されやすい。同様のパターンはトリップアドバイザーのサイトにも見られる。

うそを書く理由がはっきりしない場合もよくある。エリック・アンダーソンとダンカン・シミスターによるアパレルサイトの研究では、全レビューの五パーセントでレビュアーがその商品を買っていなかった（ただし、そのサイトのほかの商品はたくさん買っていた）。それらのレビューはほかよりも否定的な傾向にあり、アンダーソンらはその客は事実上の「ブランドマネージャー」の役割を果たしているのではないかと考えている。アカロフのいう客の「報復」の一種だ。

だが、どんな理由でこういうことが起こるにしろ、レビューがにせものであることはどうしたら見抜けるだろうか。次の二つのレビューについて考えてみよう。

> これまで出張や休暇で数多くのホテルに泊まったが、正直なところ、ザ・ジェームズが一番だ。サービスは一流。部屋はモダンで非常に快適だ。

夫と私は結婚記念日にザ・ジェームズ・シカゴに宿泊しました。すばらしいホテルです！　到着したとたんに確信しました。私たちの選択は正しかった！　部屋はすてきだし、スタッフはとても親切で申し分ありません!!

結論からいうと、二番めのレビューはにせものだ。コーネル大学の研究者チームは、九〇パーセントに近い精度でレビューが本物かにせものかを識別できる機械学習システムを考案した[32]。これは訓練した人間よりもはるかにすぐれている。数ある問題点のなかでも、人間は「真実バイアス」がかかりやすいからである。私たちは相手がうそをついているわけはないと思いたがる傾向にあるのだ。

コーネル大学のチームはこのアルゴリズムを考案するために、おもに経験していないことを話すときに人がどんな話し方をするかを長期にわたって調べた。「つくり話」をするときは、実際にはその場にいなかったので細かい部分の正確さに欠けることが多い。コーネル大学の研究では、ホテルに関するにせのレビューは部屋の広さや位置のような事柄に関する情報が詳しくなかった。うそをごまかそうとするレビュアーは、最上級（「最高！」「最悪！」）を多用した。うそをつくにはふつうよりも頭を働かせる必要があるので、にせのレビューは一般的に短めだ。また、うそをつくときは名詞よりも動詞が多く使われる[33]。物事の状態を描写するよりも自分の行動を話すほうが簡単だからである。さらに、うそをつく人は本当のことを話す人よりも人称代名詞を使わない傾向がある。自分自身と欺く行為とのあいだに「距離」を多くとろうとするためだろう。

だが、先ほど紹介したにせのレビューは人称代名詞がずいぶん使われているではないか。確かに、にせのレビューではレビューが本当らしく聞こえるように、自分のことを書く場合が多いことがわかったとコーネル大学のチームは報告している。不思議なことに、同じにせのレビューでも肯定的なレビューより否定的なレビューのほうが人称代名詞は少なかった[34]。悪い内容のうそを書くときには距離をあけるのがより重要ということらしい。一般的にいって、うそをつくのはネット上でのほうが簡単なのはまちがいないといってよい。相手を目の前にしてうそをでっち上げようとすると、相手がいることのプレッシャーと時間の制約があるが、ネットではそれがない。どれくらい簡単だろう？　私のつくった「ホテルカリフォルニア」のレビューを、コーネル大学のチームの一人が考案したレビュースケプティックというサイトで試したところ、「本物」と判定された[35]。

にせのレビューは現に存在し、明らかに経済に影響をおよぼしている。だが、にせのレビューがこれだけメディアに注目され、いんちきレビューを自動的にかぎつけるのに多大なエネルギーが費やされているのであれば、そのほかのレビューはどれも単純に「本物」だと判断してよい気がしてくるのは事実だ。ただしそういうレビューは故意に人を欺いているのではないかもしれないが、あからさまにせよそうでないにせよ、ゆがんだりバイアスがかかっていたりはするのである——その事情は千差万別だとしても。

そもそもの問題は、大半の人がレビューを書かないことだ。あるオンライン小売業者の場合、レビューを書く人は客の五パーセントに満たない——これでは民主的とは言いがたい。[36]しかも、商品の発売後すぐに書かれたレビューと、一年後のレビューとでは違う。なぜかといえば、先行のレビューがあとのレビューに影響するからである。何かを購入しただけなら肯定的な気持ちになるだろう。だが、アマゾンで本を評価だけして買わなかった人は、その本を気に入らない可能性が二倍だったことがシミスターとアンダーソンの研究からわかった。そして最後に、購入してよかった、またはよくなかったと強く思うと、客はレビューを書く気になることが多い。そのために評価は「バイモーダル」になりやすい——評価がすべての星数にほぼ均等に分布するのではなく、よいと悪いの二極に集まるのである。これは「J型分布」、またはもっとおもしろく「自慢か愚痴か現象」と呼ばれている。[37]

分布曲線が山型ではなくJ型になるのは、オンライン評価にありがちなもう一つの現象である「ポジティビティバイアス（寛大効果）」のためだ。書評SNSのグッドリーズでは、五つ星評価の平均は3・8である。イェルプでは、レビューが「不自然に高い水準」になってしまっていることがある分析から判明した。[38]トリップアドバイザーでの星評価の平均は3・7で、類似の宿泊物件がエアビーアンドビーに掲載されている場合は評価平均がさらに高くなる。[39]物件の所有者《ホスト》が宿泊客を評価できるためである。同様に、イーベイではほとんどの人が否定的なフィードバックを残さない。[40]理由の一つは、あの有名な「最後通牒ゲーム」（訳注：報酬の分配をめぐって二人でするゲームで、人間が非合理的な判断をしがちな例としてよく挙げられる）の一種の変形ともいえるが、買い手と売り手ともに相手を評価できるからだ。ポジティビティバイアスの影響が大きくなりすぎたので、イーベイは二〇〇九年にシステムを徹底的に見直した。いまや売り手は、イーベイの「最低サービス基準」を満たすのに必要な最低限の星評価を得るだけでなく、否定的なレビューもある程度は投稿されないと信用してもらえない。[41]よくあるために悪くあらねばならないのだ。

数年前、ユーチューブには一つの問題があった。誰もが星五つをつけていたのである。ユーチューブのサイトのブログには、「評価に関しては、ほとんどイエスかノーしかないようだ」と書かれていた。[42]ユーチューブのエンジニアは、評価は基本的に「好き」を表わす「承認印」として使われ、質全般について「所見を表わす指標」ではなかったからだと分析した（星五つの次に最も多かったのは星一つで、好まない人もそれだけいた）。大きくバイアスのかかった、ほとんど無意味な統計システムに困った彼らは、「サムズアップ／サムズダウン」による評価システムに切り替えた。だが、立てた親指を上に向けるか下に向けるかの二つしかないそのシステムにも欠点がないわけではない。ちょっとかわいい子猫――「ちょっとかわいい」というのもかなり点数をあまくしてだが――の動画も、世界一かわいい子猫の動画と同じ感想を寄せられることになるのだ。しかし、情報が安く手に入り、切り替えコストもゼロに等しい、インターネットという効率重視の電光石火の世界では、消費体験と同じくらい時間のかかる評価システムは誰も望まないだろう。こうしてみな似たり寄ったりの高評価になってしまうのである。

さらにはレビューをレビューする、すなわちレビュアーを評価するという行為がある。実際の話、最も役に立ったとされるレビューは、その品物を買う気にさせやすい。[43] 売れ筋商品ではない、いわゆる「ロングテール」の商品はとくにそうだ。ただし、これにはこれの奇妙な動きがある。初期のレビューは役立ったという得票数が多い。また、得票数が多いほどさらに得票数が増える傾向がある。アマゾンでは、「役に立った」と判断されることの多いレビューは、その商品にあたえた星の数に関係なく、売上げの増加に貢献した。[44]

では、何をもってレビューは役に立ったとされるのだろうか。コーネル大学とグーグルの共同研究チームはアマゾンでのレビュー行動を観察し、レビューの「役立ち度」の評価はそのレビューの商品への星評価が平均の星数から離れるにつれて低下することに気づいた。「役立ち度」のとらえ方がまた注意を要する。レビューは誰かが商品を買う役に立ったのか、それともほかの人の意見と一致したことで役に立ったと評価してもらえたのだろうか。共同研究チームはそこを調べるために、彼らによればアマゾンで「横行している」という、文章表現を盗用されたレビューと、それとまったく同じ文章表現で別の商品に投稿されているレビューの組をいくつも見つけ出した。そして調査の結果、それらの組のレビューは、すべてのレビューの星評価平均に近いほうがもう一方よりも役に立つと評価されていた。つまり、レビューはその内容にかかわらず、ほかの人々の意見に似ているもののほうがよいとされたのだ。

好みとは社会的比較である。ネットフリックスのトッド・イエリンがこんなことをいっていた。「慣れない状況にいる人を見かけることがありますよね？　たとえば『オペラを見にきたのは初めてです』というような人です。右を見たり左を見たり、きょろきょろしているでしょう。『今日のはいいオペラなんだろうか』と思っているわけです」。オペラが終わり、スタンディングオベーションをするかどうかはオペラを気に入ったかどうかによるが、それと同じくらいまわりの観客がどうするかにもよるだろう。[45]それに対し、研究結果が示しているとおり、人の選んだものがわからないときには、評価は違ったものになるはずだ。

そういうことならば、どこを見ても多くの人の意見を逃れようもなく聞かされるソーシャルメディアでは、マサチューセッツ工科大学の経営学教授シナン・アラルが「社会的影響によるバイアス」と呼んだ現象が見つかってもさほど不思議はない。アラルの研究チームは、評価行動に浸透しているポジティビティバイアスは過去の評価に起因しているのかどうかを知ろうとした。あるレストランの評価が星四つ半だとして、この星の数のどれくらいがレストランそのものに対する評価で、どれくらいがそれまでに星四つ半をつけた人の影響なのだろうか。インスタグラムの写真に「いいね」がつくと、「いいね」がつかない写真よりも、その後に「いいね」がつきやすいだろうか。

そこでアラルの研究チームは巧妙な実験を考案した。ディグのようなスタイルの「ソーシャルニュース・アグリゲーション」サイトでは、ユーザーが記事にコメントし、そのあとそのコメントに「サムズアップ」か「サムズダウン」をつける。研究チームはあるニュースサイトの約一〇万件のコメントを三つのグループに分けた。「肯定」グループは研究者らが意図的にコメントに「サムズアップ」をつけたもの、「否定」グループは同じく「サムズダウン」をつけたもの、そしてどちらもつけない対照群の三つである。

ほかのサイトと同様、まずはポジティビティバイアスがある。アップに投票する確率は初めからダウンの四・六倍だった。だが、一票めにわざとサムズアップをつけた場合は、それをきっかけにポジティビティバイアスがさらに強くなった。二票めが肯定的になるだけでなく、そのあとの票も同様になることが多かったのである。また、最初の票が否定的だと、次の票も否定的になった。ところがこの否定的な傾向は、たすけに駆けつける騎兵隊のような肯定的なレビュアーという対抗勢力の出現によっていずれ「中和」されたのだ。

何が起こっていたのだろうか。研究者らは、アップ票ないしダウン票そのものが普段アップないしダウンに投票する人々を誘い出したわけではないと論じている。コメントを評価している人が一人でもいるとより多くの人が自分も評価しようという気になり、しかも予想以上に肯定的に評価したのだ。対照群のコメント（評価のなかったコメント）には否定的だった人でさえ、初めに「サムズダウン」をつけてあったコメントに対しては肯定的になった。アラルはこう述べている。「私たちは肯定的な意見に追従し、否定的な意見には懐疑的でいる傾向にある」[46]

これはディグの記事を何度かクリックして一時的にトップに浮上させる、などというのよりよほどとんでもないことだ。初めの肯定的なレビューは、本物か虚偽かにかかわらず、その後のすべてのレビューに知らず知らず影響をおよぼすのである。アラルの研究では、肯定に誘導するレビューは評点全体を二五パーセント押し上げ、その状態はずっとつづいた。初めの肯定的なレビューは、経路依存（訳注：人の下す決断が、過去にその人がした決断によって制約を受けること）を生じさせるのである。たとえレビューをくまなく調べてにせのレビューを削除したとしても、その〝余波〟はもうほかにおよんでしまったあとだろう。にせのレビューはすでに「本物の」レビューに影響をおよぼしているかもしれないのだ。「このような評価システムは、バイアスのかかっていない大衆の意見を集めるようにつくられていますが、表面的なものになってしまうのです」とアラルは私にいった。スタンディングオベーションと同じことだが、私たちは大衆の叫びのただなかにいて自分の意見を見失わずにいられるだろうか。

こうしたことがあっても、肯定的な方向へ傾いた評価がかならず上昇するというわけではない。事実、アマゾンのようなサイトでは前記のようなバイアスのパターンが発見されている一方で、本の評価は一般的に時間の経過とともに否定的になる傾向がある。ある研究によれば、「商品の評価が蓄積されるほど、評価は低くなっていく」(47)。アマゾンの評価システムがアラルの実験でのような一回のクリックで好ききらいを表明する仕組みと違う点は、表現にかかる手間である。アマゾンでは、好ききらいの程度をいって終わりではない。その理由を説明しなければならない。

そうなると行動は変わるようだ。ヒューレット・パッカード研究所のファン・ウーとベルナルド・ヒューバーマンはアマゾンのレビュアーの研究で、ディグのスタイルのサイトに見られる「群集と分極」効果とは対照的に、アマゾンのレビュアーは過去の「極端な」評価者に反応するらしいことを発見した。(48) 星一つのレビューのすぐあとに評価する人は、実際には星二つにしたいところを、星三つで「帳尻を合わせる」必要を感じてしまうのだろう。極端な評価に対するこうした反応は、時間とともに意見が全般的に「軟化」することにつながる。

ウーとヒューバーマンは理由の一つとして、大勢のなかで目立ちたいとか、結果に影響をおよぼしたい、あるいは影響をおよぼせる人間だと思いたいという、人間の生来の願望のせいではないかと考えている。「一〇〇人が星五つをつけているところに同じことをしてなんの意味があるだろうか」と彼らは述べている。合理的な意味はない。ちょうど、自分の投じる一票が結果に影響をおよぼさないなら、選挙で投票しても合理的な意味がないという「投票参加のパラドックス」と同じである（ただし投票とは違って、最近のレビューが売上げに影響することは明らかになっている）。(49) それであとからレビューする人は、前のレビューと逆の意見を書く。

アマゾンの本の評価が段階を経て変わっていくことは想像しやすい。初めのうちは、レビューを書くのは、その本への関心が高い人や（著者本人ということはなくても、著者の友人や親戚が含まれている）、その本を気に入るであろう人が多いだろう。

好みが自己の選択であるのはまちがえようのない事実である。ところがデヴィッド・ゴーズとホセ・シルバが示唆しているように、著者のファンや購入する気のある客が介入することで、やがてその本は「その本を彼らほど好まない」読者を多数引きつけるだろう。この読者が洞察力のある客観的な評者であろうと、初期のレビュアーのような「理解者」ではなかろうと、彼らの意見は違ったものになっていく。本の評価は最終的に当初よりも低い平均値に落ち着くが、多くの本はその前に大きく「失速」して最終的な平均値よりももっと低い時期がくる。おそらく過去の「肯定的レビューバイアス」に強く影響された読者が元来は買わないはずの本を買うのだろう。そして、そういう読者が混ざっていることで「誇大広告不信効果」とも呼べるような状況になるのである。[50] こうしてフィードバックループがはじまる。「レビューが増えるほど得られる情報の質が低下し、そこからまちがった判断をし、それが評価の低下につながっていく」とゴーズとシルバは指摘する。あとのほうの評価が星一つというのはめずらしいことではなく、たいていはがっかりしたような素っ気ないコメントがついている。「気に入らなかった」、と。

投稿されるレビューが増えるにつれて、話題は本の内容よりも――すでに大勢の人が書いているので――ほかのレビューの内容に関することが多くなる。過去のレビューにふれるときは、否定的なレビューになりやすい。[51] 前後関係がレビューの場を支配する。[52]

話はここでアラルの研究にもどってくる。レビューは過去のレビューの影響を受けているのか、それともたんに同類性なのかはどうやって区別できるだろう？　同類性とは、相関性のある集団選好、簡単にいえば「類は友を呼ぶ」ということだ。アラルは社会学者のマックス・ヴェーバーの例《たと》えを例に挙げている。雨がしとしとと降りはじめ、戸外にいる大勢の人々が傘を開くのを見ても、彼らがたがいに影響しあっているとはいわないだろう。この集団内の状況にそれぞれが反応しているだけで、濡れたくないという相関性のある集団選好である。雨が降ってもいないのに傘を開く人を見てほかの人々も傘を開いたのなら、それは社会的影響だろう。

好みというもの全般がそうだが、ネット上のレビューもそこで何が進行しているのかを探り出すのは一筋縄ではいかない。アラルはそれに一〇年も取り組んできた。私の家の近所ではマイカーがスバルの人が多いが、まわりでよく目にするからスバルを買うのか、それともスバルを買う種類の人というのがいて、そういう人たちがたまたまこの周辺のような環境が好きでもあったということだろうか。家の近所にスリムな人が多いようなのは、スリムな人を見て影響されたのか、それともスリムな体型の人が近所に引っ越してくるのか。それを知ろうとすれば、全国から無作為に選んだ人々に、本人にその希望があってもなくてもブルックリンに住んでもらうしかない。

この問題は次章でまた取り上げることにして、いまはフィードバックがつきもののアマゾンのようなサイトで起こっているほかの問題を考えてみよう。ゴーズとシルバは、レビューが増えるにつれて「買い物客は過去のレビュアーと違うタイプの人になってくる」と論じている。言い換えれば、好みの違いが表われてくるのだ。レビュアーはある本に失望したと書くと同時に、過去のレビュアーが絶賛していることにもふれる。それでなくても好きになれないものにぶちあたったのに、そこに自分とは似ていない人にも出くわしてますますおもしろくない思いをしている。

フランスの社会学者ピエール・ブルデューは次のように主張している。「趣味（たとえば明示された選好）とは、他者とのあいだに避けられない違いがあることを実質的に肯定するものである。自らの趣味が正当であることを示したいときに、他者の趣味を拒絶して主張が完全に否定的になるのは偶然ではない[53]」

趣味や好みで選ばれる対象の場合、対立はいっそう鮮明になるようだ。本、とりわけ小説が大きい賞を受賞すると、アマゾン所有の書評サイト、グッドリーズのユーザーが示すその本への反応は悪くなる。この現象を分析したバラージュ・コヴァーチとアマンダ・シャーキーは、これを「広告のパラドックス」と呼んでいる[54]。原因は審査員によい本を選ぶ能力がないからでも、読者にその本のよさがわからないからでもない。事実、賞の最終候補にとどまった作品は受賞作よりも評価が低かった――受賞作が決まる前は。ところが受賞作という広告が添えられたとたんに、その本の評価は最終選考にもれて負けたほかの候補作への評価よりも急激に低下しはじめるのだ[55]。

太鼓判を押されたはずの優秀作に反発する理由はなんだろうか。受賞したことでその本の売上げは伸びるだろうが、この売上げ増加がじつは諸刃《もろは》の剣《つるぎ》なのである。コヴァーチらによれば、受賞によって期待が高まる。受賞作は気に入るかもしれない本から気に入るはずの本になるのだ。また受賞すれば、受賞前からの読者ほどその作品が好みに合うわけではない読者も集まるだろう。この状況は、二〇〇〇年ごろに映画の評価が全体として上昇したネットフリックスとは逆だ。ネットフリックスで評価が上昇したのは作品の質がよくなったからではなく、アルゴリズムのマッチングが向上したからだった。グッドリーズの場合は、受賞で本の質が高まったために、新しい読者が炎に引き寄せられる蛾のように集まったが、彼らはその本にマッチしていなかったのである。

　これでは期待が裏切られる結果になるのも不思議ではない。イェルプに投稿したグルーポンの利用者も同じだったのではないか。彼らは「本来の」理由ではない理由でそのレストランに引き寄せられた、さほど熱心ではない客だったのだ。アマゾンでの本の評価はもっと穏やかに上下するのがふつうだが、受賞の「衝撃」によってふれが大きくなり、二極化した。星一つと星二つの評価が多くなりはじめただけでなく、それらのコメントに対する「いいね」の数も「激増しました」というのが、私の聞いたコヴァーチの言《げん》である。中間のレビュー――まあまあ層――には、ほとんど変化がなかった。いってみれば、きらう人はきらうのだ。ただし彼らも評価するのである。

　約三万件のレビューを分析した研究は、かねてからの自明の理を裏づけた。批評家と大多数の読者のどちらかに好まれることはありうるが、両者に好まれることはなかなかないということだ。受賞作家の長年のファンでも、自分の好きな作家が急に人気になれば興ざめするだろう。シカゴを拠点とするプロデューサーでパンクミュージシャンのスティーヴ・アルビニはストイックなことで知られるが、あまり有名でなかったビッグ・ブラックという彼のバンドが評判になったときに経験した変化をこう語っている。「バンドが有名になるにつれて、価値観の違う人たちがライブにくるようになる。夜どこかに繰り出したいからきているだけなんだよ」。彼らはバンドに関心がないばかりか、「ふつうならこっちを敵とみなすやつらだ[56]」

しかしそうなると、ずいぶん希望のない結末が見えてくる。アーティストは自分を好きになってほしい人々に向けて作品をつくるだけ、人々は自分の好きなアーティストを聴くだけではないか。インターネットの好みの世界は新しい経験への扉を開いてくれるのではないのか？　ただ小さく凝《こ》り固まった傾向に私たちを効率よく押し込めるだけなのか？

私たちはノイズのなかに「信頼性のシグナル」を探している。レビュアーが本名を使っている場合、そのレビューは役に立つと判断されやすい。ほかにレビューが肯定的に評価される要因はなんだろうか。前述したとおり、星評価が平均星数に近いレビューは役に立つと判断されやすい。この研究では、興味深いことにバイアスは均等にかからず、「やや否定的なレビューは役に立ったかどうかの評価において、やや肯定的なレビューにくらべて結果が悪かった[57]」。不確かな場合には、私たちは肯定的なほうへ傾くのである。

ただし、かならずではない。否定的なレビューに好意をもてるか、つまり信用するかどうかを決定づける非常に重要な変数が一つある。経験財（本や映画など、経験しないとよし悪しが判断できないもの）か探索財（カメラや交換用ワイパーなど、品質や性能を購入前にある程度把握できるもの）かという変数だ。スーザン・ムダンビとデヴィッド・シュフによるアマゾンのレビューの分析では、概して否定的なレビューは「穏健な」レビューにくらべて役に立たないとみなされるが、商品が本や映画の場合、そうしたレビューへの評価はとくに厳しくなった。なぜか。「多くの経験財では好みが大きくものをいううえ、消費者が自分の趣味や主観的評価に非常に自信をもっている場合が多く、ほかの人々の極端な意見に懐疑的」になるからだ。本や映画の場合は車のワイパーとは違って、レビューに目を通すときにすでに態度が決まっていて、他人の星一つの批評は一種の認知的不協和として除去される。(58)

コーマック・マッカーシーの小説『ザ・ロード』への星一つのレビューに、なかなか興味深いものがあった。レビュアーが防御的攻撃でこの罠から逃れようとしているのがよくわかる。

多くの人がこの本を好きなことはよくわかっています。忘れないでいただきたいのは、私はみなさんと意見が違いますけれども、この本を購入するかどうかを決めていない人のお役に立つと思って情報を提供していることです。それが私の目的です。マッカーシーのことやみなさんの好みをどうこういうつもりはなく、視点の違う感想を読んでいただきたいのです。

このレビュアーは、好みについて口にするのはいけないことにふれるのも同じだとでもいうように、好みの問題を上手に避けている。「趣味はその人の社会や文化に対する考え方を否応なくさらけ出してしまう」と評論家のスティーヴン・ベイリーは述べている。「セックスやお金以上にタブーとされる話題だ」[59]
探索財の場合、消費者は製品の性能や仕様、欠陥、ユーザーへのお役立ち情報などをレビューから知ろうとしている。バイアスや趣味は介入しないので、否定的なレビューは欠陥があることを示すまちがいのないシグナルだろう。

たとえばオクソが販売しているサラダスピナーにつけられた最低評価のレビューには、たいてい商品のまずいところも書かれている。しかし、私がこの章の執筆中にたまたま読んでいたレイチェル・クシュナーの小説（受賞作）『フレイムスロワーズ』への星一つのレビューには、「一番いいたいのは、登場人物の誰にも共感できなかったことだ」といったコメントばかりがならんでいる。それは商品がまずいのか、それとも読者がまずいのか。本にはよいところも悪いところもあり、それらはすべての読者にとって同じではない。トルストイの言葉を言い換えれば、不満な読者はそれぞれに不満なのだ（訳注：『アンナ・カレーニナ』の書き出し「不幸な家庭はそれぞれに不幸である」のもじり）。その点、サラダスピナーに関しては苦労がない。もっとも、レタスの水切り器は本ほど買った人自身を表わしてはいないだろう。経営学者のシーナ・アイエンガーが書いているように、「選択したものは、果たす実用的機能が少ないほど、個性を物語る」のである。[60]

本の受賞作の研究では、不思議にも、受賞後に評価の低下する程度がノンフィクション作品では小さかった。おそらくノンフィクション作品のほうが実用的な商品で、好みの影響する余地が小さいのだろう。私たちは他人が趣味を表現しているのを目にすると、ほぼ本能的に気づくようにできているらしい――とりわけそれが自分の趣味と違う場合には。となると、一つ疑問が湧く。きらう気持ちはみな、前章の食べものの話で述べた根元的な嫌悪のメカニズムとかすかにでも関連があるのだろうか(61)。実際にある研究では、被験者に性質の異なる商品――「実用的な」商品と「快楽的な」商品――の否定的なレビューを見せたところ、レビューが否定的になる原因は実用的な商品の場合は物に、快楽的な商品の場合は人にあると考える傾向が見出された(62)。ブルデューはこう書いている。「趣味は分類され、趣味は分類者を分類する」。そして、私たちは分類を分類する。

イェルプで飲食店を、アマゾンで本やサラダスピナーを、ネットフリックスで映画をレビューするのは、それぞれ違うことだという意見もあるかもしれない。それでもインターネットでは、不思議なメタロジックがまかりとおっている。概して人々は作品を歴史的背景に照らして考えるなど、以前は批評家が対価をもらってしていた骨の折れることをせずに、ただ自分の消費体験を反芻《はんすう》しているだけなのだ。

批評家の批評とネット上の「口コミ」の相違点を調べるために行なわれた、あるウェブサイトの映画レビューの「内容分析」によると、批評家はふつうの映画ファンにくらべてプロットや演出や演技について多く語っていた(さらに、批評家が自分自身に言及した場合も、興味深いことに彼らの批評はふつうの映画ファンの批評と大きく違ったものになる。好みを表わすものは「私」という言葉を使った部分のみなのである)(63)。一方、素人批評家は自分にとって映画はどうだったかを多く語り（三三パーセントの作品においてそうだったが、批評家ではゼロパーセント）、また彼らのレビューの半数近くが評論家の批評についてどう考えるかを述べていた（いうまでもなく、批評家は誰もふつうの映画ファンのレビューにふれていなかった[64]）。

　要するに、批評家はある作品のどこを好むべきか（または好むべきでないか）を語り、素人は自分がその作品を好んだ理由を語るのである。なぜか批評家は自分の好みを「私たち」に押しつけようとしていると批判されることが多いが、実際は、誰よりもそうしているのは「私たち」なのだ。

　いまや人々がレビューすることに慣れきって、いつでもレビューする気になっているために、ときにペーパークリップのような単純な商品についてどう評価したらよいのか困っているような「レビュー」を目にする。「どうもこうもない。クリップはクリップだ！」。じゃあ、星四つ！　アマゾンなどのサイトがありとあらゆるものを販売していることが、ものの区別をなくしてなんでも同列に置く傾向を強めている。本は電子書籍版がないことや書体のことでさんざんにいわれる[65]。どの情報が拠《よ》り所になるのかは、もはや明らかではない。有能なペーパークリップ批評家がフランス象徴主義の詩についてふれねばならないことなどあるだろうか？　ノイズマシンのようなものの評価はどのような基準でなされ、信頼できる根拠はどこにあるのか（「このホワイトノイズは少し音が低すぎる」という一文が実際にあった）。ネット上でレビューするのがあたりまえになったことで、並はずれてすばらしい批評が玉座からすべり落ちてしまうだろう。ただしそれが落ちたことで、趣味は無数の破片に砕けた。私たちはその破片をふるいにかけ、どこかの誰かが本人にとって重要なことについて語ろうとしているにすぎないもののなかに、なんとかして意味を見つけだそうとするのが習い性《しょう》になっている。

次は問題点を裏返して、あなたが自分の選んだものについて何を語るかではなく、あなたの選んだものがあなたについて何を語るかを考えてみよう。

第３章　好みは予想できるのか

あなたのプレイリストがあなたについて語ること
（そしてあなたがあなたのプレイリストについて語ること）

細かいところまで厳しく目を光らせてあれを選びこれを排除し、低俗なものは徹底してきらい、よい趣味について独自の目の高さをもつことが感じとれた。

——ヘンリー・ジェイムズ『使者たち』

私は趣味空間のどこにいる？

グーグルはあなたをどんな人だと思っているだろうか。簡単にわかる方法がある。次のＵＲＬ、http://www.google.com/ads/preferences を入力すればよい。

検索会社グーグルは私のことを、英語を話す男性で、年齢は二五歳から三四歳、「飛行機の旅」と「アクション&アドベンチャー映画」に興味があると思っている。「なるほど……」と私は思う。「で、これがどう役に立つんだ？　私を一〇歳以上も若いと思っているじゃないか!」。だが、そこでふと気づいて少しがっかりした。私のやっていることは一〇歳も若い人と変わらないということなのだ。これまでの私の検索履歴を全部ひっくるめた結果が、私は飛行機に乗り、アクション映画を見る(よく両方を同時にする)人間だというひと言ですまされた。「わかっちゃくれないんだな《ユー・ドント・ノウ・ミー》」とレイ・チャールズのように切々と訴えたかったが、たぶん私自身が本当の自分も理想の自分もわかっていない。こうしたプロファイルを見せられると、あなたもスマートフォンのガラスに映った自分を目にしたときみたいに落ち着かない気分になるだろう。これが本当に私なのか、と。

あたりまえだが、私たちは検索語だけをもとに表わせる存在ではない。私がプリンター用トナーカートリッジを検索することで、新しいカートリッジを必要としているという以外に、私という人間についてどれだけのことが推測できるというのか。

これと似たようなことをレコメンデーションエンジンの新興企業ハンチのチーフ・データサイエンティストであるヒューゴ・リューが、ある日の午後、ニューヨークのチェルシー地区でコーヒーを飲みながら私に問いかけた。「誰かがたまたまインターネットで猫について何度も検索したり、ベビーカーの部品を探していたりした場合、そのどれくらいの部分がその人の趣味なんでしょう?」。度の強い黒縁眼鏡をかけ、乱れた髪をうまくまとめたリューはマッド・データサイエンティストといった風情《ふぜい》だが、彼はどうしたら人々のオンライン活動からパターンを抽出し、モデル化し、予測できるかを考えてずっと頭を悩ませてきた。MITメディアラボのパティ・メース——数ある業績のなかでも先駆的なウェブサイト〈ファイアフライ〉の協調フィルタリング・レコメンデーションシステムの開発で知られる――に指導を受けていたころ、リューはシステムの次元不足に悩んでいた。「そういうシステムはユーザーがどんな人かをなんとなく教えてくれますが、はっきり示すわけではありません。ある領域での行動にすぎないんです」。アマゾンで何を買ったか、ネットフリックスで何を見たか。それだけのことだ。「でも、領域をまたぐモデルがあったらいいですよね？」

要するに、ネットフリックスで見たものとパンドラで聴いたものを融合させ、それをアマゾンなどのネット小売店で買ったものと結びつけ、そこにマッチ・ドットコムでその人に興味をもってくれた人や前月に買った食品の情報を加え、さらに多種多様な個人情報――話し方、ロールシャッハテストで見えたイメージ、科学や神についてどう考えるかなど――を混ぜ入れ、そうしてからそれをほかの膨大な数の人々のデータと関連づけられたら、という話だ。それができれば、人を実在する変数として理解する確固たる方法になっていくのではないか。ところがこの問題の中心にもっと大きい問いがある。そもそも趣味や好みは予測できるものなのだろうか。

これが、リューがハンチで取り組んでいた問題の核心だった。ハンチは創立者の言葉で「いかなる種類のレコメンドも提供するツール」として立ち上げられたサイトだった。(1)サイトでは、*まず関連のない簡単な、ときにはいたずらっぽい質問にいくつか答えてもらう。通販のテレビ広告を見て商品を買ったことがあるか、次の野菜のなかでいつもサラダに入れるのはどれか（アイスバーグレタス、ロメインレタス、レッドリーフレタス、ルッコラの画像）、飛行機の客室乗務員が冗談をいうのを聞いておもしろいと思うか。

当初、ハンチはあらゆる種類の質問（たとえば、どの大学に行けばよいか）に答える、カスタマイズされた「意思決定エンジン」としてスタートした。だが、サンドウィッチはどのように切り分けるか（三角に切るか、四角に切るか）とか、「どのブルーレイディスクを買うのがよいか」など、たいしたことではない質問もあった。それに、ハンチの最終的なレコメンドが的確だったかどうかをどうすれば確認できるだろう？　また、人は突飛な質問を通じて「自分自身について話すのが好きだ」ということもわかった。そこで「趣味の要素を取り出し」、それのみのサイトにしたのだとリューは話す。一種のメタレコメンデーションエンジンをねらったのだ。

私見では、ハンチの質問に答えるのは、雑誌の心理テストに答えるのと、むかしの人工知能プログラムのELIZA《イライザ》と対話するのと、いずれとも似て非なる感じがした。操作されている気がしないでもないが、つい引き込まれてつづけてしまう。大半の質問自体は、それで何がわかるというものではない。ハンチはおどける客室乗務員に好感をもつ人がどんなタイプの人かを分析する心理学的理論をもっているわけではない。リューによれば、むしろ質問は人を引きつけるようにつくられているという。人々は平均して一一〇問を超える質問に回答するのだそうだ。不快な気持ちにさせるようにつくられた質問もたまにある。「みなさん、いろいろな質問にしっかり答えていました」とリューはいう。彼らはきっとありがちなバイアスを避けられたのだろう。『あなたは善良な人ですか』と聞いたら、中産階級ですかと聞くようなものです。アメリカでは、みな自分は中産階級だというはずですからね！」

　だが、「枯れ葉をパリパリ音を立てて踏んでみたくて足を止めますか」と聞かれたらどうだろう？　あまり考えたこともないことだろう。その答えから、答え以上の重要な何かがわかるのだろうか。「あなたは善良な人ですか」とたずねるかわりに、「公共の噴水式水飲み場で水を飲みますか」と聞いたほうがよいとリューは提案する。この質問に「はい」と答えるとしたら、命がけで人をたすけようと思うかという質問の答えと相関関係があったりするのだろうか。

　こうした質問を——くだらない質問も意味がありそうな質問も、その中間の質問も——数多くして、その答えの相互関係を大規模な「テイストグラフ」にし、人々とその趣味《テイスト》の相関関係を数学的に表わせば、人間の行動を二次元で理解する確固とした手法になるというのがハンチの考えだった。「誰が」と「何を」は把握できるから、あとの「なぜ」——枯れ葉をパリパリと踏む人はなぜトヨタが好きなのか——は心理学者に任せるのである。

　相関は顕著だった。《ワイアード》誌にいくつか紹介されている。「ハエをたたく人は《USAトゥデー》紙を読む。宇宙人による人間誘拐《アブダクション》を信じる人は信じない人よりもペプシが好きだ。果物を毎日食べる人は、キヤノンの高級カメラEOS7Dをほしがる傾向にある。

＊　私がリューに会ったとき、ハンチはイーベイに買収されようとしていた。その後サイトは閉鎖されている。

サンドウィッチを四角でなく三角に切ると答えた人は、男物のレイバンのサングラスがお気に入りだろう」。これらは理屈にかなっているのか、これそのものが利用できるのか、そういったことはほとんど問題ではない。巨大で複雑な関連性を探るだけで、ハンチはその人を知ることができる。「ひっそりと急進的な可能性」というのが《ワイアード》誌の評だ。「われわれの趣味は、何を買うか、過去に何が好きだったかだけでなく、われわれがどんな人間かによっても言いあてられることを暗に示している(2)」

ただし、急進的という部分はあたっていない。とくに新しいとさえいえなかった。社会学者のゲオルク・ジンメルは一九〇四年の記事で、流行は「同じ階級の人々との団結を表象」し、「ほかのすべての集団の排除」を明確にすると指摘している(3)。社会的区別にとりつかれていたヴィクトリア時代にジンメルがそう書いたのは、当然といえば当然のことだった。一八世紀のブルジョワジーの台頭とともに人々がサロンで熱心に語りだした美的趣味をどうとらえるかに、哲学者は取り組みはじめた。歴史家のジェニファー・チェンが述べているとおり、「誰も彼もが、絵画や本について一家言ある気になっていた(4)」

一九世紀に入ると、趣味は哲学者の思索の対象から社会の強迫観念になった。富める人の数が増えるにつれて(5)、社会的にどのような人間であるかを示すことが一種のゲームになった。社会的、文化的なアイデンティティはしだいに古くからの制度（教会や貴族社会）によってではなく、富によって——どの程度もっているか、さらに重要なのはそれをどう使うかによって*——決まるようになった。着ているものは自分がどんな人間かを表わすのに役立った。どんな人間であるかを自由に演出できるようになるほど、何を着るかが重要になった。「時代が不安定になるほど、流行は激しく移り変わる」とジンメルは書いている。ヴィクトリア時代の「極端な模様替え」を例にとろう。あるアッパーミドルクラスの客が工芸品と室内装飾品を扱うロンドンのモリス商会を訪ね、模様替えについてダンテ・ゲイブリエル・ロセッティに相談したところ、ロセッティは、現在のリアリティ番組の司会者のように、間髪いれずにきっぱりと答えた。まず「家にあるものをみな燃やすこと」[6]からはじめるべきだ、と。のちにその客は、モリス商会は数えきれないほどの人々を「羊飼いの娘や鳥や蝶のあしらわれた調度といった、野暮ったい装飾品その他の悪趣味な品々から」救ったと賞賛した。

エリザベス・ギャスケルの小説『北と南』（一八五五年）では、ロンドンの上品な上流社会に対して北の新興の商人階級というように、地理的な境界が現実の趣味の境界になっている。どんなに些《さ》細《さい》なことでも——壁紙の模様でも、夕食にふさわしい「ご馳走の品数」でも——趣味の断層線で分断できないものはない。「趣味のよさ」「趣味の悪さ」という言葉そのものが本格的に表面化したのは、二〇世紀になってからだった（グーグルの全文検索ツールNグラムによる）。これらの言葉は「中間階級《ミドルブロウ》」が支配的になった一九五〇年代には定着

＊　このメッセージは現在も、《フィナンシャルタイムズ》紙の意味ありげなタイトルの週末付録誌《ハウ・トゥー・スペンド・イット（どう使う？）》などに見られる。

したようだ（ミドルブロウを「好まねばならないものがいつか身になじむことを願う人々」という頓智《とんち》の利いた表現をした人がいる）[7]。

しかし、フランスの社会学者ピエール・ブルデューほど徹底的に趣味を分析した――趣味とは何か、なんのためのものか――人はいない。一九七九年の意欲作『ディスタンクシオン――社会的判断力批判』は、「趣味の研究におけるコペルニクス的転回」と呼ばれた[8]。ブルデューは一二一七人のフランス人を調査対象者にして、今日《こんにち》のインターネットサイトでいう「テイストプロファイル」をつくり上げた。行動観察に徹底的かつ革新的な調査を併用し、「下記のうち好きな画家を三人挙げてください」「家具はどこで手に入れましたか」といった質問をした。人がどんな髪型をしているかまで知ろうとした。

ブルデューはそのすべてから統計をとり、「上級技術者」「事務系一般管理職」などのグループに厳格に分類した（〝本書はフランス社会が表われた本だ〟とブルデューは注意を促している）。そしてそこに見出された相関関係から、「社会的主体は自らを等級づけ、他との差異化《ディスタンクシオン》を図る」[9]ことに気づいた。このこと自体は新しくはなかったが、ブルデューはこうした趣味の差異化がいかに細かい点におよぶか、社会的身分といかに堅く結びついているか、富よりも教育によって決定される場合がいかに多いかを強調した。

相関関係は強かった。音楽では、「支配階級」はラヴェルの「左手のためのピアノ協奏曲」のような作品を、「中間階級《ミドルブロウ》」は「ハンガリー狂詩曲」（二〇世紀半ばのアニメーションで非常によく使われた）を好んだ。「庶民」階級は「美しく青きドナウ」のような「より軽い」作品が好みだった。ある人が有する「文化」資本は、その人の資産よりも趣味を予測する強力な要素だった。文化資本は富以上に人を区分けしたのである。パリの建築家はカンディンスキーを、歯科医はルノワールを好んだ。

趣味が表われるのは見た映画そのものだけではない。見た映画をどのように語るかも、文化資本――「守るべき地位、保つべき距離」――がまったく隠し立てなく表われる。最新の「ジョージ・クルーニーの出演作」を見に行ったというか、それとも最新の「アレグザンダー・ペインの監督作」を見に行ったというか。監督のことを話すのは、社会的階層のうちある位置に属していることを示すシグナルになる。アメリカのデザイナーのレイ・イームズが女性であること、オルテガ・イ・ガセットはオルテガとガセットという二人の人物ではなく、一人のスペインの哲学者であること[10]を知っているのと同様（私はどちらについても当初は誤解していた）、ある種のクラブに入会を許可するさりげないバッジなのである。

ブルデューは、このような「対立」は「文化活動」だけではなく「食習慣」のような日常の事柄にも見られると主張した。「美的消費」――好きな芸術――を「通常の消費世界」、たとえば何を食べ、何を買うかというもっと下等なたのしみと切り離したカントの考え方を打ち壊そうとしたのだ。ブルデューはそれらを含めて趣味があらゆるところに顔を出すと考えた。「趣味というのは人間がもっているすべてのもの――人間も物も含めて――の原理であり、また他者から見たときにその人がどういう人間であるかといったことの原理である」とブルデューは書いている。[11]「趣味を対象とした学問は、音楽と食べもの、絵画とスポーツ、文学と髪型の好みのように、一見して同じ基準で比較できるとは思えないものの『選択』に理解しうる関係を発見するために、正統の文化を他とは別扱いにしている不可侵の境界を撤廃しなければならない[12]」

ハンチは独自のやり方で、その「理解しうる関係」を発見しようとしていた。ハンチは筋肉を増強したブルデューのようなもので、社会学としての重要性は皆無だが、途方もない数の行動を拾い上げた圧倒的に広範なデータセット（約五五〇〇万回答）を備えていた。もはやブルデューの絵画と食べものどころか、どんなクリスマスツリーが好きか（本物の木かつくりものの木か）、どんなフライドポテトが好きか、「イルカを捕らえて芸を仕込むのは悪いことか」という問いにどのように反論するかという質問にまでおよんだ。ハンチの質問に答えるたびに「ティストグラフのその人の座標に何らかの説明が加わりました」とリューはいう。GPSが三角測量された緯度と経度の座標から地球上のあなたの位置を特定するように、ハンチは五〇座標系で社会における人々の位置を特定した。

ハンチのサイトがポップなブルデューという感じがするとしたら、リューがマサチューセッツ工科大学時代にこのフランス人から着想を得たと聞けば、いかにもと思うだろう[13]。だが、ブルデューの調査のほとんどは一九六〇年代にフランスで行なわれたものだ。その後の研究は、階級と趣味に関するブルデューのきっちりした序列に疑問を投げかけている[14]。大ざっぱにいえば、趣味は上流階級が下の階級を上から支配するための彼らの策略ではもはやなく、興味を同じくするグループ、すなわち「趣味の世界」がいくつも同列に散らばる体系だ、という考え方が現在は大勢を占めている。

これまで趣味が教えてくれたことは多少あてにならなくなり、理屈の上ではより民主的になった。[15] ハンチのようなネット新興企業では、社員はみな同世代に見え、誰も個室をもたず、ジーンズとTシャツ姿で仕事をしているようだから、社会的な序列は一目ではわからない。これはアメリカの新しい基準を反映しているようだ。所得格差が広がるにつれて、人々は服装が似てくるということである。グーグルのセルゲイ・ブリンのような企業重役がサンダルをはいていたら、わざとカジュアルな服装をして裕福ではないふりをしているというシグナルだろうか。[16] それともそれ以上のシグナルなのか。たとえば、外見に無関心に見えるのは、それによって無言で権力を見せつけているのだ、というように。誰もがテーブルに同じスマートフォンを置いていたら、どこで社会経済的な違いを見分けられるだろう？　ギガバイトの世界では、それは目に見えないところなのか？　ほかと差をつけているのは、派手な書体のイニシャルが型押しされたオーストリッチ革のケースだろうか。それともスマートフォンが裸のままなこと？　次の新型を発売日に買うつもりなので、いまのがどうなってもかまわないから？　究極の社会的差異化は、スマートフォンをもっていないことだろう。

シグナルが曖昧になったとリューはいう。高そうに見えるシャツもエイチアンドエムのバーゲン品だ。『ディスタンクシオン』でブルデューが図表にした世界は、その多くがネットに移動している。ある人の行動習性は、何気なくインスタグラムに投稿された、祖父母の代から伝わる年代物のモダニズムの椅子の写真だとか、シングルオリジンの豆を使って自分で淹れたエスプレッソのゆたかなクレマ（少し前まではこんな言葉は誰も知らなかった）の写真に表われる。

ブルデューが指摘した、是が非でも自らの帰属を示そうとする人間の性向は、文化資本をさりげなく主張しようとするツイッター上の「間接自慢」に見てとれる。[17] 新進のバンドが「タクシーに乗っていたら、ラジオでちょうど僕たちの曲がかかった。まいったね！」とツイートしたりするのはそういうわけなのだ。[18] 好きなもののなかでもとくに音楽の趣味は、フェイスブックのプロフィールによく書かれている。しかも、作為なしにではない。ある大学がフェイスブックのアカウントについて研究したところ、「好きなもの」の欄に人をまねて書かれるのは「インディーズ」や「ダンスミュージック」ではなく、「クラシック」や「ジャズ」だった。「クラシック」と「ジャズ」だけが高級さを感じさせるのだ。

ハンチのすべてのデータからなんとか説明を引き出そうとすると、首をかしげたくなるような相関性や奇抜な理論が生まれることがある。映画が気に入らなければ途中で席を立ってしまう性格は、心理的には、離婚しやすい気質が身代わりを演じているのかもしれないとリューは推測する。「つまらない結婚は、つまらない映画に似ています。あなたは最後までつきあいますか」。こうなると、「ハンチなんて所詮、データを盛り込んだギミックさ」とあまく見てはいられなくなったようだ。その後、ハンチの「ディシジョンラウンジ」（社内で唯一の閉鎖空間である会議室）で、リューは私をサイトの「ツイッタープレディクター」にかけた。私のツイッターのフォロワーと私がフォローした人々を抜き出し、彼らの趣味をすべて座標に落としてから私の趣味を一つ予測したのだ。「〝連座制〟じゃないですけど、つきあう友人を見ればその人がわかるってところでしょうか」

次にツイッタープレディクターは私に質問し、答えを予測した。「よく知られている外国の国名をいわれたら、その国の時刻があなたの国の時刻よりも遅いか早いかがわかりますか」。はい。「あなたの国の最近の主要な選挙で投票しましたか」。はい。「ドキュメンタリーは見ますか」。はい。ここまでは、ツイッタープレディクターは私を非常によく把握していた。まるで出会い系アプリのオーケーキューピッドに登録された自分に出会ったような気分になった。* だが、これらは見えすいた質問ではないか。つまり私はいわゆるフォアラー効果に影響されていただけなのか。心理テストや占いなどで、誰にもあてはまる一般的な内容なのに、まさに自分のことだと思ってしまうあの傾向ではないだろうか。

質問はつづくにつれてより具体的に、なおかつ社会的信条にかかわる要素が加わってやや作為的な感じがしてきた。「麻薬常用者に清潔な注射針を供給するのはよい方法だと思いますか」「フェイスブックで駆け引きしますか」「医者が患者の自殺を幇助できたほうがよいと思いますか」。こういう質問でも、ツイッタープレディクターの鋭さは変わらなかった。

＊　映画『ゴーストワールド』の一場面を思い出す。主役格のシーモアがこういう。「同じ趣味の人には会いたくないいかな。自分の趣味が大きらいなんだ」

リューが答えをチェックした。「ハンチの出来は一九対〇です」。いまでは約九〇パーセントの精度で答えを予測できているという。ハンチの創立者クリス・ディクソンがいったとおりだ。「われわれの研究では、人が自分自身と矛盾していない確率は約九〇パーセントにとどまっている[19]」

なるほどと思わせる奇妙な瞬間だった。個人主義の時代にあって、私たちの多くは、自分はわが道を行く複雑な人間であって、あなたはこれこれこういう人です、などとあっさり見抜かれるはずはないと思っている。音楽評論家のカール・ウィルソンは、「私が個性的な人間であることは私の趣味に表われている。私は烏合《うごう》の衆ではない」と端的に述べている[20]。ところが、いま私はハンチの会議室で、いくつもの点を結んだパターンで私の趣味をはっきり示した五〇座標の壁に蝶のようにピンでとめられているような気がしていた。「私たちは、質問に対するあなたの答えを直接とらえているのではなく、趣味という空間のなかの一点としてあなたをとらえているのです――そこがすばらしい」とリューは胸を張った。

実際には、私から一歩離れてさえいる。私はそれまでにハンチの質問に答えたことはなかったから、私がツイッターでフォローしている人からの質問への答えを積み上げただけで、私という人間がとらえられたのだ。「好みはグラフのかたちで描かれる一つの空間なんです。その人がどんな考えや経験のもち主かという直接的なデータがなくても、その人という一点は、この空間のなかに見つけられるんです」。ここでいわれているのはまさに、前章で述べた同類性——類は友を呼ぶ傾向——のことだ。つまり、私が一連の質問で自分の信条や経歴について明確に答えるよう仕向けられなかったのは、私が誰かのツイートの影響のもとにふるまっているはず、という理由からだったのだ（ツイッタープレディクターの精度を上げるために「ハンチはこちらのツイートを読んでいるのではないかと多くのユーザーに疑われた」とリューはいっていたが）。むしろ私が、そもそも私に似た多くの人々とツイートしあっているのである。類はつぶやく友を呼ぶ[21]。

誰しも他人の趣味に首をかしげることは多いので、「趣味はその理由を説明できない」、つまり「蓼《たで》食う虫も好き好き」ということわざは容易に納得できる。しかし、「趣味は説明がつかないと、みんな思い込んでいるだけなんです」というのがリューの見解だ。とどのつまりが、「私は個性的だ。ほかのみんなと同じように」ということなのである。リューはいう。「当然ですが、趣味は説明がつきます。これだという特徴を探せばいいんですよ」

ブルデューにとっては、とりわけあるものが個人の趣味を解明する近道だった。ブルデューはこう記している。「音楽の趣味ほど、その人の『階級』をあらわにし、まちがいなく分類するものはない[22]」

あなた好みの音楽はあなた自身

どんな音楽が好き？

これほど単純でありながらどこまでも深く、これほど陳腐でありながら多くの意味が込められた問いがほかにあるだろうか。

だが、よく話題にされる。「初対面」の人同士の行動を分析した研究では、おたがいに知りあおうとしなければならない状況で、最初に切り出されるのが音楽の話題だった（もっとも被験者は大学生だったが）。これは場をつなぐだけの実のない雑談ではない。音楽の好みはその人のパーソナリティを、少なくともその人が身にまとおうとしているパーソナリティを、正確にうかがい知るうえで有力な手がかりになる。(23)

好きなものはきらいなものよりも話しあいやすいようだ。好きなものはおおっぴらだとヒューゴ・リューはいっていた。服装を見ればその人の好きなものがわかるが、きらいなものはそうではない。(24) きらいなものは——趣味では重要な要素であっても——たいてい人目につかない。フェイスブックのようなサイトでは、「きらい」を表示することさえない。* 好きなものの話は相手と親しくなれるかどうかを知るよい手段なのかもしれない。きらいなものを話題にするのは、ふつうはすでにつきあいのある人同士のすることで、リューは友人とのうわさ話にたとえた。人間関係を円滑にする一つのやり方だ。そこにパーソナリティが表われるのは、音楽の好みをただ話すだけでも多くの要素に左右されるからである。誰にたずねられているのか、最近何を聴いたか、いまどこにいるか、どういう曲を思い出せるか。

こういう類《たぐい》の質問となると、待ってましたとばかりに活気づくのがマサチューセッツ州ケンブリッジにある「音楽インテリジェンス」企業のエコーネストだ。エコーネストはいわば近くにあるマサチューセッツ工科大学とバークリー音楽大学のマッシュアップのようなもの、音楽マニアと遊ぶデータマニアだ。スポティファイが所有するエコーネストの非常に重要な仕事は、音楽が無尽蔵にあるといってよい時代に、人と音楽を結びつけるという難題の解決を手だすけすることである。

ある日の午後、私がエコーネストのオフィスに着いたときに、最初にもち出した話題が音楽のことでも意外に思われたはずはない。主席エンジニアのグレン・マクドナルドと席についた私は、いまここでかかっているのはなんの曲かとたずねた。全員が山ほど意見をもっているにちがいない会社では、どの曲をかけるかをどうやって決めているのだろうか。『コールドプレイじゃなければなんでも』というのが決まりです」とマクドナルドが皮肉っぽく答えた。やはりそこが譲れない一線だったか。なかば冗談ではあっても、音楽を聴く人々をコールドプレイが好きな人、きらいな人、好きでもきらいでもない人にすっぱり分ける一線がある――そしてその冗談はきっと通じる。コールドプレイは格好のリトマス試験紙なのだろう。グーグルに「コールドプレイは」と入力すると、まず「コールドプレイは最高のバンドだ」、次に「コールドプレイは最悪のバンドだ」とオートコンプリートで表示される。コールドプレイぎらいは、コールドプレイ崇拝によってあおられているにちがいない。理由は

＊　二〇一五年後半にそれを加えようという話から論争がないわけではなかった。ただし、それも他者への共感を示すのが目的だった（不幸やいやな経験に関する投稿に「よくないね」と賛同するかたちで）。

どうあれ、人々はどちらかの側につく。こうして数が充分にそろえば、趣味空間のグラフ上に「あなたの音楽」の——そしてあなた自身の——位置が決まりはじめる。

デ・グスティブス・ノン・エスト・ディスプタンドゥム。趣味は論じるものではない。これに哲学者のロジャー・スクルートンは反論する。「本当は誰もこのラテン語の格言を真《ま》に受けていないのは明らかだ。[25] 人が最も議論したがるのは、まさに趣味についてである」。音楽は人類学者のメアリー・ダグラスが財（趣味）の「垣根または橋」としての性質と呼んだものの典型的な例として、人々を分断させると同時に人々を一つにまとめもする。「ある意味で宗教に似ているね」と私にいったのは、グリニッチヴィレッジの骨の髄から音楽通のレコード店主だった。「サンフランシスコのサイケデリックロックは好きだけれど、日本のサイケデリックは好きじゃないって人がきらわれるのはどうしてか、ってことだ」

もちろん大半の人は、日本のサイケデリックロックを好きだからといってその人をきらいはしないが、ただきらわないというのではない。そもそも日本のサイケデリックロックがどういうものかをさっぱりわかっていないだろう。これはブルデューが指摘した、趣味に関する奇妙な性質と同じことだ。つまり社会的に密接な人同士のあいだほど、趣味に関する論争が目立ってくるのである。[26] 範囲がせまければせまくなるほど、論争は長く激しくなる。フロイトの有名な「小さい差異による自己愛」だ。「よく似た人々のあいだの」ちょっとした食い違いが「敵愾心《てきがいしん》の種《たね》」になる。

その原因の一つは、趣味が知識（少なくとも披露された知識）の豊富さに左右されるからにちがいない。ペイヴメントのベストアルバムは『ワーウィ・ゾーウィ』だという意見に反対する者を気にするのは、ペイヴメントのファンでなくて誰だろう？　ある研究で人々の音楽の趣味をグラフで表わしたところ、フィリップ・グラスのオペラ『浜辺のアインシュタイン』が好きな人々は、それをきらいな人々のすぐ近くに「位置する」ことがわかった。[27]なぜそうなるのだろうか。比較的知られていない作品の場合、きらいになるにはそれを知らなくてはならないから、社会空間においてそれを好きな人々に近いところにいるということになるのである。逆に、ヴィヴァルディの『四季』のように多くの人が耳にしたことのある作品の場合は、好きな人ときらいな人のあいだに社会的な深い溝ができる（きらう理由も増える）。この溝が深くなると、嫌悪はむしろ対象作品とそれを好む人々の存在を皮肉に認める気持ちに転じ、そこにある種の効力が生まれる。大勢に知られ、好まれるものから社会的な距離を置くことで得られる安心感という効力だ。ブルデューはこう述べている。「俗受けするものへの嫌悪は、プチブル的まがいものへの嫌悪よりも美的対象としての名誉を『回復』しやすい[28]」

あなたが好きな音楽は、あなたについて何を語るだろうか。私はエコーネストを訪ねる前に、「あなたはどのタイプ？」と題されたエコーネストのおもしろい実験に参加した。自分の好きなミュージシャンを何人か入力すると、「萌えキャラ女子」とか、「家族に思い知らせてやりたい孤独なお父さん」（「アイアンメイデンのようなバンドが大のお気に入りの場合」）などと判定される。私は「おしゃれバリスタ」だったが、このところ音楽を聴くのはブルックリンのコーヒーショップが多いことを考えると、ある意味ではあたっている。エコーネストの共同創設者ブライアン・ホイットマンはひげをたくわえたおおらかな男で、彼が音楽の趣味ほどその人を物語るものはないといったときはまるでブルデューの再来かと思えた。「あなたについて知っている事柄が最近読んだ五冊の本くらいしかなければ、私にはあなたのことはたいしてわからない。でも、配信サービスで最近聴いた五曲がわかれば、多くのことがわかると思いますよ」

映画は音楽ほどその人を語らないとホイットマンはいう。映画は数が少なく、消費機会も少ない。ジャンルが重要なのは音楽と同じだが、音楽のジャンルのように細分されていない。「映画はもっと社会的な側面があります。奥さんはあなたを映画につきあわせることがあるでしょう」。音楽は一人で聴くものだ。車の運転中にヘッドホンで、プレイリストかカスタマイズしたステーションから、自分だけで聴く。音楽の趣味はきわめて個人的なもので、「私の音楽」を語るときの口ぶりは「私の映画」を語るときとは違う。これは研究調査によって示されていることだが、フェイスブックのようなソーシャルネットワークで自分の好きなバンドを宣伝しても、そのバンドを好きな人を増やせるとはかぎらない。むしろ逆効果のことがあるくらいだ。(29)

エコーネストのエンジニアのポール・ラメラが語るとおり、「レコーディングされた音楽のほとんどをポケットに入れて」持ち歩けるようになったこの時代には、次に何を聴くかという問題がますます複雑になっている。音楽配信サービスの無料体験に申し込む人は、その多くが実際には何も聴かないとホイットマンはいう。「その人たちは検索ボックスを突きつけられるわけです。するともう、お手上げだ」。マクドナルドによれば、まずは「ディヴ・マシューズのアルバムを聴く」人もいるかもしれないが、それは「CDが引っ越したときの段ボールに入ったままになっているからです」。これで彼らは四二分間は幸せだ。

しかし、それが終わったら、次は？　ここからが問題だ。「検索恐怖」と呼んでもよいだろう。聴きたいものはなんでも聴けるサービスに申し込んでおきながら、何か一つ聴いてみようという段になって急にどうしてよいかわからなくなる。宣伝文句が謳う音楽の「発見」というのは、リスナーを泥沼のなかへと漕ぎ出させることにほかならず、リスナーはまずまずと思えるものと思えないものの境界の内側をぐるりとめぐり、気に入らない無数の曲をかき分けかき分け進む。「聴けたものではないとか、ピンとこなくて好きになれない一〇〇〇万曲と、そのなかの好みかもしれない一曲をどうやって区別するのでしょう？　せめて好みの一曲があることだけでもわかっていればまだいいですけれどね」

一方、コンピューター画面を介して「反対側」にいるエコーネストはエコーネストで、ある問題に直面している。すべてのレコメンド企業を悩ませている「コールドスタート問題」（訳注：ユーザーに関するデータが少ない場合、有効なレコメンドが難しいという、協調フィルタリングにまつわる困難）だ。この人のことはまだよく知らないから、最初にどの曲をかけてあげればよいだろう？　あなたがどんな種類のリスナーなのかを把握するのが――ただあなたが聴いた曲を知るよりも——あなたというユーザーを放さない秘訣だとエコーネストは考えている。そこで彼らがモデル化したのが、「メインストリーム性」——あなたの趣味はほかのリスナーの趣味とくらべてどれくらい型にはまっているかいないか——といった属性だ。あなたにとってレディオヘッドはどきどきするほど実験的か、それとも、人気のバンドだから聴いてみようと思うのか。

エコーネストは、音楽の二つの中心的な面、すなわち音楽はどのように聴こえるか、人は音楽をどのように語るかを重ねあわせることで、音楽という広大無辺な世界をデータと機械学習を通じて理解しようとすることから着手した。その数年前に、ホイットマンはブリッターという名で「インテリジェント・ダンスミュージック」をレコーディングしていた（「自画自賛な名前をつけるほどたのしい唯一のジャンル」だと彼はふざけていった）。多くのミュージシャン同様、彼は音楽で「十人十色《じゆうにんといろ》の聴衆に受け入れられる」のは難しいとわかってきた。これは誰も耳を傾けなかったという意味の内々《うちうち》の言いまわしだ。聴衆は「いたけれども、見つけるのが難しかったのです」と彼はふり返る。そういうファンをどうしたら見つけて結びつけられるだろうか。ホイットマンは大学院にもどって自然言語処理を研究しはじめ、当初の考えを思い返した。「これだけの人がウェブ上に音楽のことを書いている。彼らが音楽について語っていることを自動的に把握する方法が何かあるにちがいない」

私たちが音楽についてどう話すかは、かなり予測できることがわかった。「人は自分の知っているあらゆることに関連する文脈で音楽を語っています。まさにそれが知りたい背景情報なんです」。それにくらべると細かい音楽理論はあまり重要ではない。曲の調や音の高さがわかっても、リスナーを次の曲に導くたすけにはならないという。バンドの出身地はどこか、そのバンドはどんな影響力があるのか、そういうことを知る必要がある。

一方、エコーネストのもう一人の共同設立者トリスタン・ジャンは「音楽情報検索」という、これまた広大な世界で苦労していた。音楽をデータに変換し、そうすることで音楽をより理解できるのではないか。曲に感情価をあたえようとすると、コンピューターは戸惑ってしまう。たとえばニュー・オーダーの「セレモニー」という曲は、あくまでも長調でありながらどこか憂いを感じさせる。こういう曲はたのしい曲なのか、悲しい曲なのか。また、コンピューターは、チェンバロとギターの音の区別にも苦労する。「チェンバロも弦を弾《はじ》いて鳴らすのは同じですからね」と物腰の優雅なフランス人のジャンはいう。まっすぐな長い髪が音楽を分析する人より演奏する人のように見える。「弾く仕組みは違いますけれど」

コンピューターは、ジャンルという人間による分類体系を――少なくとも音の聴こえ方をもとに――理解するのもあまり得意ではない。「エブリノイズ・アットワンス」という壮大なプロジェクトで、マクドナルドはエコーネストの意味検索エンジンを使って世界の音楽の全ジャンルを網羅する相関図をつくっていた。「ルーマニアのポップス」から「フィンランドのヒップホップ」や「ポーランドのレゲエ」まで、何もかもだ。不思議なことに、彼はジャンルをジャンルとみなすのに、そのジャンルがどんな音楽かにはまったく頼っていない（コンピューターは苦労するが、人間は「ジャンル」といっている間もないほど素速くジャンルを識別できる[30]。

音楽評論家のサイモン・フリスの言葉を借りれば、ジャンルは音楽の区分であると同時に社会的な区分でもある[31]。ポーランドのレゲエは人間の耳にはまさしくポーランドのレゲエに聴こえる――マクドナルドにいわせれば「どこかポーランドのポルカ風メロディー」なのだという。しかも、歌詞はポーランド語である。ところが、この区別がコンピューターには曖昧だ。ブルガリアにもオマハにもレゲエバンドはあって、オーディオ信号としてはよく似て聴こえる。「でも『ポーランドのレゲエ』はポーランドのレゲエなんです」とマクドナルドは断言する。「ブルガリアのバンドだとかオマハのバンドだとかのは、どんな音であろうとポーランドのレゲエとは違うのです」。エコーネストのコンピューターが音楽について私たちに気づかせてくれることがある――すなわち、私たちは好きな音楽の音がどうとか曲がどうとかいいたがるが、本当に好きなのはその音楽が意味するものなのだ。そしてこんなことも――それをなんと呼ぶべきかを知っていることで、私たちはそれを好きになるのである。

ラメラは、そのころ一五歳だった彼の娘が数年前に夢中になっていたマイリー・サイラスを例に挙げた。サイラスは音的には「数人のインディーズのシンガーソングライター」のなかに入れられたとラメラはいう。その数人はその意味ではよく似ていた。だが、マイリー・サイラスを聴いた人は、インディーズのシンガーソングライターというジャンルの曲を配信サービスで聴きたいとは思わないだろう。ラメラにいわせれば、「文化的なインピーダンス不整合がひどすぎるのでしょう」

ラメラがソフトウェアエンジニアの妙な言葉で話していたことは、機械学習の何よりも大きな課題だろう。人間の趣味のことだ。マイリー・サイラスは音としては似ているほかのシンガーソングライターと同じジャンルにはふさわしくない、そう決めるのは人間である。どのアーティストがどのジャンルに属するのか、そもそもそれは一つのジャンルなのか、それを決めるのも人間だ。ジャンルは果てしなく移り変わる。

歌手のルシンダ・ウィリアムズがデモテープを売り込んでもレコード会社に断わられつづけたときの話をしている。「ロサンゼルスのソニーレコードで、ロックにしてはカントリーすぎるといわれたので、ナッシュビルにデモテープを送った」が、ナッシュビルでは「カントリーにしてはロックすぎる」といわれたそうだ。[32] 最終的に、パンクで知られるイギリスのレコードレーベルからアルバムがリリースされ、ムーブメントを語る音楽誌《ノー・ディプレッション》がよく使う言葉を借りれば「それがなんであれ」、「オルタナカントリー」という新しいジャンルの試金石になった。「パッショネイト・キス」という曲がついにナッシュビルでヒットチャートにランクインしたのは、メアリー・チェイピン・カーペンターがカバーしたときだったが、エコーネストのコンピューターはこのカバーバージョンのジャンル分けに苦労するだろう。[33]

エコーネストのアルゴリズムは――三五〇〇万を超える曲と二五〇万を超えるアーティストの一兆を超えるデータポイントにもとづいて――音楽そのものを機械的に理解することは

うまくなってきたが、「リスナーとその音楽との関連性を理解することに関しては」不充分だとホイットマンは認める。それで私が訪問したとき、彼らは「テイストプロファイル」の技術をテストしているところだった。その膨大なデータ範囲から、音楽を利用して人々が音楽以外のどんなものに引かれるかを理解しようというのである。エコーネストはブルデュー式にアメリカ人の音楽の好みと支持政党とを関連づけた[34]。ホイットマンの言葉を借りれば、「アイチューンズに入っている曲から、その人が共和党支持者かどうかがわかるか」ということである。いくつか明らかな発見があった。たとえば共和党支持者はカントリーを好み、民主党支持者はラップを好む傾向がある。

ところが、ほかの相関関係は意外なものだった。ピンク・フロイドは、おもに共和党支持者に非常に好まれているバンドの一つだったのだ（バンドのメンバーはリベラルに見えても）。ファン層が年をとってきたという人口統計の変化がおもに関係しているのだろうとホイットマンは考えたが、しかしピンク・フロイドの音楽もメンバーの年齢とともに変わっている。そこであらためて調べたところ、シド・バレットがいたころのサイケデリックな初期のピンク・フロイドのファンは民主党支持の傾向にあることがわかり、ファン層が分離していることが確認できた。データマイニングによってほかの傾向も明らかになった。好きな音楽のジャンル数が民主党支持者（一〇）は共和党支持者（七）よりも多く、またビートルズが好きなことは、支持政党の予測因子にほとんどならなかった。

おもしろいことに、音楽の全ジャンルのなかで政治的傾向に関する予測因子として最も役に立たなかったのが、ヘビーメタルだった。騒がしくて慎みない（訳注：旧約聖書「箴言」七章一節のもじり）この音楽は、どうやら政治的になんでもありのようなのだ。「メタルを好きになるのにもいろいろあって、そこを考えてみなくては」とホイットマンが指摘する。ジャンル相関図の「エブリノイズ・アットワンス」では、「ブラックメタル」だけでも一ダース近い変種がある。ラジオでよくかかるノリのよいメタルもあれば、かたやホイットマンが冗談めかして呼んだ「教会放火系メタル」まである。それらは漠然としたところがあるとしても、過激な「独立志向」という共通項で結びつけられるようだとイギリスの音楽社会学者エイドリアン・ノースから聞いたことがある。ヘビーメタルのサブジャンル――「シンフォニック・ブラックメタル」「ネオトラッドメタル」「デスコア」――の層に、政治とのもっと強固な相関関係がひそんでいるかもしれない。「マスコアのリバタリアン」や「シンセポップの社会民主主義者」といったものも潜在していることだろう。音楽は人々について多くのことを語ってくれる――その音楽がどういうものなのかをひとたび理解すれば。

ブルデューは、歴史的に見て音楽から階級がこれほど予測できる一つの理由は、たとえば「高貴な楽器」を演奏するのは誰にでもできることではないからだと考えた。画廊や劇場へ足を運ぶほうが「文化資本」をより容易に、より安く手に入れられた。だが、この見方は蓄音機の出現とともに成り立たなくなった。作曲家のクロード・ドビュッシーは「誰でも有名な音楽作品をまるで一杯のビールでも買うように簡単に聴くことができる」と、かならずし

も歓迎すべきことではないかのように述べている。(35)

音楽を再生するのにかかるコストは減少していき、現在ではただも同然になっている。スポティファイには聴く曲があまりにも大量にあるために、〈フォゴッティファイ〉（訳注：スポティファイで一度も再生されていない楽曲を探して聴かせるウェブサイト）のサイトに書かれているとおり、二〇一三年ごろには配信サービスをしている二〇〇〇万あまりの楽曲のうち約四〇〇万曲が一度も聴かれていなかった（デスパレイション・スクワッドの「アイ・ニード・ア・ガール［ウィズ・ア・カー］」のよさがなんであれ、誰も聴こうとしなかった）。発売された曲の多くを大半の人が等しく聴くことができるこの時代に、人の「趣味」はどう変わっていこうとしているのか。社会学者のリチャード・ピーターソンはこう書いている。「クラシック、ロック、テクノ、カントリーを聴いても、商品化が進んで手に入れやすくなれば、ステータスとしての価値をほとんど期待できなくなる」(36)。近ごろでは、音楽を聴ける機会ほどたっぷりあるものがほかにあるだろうか。

もちろんブルデューは、聴かないものも聴くものと同じくらいその人について語っているとつねに示唆していた。オペラを愛聴すれば、おのずとカントリー・アンド・ウェスタンを好きになることはなかった。だが、一九九〇年代初めに国勢調査局の芸術に関するデータを詳しく調べたピーターソンと共同研究者のアルベルト・シムクスは、興味深い傾向を発見した。一九八二年から一九九二年にかけて、いわゆる洗練された教養人《ハイブロウ》は、カントリーやブルースのような「無粋で無教養《ロウブロウ》な人向きの」ジャンルを含めてさまざまな音楽を聴くようになり、しかも好むようになったのだ。

ピーターソンらはそれを「雑食性」と呼ぶ。音楽と階級の関係が消えようとしているというのではない。クラシックを聴く人は相変わらず年齢が高く、裕福で、高学歴の傾向にあった。高級ではないジャンルを聴く人が急にオペラのボックス席を買うこともない。そうではなく、ふさわしいものだけを選んで他を排除することはせず、広くどんなものもたのしもうとする雑食性もまた新しい「差異化」なのである。こういうと、あるいはブルデューの分類がくずれていくように思えるかもしれない。いや、実際にくずれているのだろうか。マスメディアやインターネットのおかげで、あらゆる種類の文化が手に入るようになった。音楽評論家のニッツウ・アベベが述べているとおり、「世の中に音楽があふれているために、たまたま出会った音楽がほかよりも価値があると誰にも認められるものだとは言い切れなくなった」のだ(37)。

雑食人になったかつてのハイブロウは文化資本をならべかえ、掘り下げるよりも範囲を広げ、趣味の階層を縦ではなく横に分割した(38)。スノッブでいても社会的にはかえって何も生まれず、さまざまなソーシャルネットワークを自由に動きまわることもできない。MP3プレーヤーのプレイリストの文化は——モノは何も所有していない——自分にぴったりの音楽を聴くよりも種々雑多に音楽を聴く文化であって、音楽をジャンルでとらえて、自分には縁遠いと思うジャンルはまるごと受け入れないのではなく、「おもしろい」と思えばその雑多ななかに一つまた一つと加えていくということなのである（ブルデューが述べているように、

「同じものでも好み方が違う[39]」)。
　ブルデューは、消費の仕方は消費するものと同じくらい趣味を表わしているとつねづね主張していた。ときにいわれるように、雑食人が採《と》るのはかつてのハイブロウの戦略――ブルデューによれば、「平凡なもの、下品でさえあるものを」慣れた様子で「美的に構成する」能力――そのものであって、彼らはそれを従来排除していた音楽ジャンルに適用しているのである。たとえば《ザ・ニューヨーク・レビュー・オブ・ブックス》誌の個人広告欄といった、アッパーミドルクラスの教養あふれる趣味の社交場では、自然散策やフランスを愛することと同じくらい確実に雑食性に遭遇する。[40] 手元にある号（私の文化資本の乏しさは大目に見ていただきたい）から適当に例を挙げれば、「好きなものは、おいしい料理、自主制作映画、興味深い場所への旅行、室内楽、ジャズ、ロック……」。その意味するところはこうだ。**私の趣味は私という人間と同様に奔放だが、あくまでも趣味である。**カーディガンを着て、鼈甲縁《べっこうぶち》の眼鏡をかけた一九五〇年代の読書家がハードバップやブラームスと同じくらいビル・ヘイリーが好きだと公言する姿はなかなかに考え難いものだ。[41]
　社会学者のオマー・リザードは、雑食性人間はそういう新しい音楽のすべてを本当に愛しているわけではなく、小鍋でさっと火を通した料理をいくつもたのしむように、広くうすく聴きつづけるのではないかと述べている。なにしろ、何かを好きになるには時間がかかる。人が音楽を消費するだけでなく、「音楽形式が人を消費する」と指摘するのは社会学者のノア・マークだ。[42] あるジャンルを好きになればなるほど、ほかのジャンルを好きになる時間とエネルギーが少なくなる。エコーネストでも雑食性のリスナーがちらほら出現していることにホイットマンが気づいていた。「テイストプロファイルの内容のゆたかなリスナーをモデルとして、彼らの一週間の行動をトップ一二のラジオフォーマットのプロファイルと比較しました。オンデマンドリスナーは一週間に平均して五・六のフォーマットを聴いていました」。もちろん、この場合は自主的に番組を選択しているだろう。雑食性の強い人々はオンラインサービスで提供されている多種多様な音楽を聴きたくなるだろうからだ。それでも大半の人は相変わらずヒット曲を望んでいるらしい。ある分析によれば、一パーセントのアーティストで、発売された音楽の総収入の七七パーセントを占めていた(43)。

だが、いかに雑食性といえども、きらいなものがないというわけにはいかない。社会学者のベサニー・ブライソンが、同じく国勢調査局の趣味に関する一九九六年のデータからきらいなものに関するデータを抜き出して調べたところ、ヘビーメタルとラップが（調査局のやや大ざっぱな分類による）最も「寛容な」調査対象者からも好まれていなかった。なるほどそうだろう。この二つのジャンルは調査対象すべてを通じて最も好かれていないジャンルだったのである。*

一方で、寛容なリスナーは母集団全体では好まれている三つのジャンルのうちの二つ、カントリーとゴスペルもきらいなことにブライソンは気づいた。なぜだろう？　「寛容な人々に最もきらわれているジャンルは、教育水準の最も低い人々がたのしんでいるジャンルである」とブライソンは記している。雑食人は雑食性とはいいながら、それでもまだ安心して好きになってよいもの――その判断は音楽そのものよりも、そういうものが好きなのはどんな人間かという観点からなされていた――を集め、そのまわりに慎重に――また統計的に予想可能な――線を引いていたわけである。

雑食の逆はいわゆる単食で、ごくわずかなジャンルだけを聴き、ほかのジャンルをきらう。そういう人は文化的なステータスの低い集団のうち、教育水準が低い傾向があるが、やはりかぎられてはいるものの「ハイブロウで単食」という人もそれなりの理由からいるだろうとピーターソンが示唆しているのは興味深い。単食人は雑食人に最も好まれない、まさにそのジャンルを好み、両者はうまく住み分けている。その証拠を示すのがほかでもない、エコーネストが「パッションインデックス」と名づけた測定基準だ。どのアーティストが「単食性のファンのプレイリストで優勢か」を知ろうとしたところ、雑食人の苦手なヘビーメタルのバンドが多くを占めていることがわかったのである。メタルファンはほかのジャンルのファンが好きな音楽を聴きたいと思う以上にヘビーメタルを――ほかは聴かずに――聴きたがっている。単食人は自分なりのやり方で、独自の文化的境界線をはっきり引いて他を排除しているのだ。ある意味では、彼らが直面する象徴的な（そして現実的な）排除に対する反発なのかもしれない。

最も毛ぎらいされているミュージシャンの例として、インセイン・クラウン・ポッシーという「ホラーコア」のラップロックのデュオを考えてみよう。彼らは音楽誌の《ブレンダー》と《スピン》から、史上最悪のミュージシャンの烙印を押された。彼らも彼らのファンも世間一般から軽蔑され、批評家からこき下ろされ、クールに美化するのが好きな雑食人が皮肉を込めて認めようとしてもついていかれないようだ。だが《n＋1》誌が指摘するように、アルバム曲はほとんどオンエアされないにもかかわらず、インディペンデントレーベルのチャートではホワイト・ストライプス、アーケイド・ファイア、アークティック・モンキーズといったバンドよりも上位につけている。インセイン・クラウン・ポッシーを好きだと認めているのは、彼らのファン以外にはいない。ゆるい定義ながら「ファミリー」を自称するこうしたファンは、通称ジャガロと呼ばれる。ある社会学者はジャガロの「集会」を「原始ユートピア的お祭り共同体」と呼ぶ。[44]興味深いのは、この共同体が象徴的に排除されることから力を得ているらしい点だ。ブルデューはこれを「自分に拒否されているものを拒否すること」と呼んだ。当のジャガロの一人は仲間である「ファミリー」のメンバーについてこう語った。「あるがままを受け入れられているっていうかな。あるがままなんだよ。しゃれた服を着る必要も、すてきな車に乗っている必要もない」

インセイン・クラウン・ポッシーの集会のことを読んでいると、ブルデューが労働者階級

＊　少なくとも一九九六年にはそうだった。しかし、以前は「圏外」だったその他のジャンルと同様に、ヘビーメタルもメインストリームの集団に仲間入りしたことを示す証拠がある。たとえば、二〇一四年のグラミー賞授賞式でクラシック・ピアニストのラン・ランがヘビーメタルバンドのメタリカと共演した（この二つのジャンルは、たがいに組むことになんらかの正当性を期待していたのだろう）。

の芸術形態に見られる「見世物的なたのしみ」について語ったことが思い出される。「見世物的なたのしみは、浮かれ騒ぎたいという気持ちを満足させる。世の中をまっさかさまにひっくり返して、しきたりとかたしなみとかをふっ飛ばすことで人々を自由にし、気どらずに素直に話したり腹の底から笑ったりすることができるようになる」。この際、音楽そのものは重要ではないのだろう。ある意味で、それはむかしの祭祀音楽へ回帰するようなものだ――膨大なプレイリストで気楽に消費する単体の楽曲ではなく、集団のアイデンティティをきずく手段としての音楽である。そうした音楽もそうした社会的集団も外部から愛されないがゆえに、集団の結束がいっそう強まる。集団は趣味というものから逃避する場所であり、寛容であるはずの雑食人を含むほかの多数派に対して反旗をひるがえす、寛容のオアシスなのだ。ブルデューは「分類に対する見方は、そのなかの自分の位置いかんで変わる」(45)と書いている。あるいは小説家のケント・ラッセルがいうように、「あなたはジャガロでも貧乏白人でもありうる。ただし前者は自分が使う呼び名、後者は他人が使う呼び名だ」(46)

人は音楽にレッテルを貼る。音楽も人にレッテルを貼る。そのレッテルが人と音楽を出会わせたり出会わせなかったりするのは興味深い。だが、いつもながら、その人がよく表われるのは、好きだといっているものよりも好きでないといっているもののほうだ。

好みのパンドラの箱――知らないものをどうやって好きになれるというのか

一九五〇年のある土曜日の夜、デンマーク放送は《ポピュラー・グラモフォン・ミュージック》と題した番組で一連の曲を曲名を伏せて放送した。次の土曜日、リスナーが最も多い夜に、今度は《クラシック》と題して音楽番組を放送した。ご想像どおり、番組を聴いた人は初めの番組のほうが多く、次週の二倍だった。

しかし、この話には興味深い、意外な裏がある。どちらの土曜日も、同じ曲が放送されたのだ。ただ二週めには、曲名（調名、作品番号なども一緒に）が告げられた。デンマークのリスナーは、知らないうちにオーフス大学の社会学者テオドール・ガイガーによる実験の被験者にさせられていたのである。デンマーク放送は、大衆がクラシックや「現代のまじめな種類の音楽」[47]に関心をもっていないことを気にしていた。だが、ガイガーが知りたかったのは、大衆は本当にクラシックが好きではないのかという点だった。それとも音楽の素養がないからとか、自分の身分には「ふさわしく」ないから好きになるはずがないと思っているだけなのだろうか。

不思議なことに、第一週は番組放送中にリスナーの数が増加した。「ポピュラー」という言葉に引かれ、ガイガーのいう「聴いてたのしいわけではない」音楽を耳にしても聴くのをやめた様子はなかった。リスナーは大部分がずっと聴いていた。なかには――たぶんクラシックファンだろうが――この音楽はどうして「ポピュラー」なのかと電話で不機嫌そうにたずねる人さえいた。

ガイガーにとっては実り多い実験だった。「大衆の音楽の趣味は日ごろ口にしている以上に洗練されている」のである。あるいは一九五〇年代の「ハイブロウ」の考え方に見られるあのちょっとした気どりを抑えていえば、その音楽が何に分類されているかが聴く人の数に影響したのだ。リスナーの心のなかで何が起こっていたかは知りようがない。その音楽が本当に好きだったのだろうか。でなければ、タイトルの「ポピュラー」という言葉がほかの人も好きそうだから自分も気に入るはずだというシグナルだったのだろう。「クラシック」という言葉は人を遠ざけたようだが、なぜなのだろうか。問題は音楽か、名称か。

もっと大きな疑問は、私たちは自分の「趣味」ゆえに、本当は好きかもしれないものをどれだけ拒絶しているかということである。[48] フランスの哲学者ジャック・ランシエールは、誰かがブルデューのような調査を、ただし社会経済的な分類のわなを仕かけずに被験者に音楽を聴かせてみることで行なったらどうなるだろうかと提案している。たとえば、アルゼンチンの作曲家ミゲル・アンヘル・エストレージャが「アンデス山脈の高原の村」にピアノを運び、あれこれ試しながら農民に演奏を聴かせたように。このときの村人はバッハが気に入ったようだった。そういえば、バッハという名前には曲を好きにならせる効果があるらしい。ある研究で、同じ曲を聴かせてもバッハ作曲といったときのほうがブクステフーデという架空の作曲家の作品だといったときよりも好まれた。[49] ヒトラーの好きな音楽だといって曲を聴かせたらどうだろう？[50] たんに「ロマン派」の音楽といって聴かせるほうが好かれるはずだ。嫌悪感と「共感呪術」に関するポール・ロジンの実験が思い出される。ロジンは犬の糞に似た形のチョコレートファッジを被験者にわたした。[51] 連想だけで大半の人を不快にするに充分だった。実験で使われた曲がヒトラーの作曲したものではないのと同じで、犬の糞も本物ではない。しかし、象徴的なもので汚染されていた。趣味においては、象徴的なものは充分に本物なのである。

人気のオンライン音楽配信サービスのパンドラでは、創業当時、共同設立者のティム・ウェスターグレンが過激な提案をした。リスナーに曲の情報を何も知らせなかったらどうだろうか。

ウェスターグレンはその意図を私にこう説明した。「音楽の鑑賞はアーティストが体現するものやジャンルが意味するものが先入観になって、それに強く影響されることから思いついたのです。音楽は客観的には聴かないものです。人は音楽に関連のないことにもとづいてアーティストに反射的に反応します」。こうしてパンドラのミュージックゲノム・プロジェクトの構想が生まれた。手作業でコードした音楽的属性の巨大なデータベースがリスナーのために曲を決めるのだ。「このプロジェクトの構想は、音楽理論にもとづいて曲を選択するために、『音楽のゲノム』を解読しよう、というものです」とウェスターグレンはいう。DNAで遠い親類を突き止めるように、ミュージックゲノムはひそかに血筋を同じくする音楽をリスナーに示すことができる。「アーティストの名前や写真を取り去ってしまえば、リスナーにも同じようにさせることができるでしょう」。この構想は「ばかげていると思われた。

パンドラを創設する前、ウェスターグレンは映画音楽の作曲の仕事をしていた。仕事は映画に合った音楽様式を見つけることだったが、監督の趣味を見極める必要もあった。「曲をたくさん聴かせて感想を聞く。好みのマップをつくろうとしたのです」。それをウェスターグレンは子供のテーブルゲーム、「海戦ゲーム《バトルシップ》」にたとえる。「あのゲームにそっくりで、好みがどんなかたちをしているのかを手さぐりで探っていくのです」。これがパンドラの目《もく》論見《ろみ》だった。たくさんの曲を聴いてもらって感想を記録することで、趣味のマッピング処理を体系化しようとしたわけである。

ほかにもウェスターグレンの頭から離れないことがあった。彼は歌手のエイミー・マンが自分の歌を広く知ってもらうのに苦労しているという記事を読んだことがあった。「ファン層はいるんです。そのファン層と彼女をなるべくコストをかけずに効率よく結びつける方法があるにちがいありません」。エイミー・マンの歌を好きになるかもしれない人々はいる。エイミー・マンと音楽的な属性が共通するアーティストが好きな人たちだ。ここで考えてほしいのだが、プロクレイマーズの「アイム・ゴナ・ビー（五〇〇マイルズ）」のように、映画のサウンドトラックに使われることで無名のアーティストが世に出たケースがいかに多いことか。ウェスターグレンの考えのとおり、どちらかというと予備知識も先入観ももたずに音楽を耳にする場所が映画である。なんという曲で誰が歌っているのかもわからない。その曲を聴かなくてはならない。

曲を好きになる最も基本的な要素は、以前に聴いたことがあるかどうかである。食べものと同じで、接触が鍵をにぎる。耳にすればするほど好きになるのだ（例外についてはあとで述べる）。接触効果に関する文献は膨大な数がある。[52] ある代表的な研究では、イギリスの子供と大学生になじみのないパキスタンの民族音楽を聴いてもらったところ、聴けば聴くほど好きになっていった。DJがヒット曲を生むのに一役買っているゆえんだ。エコーネストのホイットマンは、「スキップボタン」のないラジオがうらやましくてしかたがないと白状した。「『ボヘミアン・ラプソディ』を二〇回も耳にしたら、あのオペラみたいな曲が脳に刻み込まれて好きな曲になるのを見抜いていたDJがいたんでしょう」

多くの心理学者は、刺激——音楽や図形や中国の表意文字など——に繰り返し接触すると「知覚的流暢性《りゅうちょう》」が高まり、その刺激をより容易に処理できるようになると主張している。[53] 処理が容易であれば心地よく、それが刺激そのものに対する感情に移しかえられる。心理学者のエリザベス・ヘルムート・マーグリスによれば、私たちは三角形を四回めに目にしたとき、「この三角形は前にも見たことがある。だから知っているのだ」とは考えず、「ああ、この三角形はいいね。頭がよくなった気がする」と考えるのだ。[54] 刺激が「原型的」であるほど、処理は容易になる。実験の被験者はデジタル処理で変形させた顔の（または鳥や車や図形の）[55] 合成画像のほうが処理をしていない顔や鳥や車よりも魅力的だと思う傾向にあった。[56] 合成画像の標準的な顔は、そう見えるはずだという期待どおりに見えやすいからである。

曲を聴く順序も好きになるかどうかに影響するようだ。ある研究で、ラジオのリスナーは原曲とカバーバージョンを聴かされた。ご想像どおり、原曲が古くてカバーバージョンまでに相当な時間が経っていた場合は原曲が好まれた。原曲のファンはそれに「接触」する回数が多かったのだ。だが、両方とも初めて耳にしたリスナーの場合は、どちらを好きになるかはどちらを先に聴いたかによった。「先に出会った刺激のほうが心的影響が大きく、その結果、あとで出会ったよく似た刺激よりもスムーズに処理される」と研究者は論文で述べている。[57]

接触効果に接触効果と名前がつけられる前、この現象の説明は同語反復のようだった。私たちはなじみのあるものを好む、なぜならそれになじみがあるからだ、というのだ。同語反復はともかくとして、この説明には問題があった。初めて接触効果と呼んだ心理学者のロバート・ザイアンスが指摘したとおり、人はよく記憶しているものを好きになるとはかぎらないからである。[58]ザイアンスによれば、ときには気づかずに繰り返し接触して、それをより好きになる場合があるという。

私は以前、メキシコを旅しているときにラジオから流れる曲がふと耳にとまった。ドミニカの歌手ファン・ルイス・ゲラの「ブルブハス・デ・アモール（愛の泡）」、その年はどこへ行ってもかかっていた曲だ。それまで気にもとめていなかったこの曲がどうして急に気になったのか。確かに覚えやすい曲だったが、ラジオでかかっていた曲はどれもそうだった。私の普段の趣味からすると、少し安っぽいとさえ思ってもおかしくなかった。何度か耳にしていたので知らず知らず意識に染み込んでいたのだろう。私はゆっくり拍子をとりはじめ、おなじみになった「アヤヤヤヤ！」というリフレインはまだかと待ったりした。私のつたないスペイン語でも——知覚的流暢性が高くなって——なんとかわかってきた歌詞は、二通りの意味のあるきわどい表現がたくさん使われているとあとで人から聞きもした。私の流暢性は高まった。そして突然、ドミニカのバラード「バチャータ」の鑑賞力を得ようとことさら努力することなく、私はその歌を好きになったのだ。メキシコのバスのなかや酒場で何度となくその歌に接触する機会があったからにほかならない。

好きになることは学習すること、学習することは好きになることだ――たとえそうしていることに気づいていなくても。音楽の場合は、二、三度聴いただけでパッと火花が散ったように好きになっていることがある。「ハウスミュージック」がシカゴで成熟期を迎えていた一九八五年の夏のある夜、クラリネット奏者でもある意欲的なＤＪが、ティーンエイジャーの友人たちとローランドのベースシンセサイザーＴＢ-３０３を試していた。つまみをいじっているうちに、変わった音が鳴りはじめた。とくに「生ベース」の再現音といいながら、実際は似ても似つかない音色が気に入った。よい音だと思ったからではなく、一人の言葉を借りれば「踊れそうな音に聴こえた」からだ。音楽評論家のボブ・スタンリーはその音を「脳がとろけていく」音と呼んだ。

ある晩、彼らは「イン・ユア・マインド」という曲のテープを〈ミュージックボックス〉というクラブに持っていき、ＤＪに手わたした。「ＤＪがその曲を最初にかけたときは、客たちはどう反応してよいかわからなかった」と彼らの一人はふり返る。[59]「ＤＪがもう一度その曲をかけると、みんなが踊りはじめた。三度めは叫びだし、四度めには逆立ちして踊っていた。みんなをすっかりとりこにしていたんだ」。ほぼ一夜にして生まれた新しい音楽ジャンルは、その夜、クラブの水に何かが入れられていたのではないかということからアシッドハウスと呼ばれるようになった（訳注：アシッド〔acid〕にはLSDなどのドラッグの意味がある）。二度も三度も聴いてもらえずに芽の出ないミュージシャンがどれだけいるか知れないというのに。

接触には危険がひそんでいる。接触すればするほど、だんだん好きでなくなっていくこともあるのだ――きらいだったものはとくにそうなりやすい。[60]このことについての明確な解答はないが、心理学者のダニエル・バーラインの提唱した有力な説は、音楽などの好ききらいは「複雑度」を因子として逆U字型のグラフになるというものである。[61]単純すぎるもの、逆に複雑すぎるものは好まれにくい。中間あたりが大半の人のスイートスポットだ。ところが気に入ったはずのその曲も、聴くたびに複雑でなくなっていく。だから拍子の単純なクセになるポップソングは、ひと夏ヒットチャートを駆け上っても、崖から転落するのも早いだろう。他方、メロディーと歌詞に深みのある複雑なアレンジの曲は、そのよさがじわじわとわかってくる。詩的で難解な歌詞をもち、コードも複雑なニック・ドレイクの「ピンク・ムーン」は、一九七二年のイギリスのポップヒットチャートではまったくふるわなかった。だが、アルバムタイトル曲のこの曲はここ数年、同じ一九七二年のヒットチャートで上位だったダニー・オズモンドの「パピー・ラブ」やチャック・ベリーの「マイ・ディンガリン」よりも――映画やCMやラジオで――ずっと多く耳にするだろう。ニック・ドレイクを好きになるには時間がかかったようだ。心理学者のエイドリアン・ノースとデヴィッド・ハーグリーヴズがビートルズの全アルバムを複雑さで分類したところ、『プリーズ・プリーズ・ミー』のようなヒットチャートでトップになったアルバムは『アビイ・ロード』のような音楽的にも歌詞の面でも複雑なアルバムほど長く人気がつづいていないのがわかった。[62]

食べものと同じである。たとえば甘味に対する好みは、同じように逆U字型になる傾向がある。甘すぎたり甘くなさすぎたりすると好まれない。食物と心理の関係を研究するハワード・モスコウィッツは「ガーリック風味の香辛料」の消費者テストで、消費者にガーリック風味の程度の違う製品をいくつか試食させた。「風味が強いほど好まれる」と彼は書いていて、[63]これは当然だ。つづいて彼はもう一つの奇妙な結果に言及している。「だが、うんざりする可能性も大きい」。最初の数回は刺激的だったものに急速に飽きるのである。一種の知覚的流暢性だろう。「ガーリックの味がする！」と最初は思う。「なるほど、ガーリックの味だ！」と二度め。そして三番めのサンプルを試食するときには、どれもみなガーリックに変わりない味になっている。モスコウィッツが述べているとおり、[64]コーラの人気の高さがいわくいいがたいあの味にあるとすれば、[65]ジャズのようなジャンルは音楽のコーラ、それに対してポップミュージックはオレンジソーダだといえるかもしれない。最初の数回はたのしいが、すぐにその甘ったるさにうんざりしてしまう。音楽の研究者がむかしの音楽番組、《ユア・ヒット・パレード》の研究で観察した現象の説明には、「飽食」という言葉があてられてさえいる。[66]番組では曲がトップテンに入るのが早いほどトップテンから消えるのも早い。

急激に食べ過ぎてシュガーラッシュのあとの落ち込みがやってきたかのようだ。

複雑さはおくとして、なぜ私たちはよく知っているものを好むのだろう？　食べものの場合、食べなれたものは進化の過程において適応的である。食べても死なかったものは、また食べてもかまわない。そこで私たちはポール・ロジンのいう「雑食動物のジレンマ」に悩まされる。ネズミと同じく人間はどんなものでも食べられるが、その結果として「自然が用意しているさまざまな食料のどれが食べても安全かを見極めることに、脳の非常に広い領域と多くの時間をあてなくてはならない」とジャーナリストのマイケル・ポーランは述べている。[67]趣味全般にいえることだが、音楽についても同様の雑食動物のジレンマに直面する。音楽は一生のあいだに聴ききれないほどあるということだ。デジタル音楽革命への当初の期待は、ミュージシャンのピーター・ガブリエルがいうように、選択の自由だった。ハードディスクドライブは追いつかず、クラウドは音楽であふれはじめ、私たちは突如として選択からの自由が必要になった。

そこで私たちは接触を頼みにする。[68]知っているものが好きでなぜ悪いだろう（もっと好きになるものがほかにあるかもしれなくても）？　処理するのが大変なものを音楽の広い荒野で探しまわるのにくらべれば、時間とエネルギーを節約できる。[69]モリス・ホルブルックとロバート・シンドラーの研究が示すように、これが「最高感度の臨界期」――彼らによれば二三・五歳のとき――に聴いた音楽を最も好む理由ではないか。これもなじみ深さといえるだろう。七十代の人がミルス・ブラザーズの「スモーク・リングス」よりもピーター・ガブリエルの「スレッジハンマー」のほうが好きだとしたら、前者のほうがなじみがあるはずというだけの理由でも、奇妙なことではないだろうか。[70]

そうはいっても、二十代前半に聴いた音楽が私たちの心のなかで特別な位置を占めている理由は、単純接触となじみ深さだけではないかもしれない。ホルブルックとシンドラーは、動物行動学者コンラート・ローレンツの観察した「刷り込み」に似た考え方を提唱している。親への愛着や言語学習の基盤が形成される「生物学的に固定された」期間があるように、音楽もその時期に聴いたものが長く残るのだ（ただし長年支持されてきた言語獲得の年齢的「臨界期」という説は、近年になって異論が出ている）[71]。

私はもっと単純なことも同時に起こっていると思う。一般に大学時代は音楽を探して聴く時間が最もたくさんある時期だ。いまでも私は、あのころに箱に入った安売りのレコードをかがんであさったあとの首の痛みを憶えている。現在はプレイリストをスクロールする時間もほとんどない。

しゃれた腕時計や車をもっていない人生の一時期には、音楽が他者との区別を示す安上がりで重要な社会的シグナルになる。私たちはシルクスクリーンでオリジナルのTシャツを自作したりして、さまざまなやり方で自分らしさを出そうとする。私の高校時代のノートはバンドのロゴでいっぱいだったし、葉巻の古い箱には名誉のしるしのような、私の魂の謎を解く鍵のようなコンサートのチケットの半券が大切にとってあった。バンドについて語るのは、自分はどんな人間でありたいか（ありたくないか）を語るのと同じことだった。このような強い愛着がどうして大人になっても消えずにいるのだろう？ カナダのプログレッシブロックバンド、ラッシュのドキュメンタリー映画『ラッシュ ビヨンド・ザ・ライテッド・ステージ』のなかで、コメディアニメ《サウスパーク》の制作者のマット・ストーンがラッシュのよさをわからない仲間——エルヴィス・コステロのような、もっと「評論家受けのする」ミュージシャンを好む——にラッシュのよさを教えようとして無駄な努力をするような人間でいることについて語っている。「もうみんな、それだけ年とったって感じだ。一九七〇年代から八〇年代にラッシュを大きらいだったとしても、彼らに大きな拍手を送らなければいけない。それだけは、しなくては」

まさにそのとおり。ラッシュの「スピリット・オブ・レイディオ」のような曲をいま聴くと、これで一つも感動しないとしたら、とんでもない話だと思う。あのころの私はラッシュを誤解していたのだろうか。いまになってラッシュを見る目が変わったのは、純粋なものなのか、あるいは皮肉にも時の隔たりのせいで変わったのか。それとも、どんな音楽が好きなのかを（あらためて）見極める時間がないばかりでなく、きらいでいつづける時間さえないということなのか。*それすらわからない私は「あのころの鋭さを失っている」。「好ききらいの判断が麻痺して[72]」いる。若いころに聴いたバンドを思わせるからという理由で新しいバンドを追いかけるくらいなら、むかしから好きなバンドを聴くほうが時間も手間もかからないではないか。「記憶に残るほどの最大の衝撃を受ける出来事や変化は、年齢別集団のうち青年期と若年成人期に起こる」[73]という。このいわゆる「レミニセンスピーク」の呪縛を免れるのは難しい。

こうした分析にのっとって考えるなら、ウッドストック・フェスティバルが文化において非常に大きい位置を占めた理由は音楽そのものではなく、アメリカ史上最大の同時期出生集団が最大の衝撃を受ける年齢に達したことによる統計的な結果にちがいないと考えたくなる。[74]だが、なぜ私たちはみな――映画『再会の時』の主人公たちのような一九六〇年代に学生時代をすごした世代だけでなく――若いころに聴いた音楽のほうがよいといいたがるのだろうか。カーネギーメロン大学の心理学者ケアリー・モアウェッジが指摘するとおり、これは世代にかかわらずみなが思いあたることなので、客観的な真実だとはいえない。特定の時代の音楽が本当にすぐれていたのではなく、人生のよい出来事のほうが悪い出来事よりも心に強く残りやすいのと同じように、過去に「よい」と感じた音楽だけが記憶のなかで生きつづけやすいのだとモアウェッジはいう。一方、美化されていないそのままの現在は、好きだと思う音楽だけでなく、好きではないとわかっている音楽も耳にする。モアウェッジがたとえたとおり、記憶とは自分の聴きたい曲だけを流すラジオ局のようなものだ。好きな音楽のこと

＊映画『ヤング・アダルト・ニューヨーク』で、ベン・スティラー演じるX世代のハイブロウは、流行に敏感な雑食性の若者から、本気でおすすめだと思っている様子でサバイバーの「アイ・オブ・ザ・タイガー」を聴かせられ、驚いていう。「この曲、前はけなされてたよな」

を考えて多くの時間をすごしたなら、その音楽を聴けばいまでもすぐに思い出があふれてきて、快感をくすぐられるのは当然なのである。

　では、いつもの安全な調達場所の境界から外へ出て、たとえ失望させられたとしても、未知の新しいたのしみが待っているかもしれない展望台へ行くにはどうすればよいだろうか。そこへ連れて行ってくれる誰かを探すのだ。その誰かとは誰だろう？　パンドラのティム・ウェスターグレンは冗談でこういった。「自分のなかのひまそうにしている中年男を仕事にもどらせてやればいいんですよ」

　パンドラを訪問する前に、私はパンドラの広報部の人々と、かなり苦痛な堂々巡りの議論をしていた。障害になったのは「趣味《ティスト》」という言葉のようだ。彼らは「いかなる意味においても流行の仕掛け人《ティストメイカー》」であるつもりはないことを私にわかってほしかったのだ。そうではなく、彼らは「すべてのリスナーに自分だけの体験をしてもらおう」としていた。このこともまた、「趣味《ティスト》」というカギ括弧つきの概念が二〇世紀半ば以降どれだけ没落したかをうかがわせるようだった。趣味をさだめることが、ランチにマティーニを飲むような、いまとなっては流行遅れの古い習慣であるごとく。

　現在は「発見」とか「キュレーション」といったもっとやわらかい、ふわふわした言葉が使われる。一九二六年の設立時のブック・オブ・ザ・マンス・クラブは、選考委員の「さまざまな趣味」と「的確な判断」をくぐり抜けた本は「傑出した本である」と請けあったものである。それから一世紀近く経ったいまは、「かならず読みたくなるおすすめの新作」と控えめな表現だ（上からの客観的基準から、読者の好みをうかがうことへ重心が移っていることに注目していただきたい）。

だが、この言い方でもまだある種の選択基準を押しつけていないだろうか。ウェスターグレンはパンドラのプレイリストについて、つとめて偏《かたよ》りなく聞こえるような説明を心がけている。「選択にあたっては一方的に判断したくはありません。一〇の曲を何度も繰り返して聴きたい人もいます。そういう人にはそういうものを提供するのが私たちの仕事なのです」。そうだとすると、音楽の分析や複雑で優秀なアルゴリズムが山のように必要なのか、ということになる。ウェスターグレンはすかさず答えた。「うちでは当社のコレクションをキュレートしています。ものすごい数の曲をはじいていますよ。そうしてこそ、残ったものが充実するのですから」

パンドラのミュージックキュレーターの責任者を長く務めるマイケル・ザプルーダーにそのことをもう一度たずねた。ザプルーダーの仕事は、どの曲をミュージックゲノムに入れるか——ほとんどの曲は彼のあまり知らない曲だ——を決めることだった。民主的にやるかエリート主義で行くかの問題と格闘した彼は、あれは赤ちゃんコンテストの審査員のような仕事だったという(75)（これは単純な問題ではなく、第6章であらためて述べよう）。

ザプルーダーにいわせればこのことは「逆説」で、彼はジョージ・オーウェルの『動物農場』の言葉を言い換えて引用した。一部の曲はほかの曲よりももっと平等だ、と。パンドラのあるべき姿でなくても、ここでもやはり趣味が顔を出すのである。だが、それでうまくいっているようだ。ウェスターグレンによれば、パンドラが配信する一〇〇万あまりの曲の九五パーセント以上が毎月聴かれているのである。

パンドラがつくり上げたのは音楽の巨大な砂場だ。たのしく遊べるものがたくさんあり、発見も多いが、境界線もまだある。ミュージックオペレーション部長のスティーヴ・ホーガンは、「それが曲数を一〇〇万にしている理由です」という。ほかの配信会社は一八〇〇万曲かもしれないが、「うちでは人間に選曲させています。レコード会社がカラオケ曲をどっさり送ってきても入れないでしょうね」。曲数をむやみに増やすよりも、パンドラのアナリストは「そのアーティストらしいと思う曲、ヒットする可能性が高いと思う曲を選ぼうとしています」

それでも、ラジオがリスナーの望むフォーマットで一度に一曲しかかけられないところ、パンドラは数学と音楽理論を使って目に見えない一群のDJをつくり、各DJにリスナーの好きな曲と好きかもしれない曲を混ぜて提供させようとしていた。私が聞いた話では、ティム・ウェスターグレンはある会合に出席したとき、マーチングバンドのファンが世の中にそんなに大勢いるとは知らなかったといわれたという。パンドラにはマーチングバンド音楽のチャンネルがあり、そのリスナーにとってはそのためにパンドラがある。パンドラの最高技術責任者トム・コンラッドは私にこう語った。「みなさんにパンドラを自分のもののように感じてほしいのです。そして私たちの音楽の趣味が、つまり他人の趣味がそれを侵害しないことを望んでいるのです」

　人はどんな音楽を聴いてくれそうかという問いは、問題のほんの一部にすぎなかった。パンドラはその人その人に合ったラジオ局をつくることで、趣味のパンドラの箱を開けようとしていた。音楽の好みは、食べものの好みと同じようにおそろしくいろいろなところから影響を受けやすい。立てつづけに一つの曲を聴きすぎた？　するとあの感覚特異性満腹が生じる。その前に何を聴いていた？　たのしい曲がつづいたあとの悲しい曲は、あまり悲しく聴こえないかもしれない。どこで聴いている？　私は大学時代、地元の定評あるレコード店に通ったものだった。そこは深い知識がひっそり眠っている音楽の聖地で、私の買おうとするレコードを見た店員が黙ってうなずいて認めてくれるとうれしくなる、そんな場所だった。私はすぐに悟った。ひょろひょろに痩せた厳格なあの賢者たちがカウンターの奥のターンテーブルにのせた音楽ほどすばらしい音楽はありえないのだ、と。

　食べものと同じで、音楽にも基本的な「味」がある――塩辛さや甘さのかわりにシンコペーションやボーカルのハスキーボイスやスネアドラムの音色と考えればよい――とする考え方があるが、それは私たちが好きになったり識別したりすることを学習する「風味」だ。数年前、パンドラのリスナーはエレクトロニック・ダンスミュージックのジャンルのことで強く不満を言い立ててきたらしい。「約四万五〇〇〇曲を分析していましたが、クラブ・ダンスミュージックが無差別に混ざりあっていたんです」とホーガンはいう。「ゲノムとしては、どれもみな同じ『バス、バス、バス』というビートです」。だが、トランスステーションでテクノを聴いていたリスナーにとってはそうではない。エリック・ビスクにいわせれば、テクノは「もしあなたがエレクトロニックミュージックが好きなら、特別なものを指します。私の父にとっては、私がいままでに聴いてきた音楽はみなテクノでしょう」となる。そこでパンドラは、ゲノムに一〇あまりの「属性」を新しく加えた。「リバーブ（残響）やアンビエンス（臨場感）がどの程度あるか。どんな種類のイコライザー効果やフィルタースイープが使われているかといったことです」

一つのバンドを見てみるだけでも、趣味に多種多様な道すじがあることがよくわかる。たとえば、曲は同じでも人のほうが変わることがある。ポップバンド、ファンのヒット曲「伝説のヤングマン〜ウィー・アー・ヤング」を例にとろう。コンラッドの話によると、この曲がヒットする前の年、ファンは「曲をリリースして音楽メディアサイト《ピッチフォーク》に論評は載るが、大々的に伝え聞くことのない、いくらでもあるバンドの一つにすぎなかった」。「ウィー・アー・ヤング」は、パンドラでは長いこと「このバンドを見出したと自任する人々を中心に」聴かれていた。そして突然、人気テレビドラマ《グリー》の挿入歌に起用された。「いきなりものすごい数の新しい聴衆の耳にとどいたんです。その人たちはまた違う期待をしてパンドラでこの曲を聴くようになったのだと思います。《グリー》で放送されたほかの曲も聴きたかったんですね」

発売される音楽の世界は大海原のようだとザプルーダーはたとえる。「すべての曲が入口ですよ。ビートルズで大海原に足を踏み入れるかもしれない。いったん海に出てしまえば、どこにでも行き着ける」。海岸沿いに進む人もいれば、外洋に挑む人もいる。極端なことをいってしまえば、自由に選曲するＤＪがビートルズのあとに、たとえばビージーズの「レモンは忘れない」をかけるように、パンドラは掘り出しものが見つかるような結びつきを提供してくれるかもしれない。サウンドは確かにビートルズ風だ。だが、ビージーズはディスコミュージックだというメンタルモデルができてしまっている人は多く、この結びつきは受け入れられないだろう。「多様性、発見、なじみ深さ」がパンドラの「三位《さんみ》一体《いったい》」だとビスクはいう。パンドラには「能動的」な聴き方と「受動的」な聴き方をそれぞれ両端にした軸上のどこにリスナーがいるかを表わす数学的モデルがある。あなたがつくるチャンネルはあなたの幅広い趣味を要約したものだ。「一度ジャズステーションをつくれば、マップ中にたくさんのステーションをもつようになるでしょう。『コルトレーン』と入力すれば、広大な範囲の曲を興味をもって聴く習慣がつくはずです」

　最終的には、サムズアップとサムズダウンだ。二〇一五年初めに、パンドラのサムズアップとサムズダウンの投票数は五〇〇億に達した。この投票はパンドラにとって最も明快なシグナルで、スキップボタンよりも強力だ。それでも曖昧なところは残っている。サムズダウンにしたのは、いまはそれを聴きたくないということなのか。そのバンドが好きではないのか、それともこのステーションにふさわしくないのか。「テストしてみたんですよ」とビスクは話す。「パンドラのリスナーの〇・五パーセントにあたる人々を選び、投票したときに理由をたずねたんです」。リスナーはテキストボックスに理由を列挙すればよかった。「回答で厄介だったのは、いろいろな理由が書き込まれたことでした。『サムズアップにしたのは、娘の結婚式で最初に流れたダンスミュージックだったから』というようなことまでね。アルゴリズムを考える身としては、いったい自分は何がしたいんだという気分でしたよ」。せっかくのテストは断念され、人の好ききらいの理由を知ろうとするそのパンドラの箱は閉じられた。

ホーガンは私にこういった。「趣味は理由を説明できないといわれています。けれども、対象の数が大量になれば説明できます。この歌がローリング・ストーンズのリスナーに合う確率は八四パーセントだということはできるんです。ええ、まちがいありません。私たちはこれだけ大勢のリスナーの趣味を説明しているのですから」。ホーガンは言葉を切ると、ふと宙を見つめてから言い添えた。「好きにならなかった理由は説明できないでしょうけれど」

第４章　なぜこれが好きだとわかるのか

芸術の陶酔と不安

私たちは目に入るものが好きになり、好きなものが目に入る——美術館で人がすること

二〇〇八年四月九日の朝、ベルギーの都市アントワープのくすんだ歩道に、一つの絵がひっそりとお目見えした。黒、白、灰色の色調でコンクリートの壁に直接描かれた猿の交尾の図だった。*

この絵は現代美術に強い影響をあたえた有名なアントワープ生まれの画家、リュック・タイマンスの作品である。ある単純な疑問を解明する巧妙な方法として、ベルギーの芸術番組専門のテレビ局から制作を「依頼」された。その疑問とは、人は芸術作品を見たとき、とくに現代美術の熱心な鑑賞者でない人々はそれが芸術だと認識できるのか、というものだ。

この実験の短い記録映像には、絵の公開に先だって主要な美術館を代表するキュレーター

＊　日本のある秘宝館に展示された春画へのオマージュだろう。

のコメントが収録されている。みなタイマンスの重要性を熱っぽく語り、絵の前を通りかかった人はかならず気づくはずだ、彼の作品が見過ごされるわけがないと自信たっぷりに主張した。思いもよらず絵を目にしたアントワープ市民は「自分がこの作品に出会った理由」を考えずに「いられない」だろうとあるキュレーターは予測した。もう一人はこういった。「この絵は人々を立ち止まらせ、考えさせ、目を覚まさせるにちがいありません」

二日間にわたって観察をつづけたところ、作品のハッとするような主題と出来ばえにもかかわらず、三〇〇〇人近い通行人のうち、よく見ようとして立ち止まった人は四パーセントに満たなかった。タイマンスのこの作品の芸術的価値がどれほどのものだろうと、アントワープ市民の大半は見過ごしてしまったのだ。実験前、制作を依頼したテレビ局の関心は、「このような実験によって人々は芸術にもっと興味をもつようになるか」という点にあった。市民は行動で答えを出した——彼らは素通りしたのである。

実験の手法や前提となる考え方そのものに、異論は多々あるだろう。まず、適当に選ばれた道路になんの前ぶれもなく描かれた絵の前で立ち止まらなかったからといって、その絵を芸術として認識できなかったと決めつけてよいものだろうか。都会の歩行者はありとあらゆる音、におい、そして何より視覚的な刺激にさらされている。壁に描かれたタイマンスの作品に気づかなかったのは、歩道の敷石の配置や頭上の電線にとまっためずらしい鳥に気づかないのと同じではないか。ブリューゲルの有名な作品『イカロスの墜落のある風景』では、翼をつけて飛ぼうとしたイカロスが海に墜落したのに、描かれている人物の誰も、おそらくブリューゲル自身さえも、ほとんど注意を払っていないように見える。詩人のW・H・オーデンがこの絵について詩に詠《うた》ったとおり、「ほかの連中が食べたり窓を開けたり、ただのろのろ歩いたりしているあいだに」、目の前では受難の光景が繰り広げられているのである。(1)

ただでさえ路上のタイマンスの作品は認識能力の死角にひそんでいて、神経系の余力の一部が使えるかどうかで目にとまるのがやっとというところだろうに、さらに「期待」という要素もある。落書きや広告ポスターなど、都会の壁はつねにいろいろな絵で飾られている。それでも著名な現代画家が制作した絵が見られるなどとは、ふつうは誰も思っていない（覆面芸術家のバンクシーのような芸術家の作品はもちろん別だ。都会の壁にゲリラ的に描かれた彼の作品を見つけたいと誰もが期待するが、そんな機会はそうそうない）。見ると予期していないものは、見えにくいものだ。

忙しい一日の途中でこの絵がちらっと目に入ったら、あなたならどうするだろうか（絵を見ようとして立ち止まらなかった人のうち、その絵にまったく気づかなかった人が何人いたかは明らかにされていない）。その絵を興味深くて刺激的な絵、あるいは美しい絵だとさえ思ったら、どうするだろう？　どうもしない――世の中にはそんな絵があふれているからだ。背景になる知識がなければ、作品は顧《かえり》みられない。絵を見てタイマンスの作風に似ていると気づいた人でも、まさかそれが本物だとは思わないだろう。美術館ではない戸外で、説明文もなく、ただこの絵だけがあったら、見る側にその重要性がどうして伝わるだろうか。「本物」のタイマンスの作品というふれこみで何点かならべられていたら、もっと見物人が集まったにちがいない。私たちの神経系は本物を前にするとかなりの刺激を受けとるからである。(2)あるいは、その絵を見てまったく好きではないと判断して立ち止まらなかった人もいたかもしれない。「好み」は、とくに現代美術においてはあまり歓迎されない言葉だ。たとえばこんな文章にお目にかかることはめずらしくない。「ブルース・ナウマンが『好み』かどうかと問うのは、お門違いに思える」(3)（不信感もあらわなカギ括弧の使い方に注目してほしい）。

もちろん、美について考えるとき、快に対する不信感はむかしからあった。カントは『判断力批判』で、基本的な快楽反応を「快適」と呼んだ。快適であるとは、「感覚のなかでも五感に満足をあたえるもの」(4)である。快適さは信用ならない。たとえば飢えた人は、程度の差こそあれなんでもおいしく感じる。さらに、快適という感覚は「個人的判断」であり、「蓼《たで》食う虫も好き好き」ということわざで表わされるようなものでしかない。それよりもカントが重視したのは、「無関心な」美的判断である。先のタイマンスを例にとれば、あなたはその絵がタイマンスの作品だと知らないばかりでなく、作風や技巧の観点から考えてみようとすらしない。そもそも絵画として考えることさえしない。ただ全身でそのいうにいわれぬ美しさを心ゆくまで汲みつくす。それがカントのいう無関心の判断である。また、カントと啓蒙思想的美学のヘビー級タッグチーム*を組むもう一人のファイター、経験主義のデヴィッド・ヒュームならこんなふうにいうかもしれない。あなたがタイマンスを好きかどうかは問題ではない――いかなる理由でも、あなたに「咎《とが》はない」――なぜなら好きかどうかは

「数かぎりない感情」の一つにすぎないからだ。ヒュームの関心事はあくまで、タイマンスがたんなる快以上のものであることを示す揺るぎない基準のほかにはないのである。

カントとヒュームが想定したのは理想的な批評家であって、アントワープの歩道をせかせかと歩く通行人ではなかった。通行人は美術評論家クレメント・グリーンバーグの「芸術は、第一に、そして何よりも、好きか好きでないかの問題である——ただそれだけだ」という指示にしたがうだろう。[5] 好ききらい、あるいは心理学者の言葉を借りるなら「情動」の力を侮《あなど》ってはいけない。それは芸術のようなものについて私たちがどう感じるかを知らせるだけでなく、どう見るかにも影響するのである。[6]

いろいろ問題はあっても、タイマンスの実験は私たちが自分で意識している以上に「トップダウン処理」の世界に生きていることを思い出させる。私たちは見るとあらかじめ予期しているもの、見たいものを見るのであり、「ボトムアップ処理」がなされること、つまりそれそのものに気づくことはめったにない。あるいは神経学者のエリック・カンデルが述べたとおり、「私たちは二つの世界に同時に生きている」——トップダウンとボトムアップの——

＊　もちろん美学を相手に繰り広げられるこの華麗なレスリングマッチには、イギリスの哲学者シャフツベリー卿や政治思想家エドマンド・バーク、そしてニーチェにいたるまで、サポートプレーヤーには事欠かなかった。だが、後世に最大の注目を集めたのはカントとヒュームの理論である。

——「そして絶えず進行する視覚的経験は、この二つの世界のあいだの対話なのである」[7]。タイマンスの絵のようなボトムアップの刺激は、それがとても大きいとか、色あざやかであるとか、さもなければ何か脅《おびや》かすようなものに見えれば「気づかされる」だろう。だがむしろ、タイマンスの絵に注意が向くのは、トップダウン式の認識作用によることがふつうだと思われる。たとえば近くの美術館で開催されているタイマンス展に行ってきたばかりかこれから行くところで、タイマンスや芸術一般について考えているような場合だ。

ノースイースタン大学感情科学学際研究所の所長であるリサ・フェルドマン・バレットが説明してくれたところによれば、脳はおもにボトムアップ器官だと長く考えられてきた。つまりこういうことだ——脳のニューロンは外部刺激（たとえば不意に現われたタイマンスの絵）で活性化されるまで休止状態にある。刺激を受けとると、脳はおそらくその刺激に個人的関連があるかどうかを判断し（これと似たものを前に見たことがあるか）、それから適切な感情反応ないし情動反応を選択する（これについてどう感じるか）。哲学者のカール・ポパーはこれを、身もふたもなく「脳のバケツ理論」と呼んだ[8]。脳は空っぽのバケツのように、満たされるのを受け身で待っている。

バレットは「実際にはそうではない」という。「ボトムアップのプロセスがないというのではありませんが」と前置きしたうえで、最も考えられるのは、脳は「過去の経験にもとづく世界の生成モデル」なのだと主張する。ひっきりなしに更新されるインスタグラムのアカウントのように、脳はあなたがこれまでの人生で経験したあらゆる出来事を記憶情報として保存する──夕日のなかの散歩、出会ったすべての人、見たことのあるすべての芸術作品、そしてそれらをあなたが「好き」だったかどうか。逆説的だが、私たちがあるものについてどう感じたかという記憶は、実際の経験の記憶よりもじつは強力なのだ。[9]「脳は前後関係にもとづいて、その状況でどんな刺激が待ち受けているかを予測するのです」

あなたが何かについてどう感じるかは、その刺激を知覚する前から、あらかじめ脳に準備されているとバレットはいう。あなたはタイマンスを見て、それが好きだと判断するかもしれないが、たぶん実際にはタイマンスが好きだからそれを見ようと決めたのだ。「それも予測の一部なのです。予測はあなたがそもそもどの刺激に注意を払うかを決めるのに役立っています」。あなたがいまよい気分（あるいはいやな気分）でいるなら、脳はあなたにとって快（あるいは不快）と結びつくもののパターンを完成させようとする。

覆面芸術家のバンクシーがトラックに書いた「不機嫌なやつほどいやなやつに会う」という言葉は、この考えをうまく表わしている。これと同じように、現代美術が好きな人の脳は、現代美術に見えるものに注意を向けるだろう。[10]たとえば空腹な人が食べものに関係する言葉をいち早く見つけるのと同じだ。脳は雑然としたものを、認識できるパターンに分析したがる。しかし芸術を少なくとも芸術として鑑賞するには、たいていの人にとって都会の雑踏は騒がしすぎるし、雑然としすぎている。評論家のエドウィン・デンビはこう述べている。「私にとって日々の営みを見ることと芸術を見ることのあいだには、明確な違いがある」[11]。対象に目を向けるという行為そのものは機能として違うわけではない。「しかし芸術を見ることは、秩序ある想像の世界を主観的かつ集中した状態で見ることだ」。芸術は毎日路上で見られるものではなく、そのことが芸術をいっそう特別なものにしているとデンビは主張する。

私たちが美術館に足を運ぶ理由はそこにある。芸術とみなされているものをただ見るのではなく、本当の意味で見るためにその場所へ行くのだ。人類学者のメアリー・ダグラスがいうように、儀式はある経験を日常から切り離すための一種の枠組みである。美術館もそれと同じで、絵画の額縁のようにその内部にあるものに注意を向けさせ、境界を設けることによって、どこまでが芸術かを明示している。私たちは特別なものを見るために、「天上界の空気」[12]を吸うために、そして真の芸術作品がもつ明白な快《こころよ》いオーラを感じるために美術館に足を踏み入れる。だが、私たちが美術館に行くのはそれだけでなく、世俗の心配事や束縛から解放されて、美術作品を特別なやり方で見るためでもある。美術館は一つの「ものの見方」であるといわれている。[13]より広い世界を見るための訓練の場でさえあるだろう。

現代美術の展覧会を見にきた人の体験としてよく話題にされるのは、建物の備品を芸術作品と勘違いするというものである（一番よくまちがわれるのは消火器らしい）[14]。マルセル・デュシャンやアンディ・ウォーホル、そしてジェフ・クーンズのようなコンセプチュアルアートの旗手が登場して以来、備品と美術作品の区別が難しいというのはよく聞く笑い話だ。しかし、私たちはそのときイメージを視覚的に消費する心構えができているので、普段はレーダーに引っかからないようなものまでもが貪欲な視線のなかに突然浮上してくるのだとも考えられる。見ると予期していなければタイマンスを見逃すのと同様、見ようとする意欲があれば、にわかに建物の備品に新しい光があたって見えるのだ。

それはそうとしても、私たちが美術館で絵画を見るとき、実際にはどんなことが起こっているのだろうか。

こんなことが起こるのが望ましいという意見ならたくさんある。哲学者のジョン・デューイは古典的な著書『経験としての芸術』のなかで、知覚するためには「注視する者」（デューイは鑑賞者をこう呼んだ）が「自分自身の経験を創造しなければならない[15]」と述べた。言い換えれば、見る者は芸術家がその作品を創造したプロセス――何を意図し、どのように達成し、どんな選択がなされたのか――を、ある意味で芸術家と同じ厳格さで体験しようと努めなければならない。「怠惰で、ものぐさで、因習から抜け出せずにその努力ができない人」は、「見ることも聞くこともできない」とデューイは叱責《しっせき》する。

美術作品の鑑賞に関する印象的なエピソードは、陶酔の瞬間を伴う体験としてよく語られる。米国第三代大統領トマス・ジェファーソンは、ルーブル美術館でジャン＝ジェルマン・ドルーエによる『ミントゥルナエのマリウス』を見たときの経験をこう語っている。「私は彫像のようにその場を動けなかった。それが一五分なのか三〇分だったのか、自分ではよくわからない。というのも時間の感覚をすっかりなくし、自分の存在すら意識から遠のいていたからだ[16]」（現在このような時間感覚の喪失を経験するには、ルーブルに入場するために長時間行列しなければならない)。哲学者リチャード・ウォルハイムは、作品の前で二時間はたたずむと報告している。「的はずれな連想や、刺激によって生まれた誤った認識が落ち着くまでに、二時間のうちの最初の一時間が必要だとわかった[17]」とウォルハイムは『芸術としての絵画』で述べている。「その一時間ののち、さらに一時間かそれ以上かけてその絵を見て、そうして初めて絵画はありのままの姿を明かしてくれる」

一枚の絵を見、しかもまたそれが意味するものを「よく理解する」のに、どれくらいの時間が必要かは誰にもわからない[18]。ジェファーソンやウォルハイムのような美のためなら惜しまない忍耐力の強さは別として、ふつうの人は美術館でどうふるまうだろうか。じつのところ、彼らはとらえにくい標的だ。一九二八年の報告書は「美術館をふらりと訪れる人は、えてしてつかみどころがない[19]」と述べている。その数年後、ある美術館研究者は数十年にわたる「来館者調査」の結果を踏まえてこう嘆いた。「美術館の来館者がどんな人々なのかは、基本的なこと以外よくわからない[20]」。どうふるまうかにいたっては、ますます大きな謎だ。

一つわかっているのは、絵画を見るのにあまり長い時間をかけないことである。ニューヨークのメトロポリタン美術館で研究評価部門の部門長を長年務めるジェフリー・スミスが、さまざまな絵画——レンブラントの『ホメロスの胸像を見つめるアリストテレス』やエマヌエル・ロイツェの『デラウェア川を渡るワシントン』など——を来館者が見る時間を分析したところ、一枚の絵画に費やす時間の中央値は一七秒であることがわかった。

これをどう考えればよいだろう? 注意力が減少した時代の趨勢《すうせい》と見るべきか、デューイらがあれほど奨励した、深く見るという行為に没入できなくなったしるしなのか。ただし、いくつか補足しておく必要がある。第一に、一七秒は中央値であること、したがってもっと長く見ている人もいるということだ（平均値は二四秒だった）。たとえばイギリスのテート・ブリテンで美術評論家のフィリップ・ヘンシャーがさほど科学的に厳密でない手法で行なった調査では、来館者はトレーシー・エミンのような新進の芸術家による現代美術作品には五秒しか視線を向けないが、ターナーやコンスタブルの作品は数分見るという結果が得られている[21]。

第二の問題は、メトロポリタン美術館が好例だが、美術館のあの広さである。あなたも覚えはないだろうか。美術館で展示作品を見て歩くと、どれだけぐったり疲れることか。歩きながら見る娯楽はほかにもあるが、美術館は何にもましてくたびれる。二〇世紀初めに、研究者はある症状を発見して半ば愕然とし、「美術館疲れ」と命名した。原因の一つは、人間工学を考慮していない美術館の居心地の悪さにあった。一九一六年に《サイエンティフィック・マンスリー》誌は、こざっぱりした身なりの口ひげの紳士（「視力のよい、教養ある男性[22]」と紹介されている）が、芸術の十種競技に参加する姿を描いている。男性は展示ケースをのぞき込むために身をかがめ、彫刻に添えられた説明を読むためにしゃがみ込み、むかしながらの「サロン形式」で床から天井まで壁一面にかけられた絵を見るために精いっぱい背伸びをする。もちろん「サロン形式」は、現在では歴史を題材にした絵のなかに描かれるのみである。美術館はこの不自然さに気づき、二〇世紀のあいだに展示物は最小限に抑えられるようになった。もっとも壁に掲示される解説は別で、むかしは数が少なかったが、とくに多くの説明を必要とする芸術の展覧会では多用されるようになった。壁の絵の間隔が広くとられるようになればなるほど、美術館は大きくなっていく。壁はどんどんがらんとしていく一方で、壁の数は増えていく。

美術館疲れは肉体だけでなく、精神にもくる。芸術鑑賞と買い物をくらべてみればよくわかるが、店で買い物をするときは服を一点ずつ立ち止まりながら見たりはしない。どこでつくられたか、どうやってつくられたかを知るためにラベルを読むこともない。それが何を「いわんとしているか」、デザイナーの心のなかで何が起こっていたかを考えることもないし、隣に立っている人が細かいところまで食い入るように見ているようなのはどうしてだろうかと頭をひねることもない。売られている服が似合うかどうかを判断したら、それで終わりだ。しかし、美術館ではそうはいかない。美術館で人が吸収する感覚情報の密度だけを考えても、来館者が美術館ですごした時間を実際よりも長く感じる理由の説明がつくだろう。(23)

さらにいうと、現代の美術館ではゆっくり絵を見ることなど望めない。だいたい集団で芸術を見るという考え方自体がかなりおかしい。肩越しに六人がのぞき込んでいる状態で本を読みたいと思うだろうか。うしろの席の人が「これはジョー伯父さんの犬に似ているね」などとひっきりなしにしゃべっているのを聞きながら映画が見たいだろうか。「作品を歩きながら見ていく」(24)というやり方が、はたして芸術を鑑賞するのに一番よい方法かどうかも疑わしい。美術館評論家のケネス・ハドソンが疑問を呈したとおり、ものを考えるときはすわっていたほうがよいのではないだろうか。現状のようになったのは、きっと一九世紀の厳格な美学理論の名残にちがいない。芸術の鑑賞は贖罪《しょくざい》のための苦行のようなもの、人を寄せつけぬようなコンクリートの部屋で自己を見つめ直す行為に等しいのだ。これまでに一人や二人ではない美術館コンサルタントが、来館者に芸術への理解を深めてもらう最もよい方法は簡単なことだと助言してきた。コーヒーと椅子を増やせばよいのだ(25)。

研究者は早くから明らかな規則性に気づいていた。美術館に展示される絵画の数が増えるほど、利用者が一つの作品を見る時間はそれだけ短くなる。大きい美術館では一枚の絵画が目にとまる確率が低くなるのだ。イェール大学の心理学教授エドワード・S・ロビンソンによる一九二八年の研究では、「大規模な展覧会で一人の来館者が一枚の絵を見る確率は平均で約五パーセントであるのに対し、小規模なすぐれた展覧会での同じ確率は約三三パーセントである(26)」ことが判明した。これを聞けば、タイマンスもきっと一安心するだろう。美術館のなかにあってさえ、絵画は見過ごされるのである。

となると、メトロポリタン美術館などの大きい美術館を訪れる人は深海探査船の乗組員のようなものだ。酸素がつきる前にできるだけたくさんのものを見ようと張り切っている(27)。メトロポリタン美術館では、ウォルハイムに倣《なら》って一つの作品を二時間かけてみる人はまずいないだろう。少なくとも一度しかこない来館者にその時間はない。名画をできるだけたくさん見たいとうずうずしているから、ある展示室で一枚の絵を見ていても、すでに視線は人垣がでているフェルメールの『少女』に引き寄せられて気持ちがじりじりしている。研究によれば、私たちは一つの作品を見ているときでさえ、すでに次の作品が「気になっている」という[28]。大きい美術館はたくさんの作品が見られるかもしれないが、じっくり見るには小さい美術館のほうがよいだろう[29]。

美術館評論家のスティーヴン・ビットグッドによれば、私たちの美術館での行動はすべて効用を最大にしたいという気持ちで決められているという。払った金額に対して最大限の感動を得ようとするのだ。私たちは展示室に入った瞬間に足が右に向かう。右側を歩いてきたので、一番近い絵に少ない歩数でたどり着けるからである*。同様に、前に見た部屋にわざわざもどるために展示室を逆に歩くことはあまりない（来館者が順路をまちがえて鑑賞しはじめた場合、正しい順路にもどろうとして慌ててしまい、展示品を見るのがおろそかになることがいくつかの研究からわかっている）。

来館者の注意を引くという点では、展示場所がその絵の本来の質よりも大きい意味をもつ場合がある。スイスの美術館で行なわれた実験で、絵を展示室の中央から端に移すと、実験期間中に来館者がその絵を「訪れる」回数が二〇七から一七に激減した[30]。人は壁に貼られた長い解説を読みたがらないこともわかっている。一五〇語の解説を五〇語ずつの三つに「こま切れにする」と、読む人の数は二倍に増えた（また、解説が対象作品に近い位置にあるほどよく読まれた）。

不思議なことに、鑑賞者が額縁の横に掲示されたタイトルプレートを読む読まないにかかわらず、見る時間の平均値は変わらないことが別の研究で明らかになっている[31]。まるで体内の仕組みが各作品に時間の予算を割りふっているかのようだ。グループで来館した人も別々に絵を見る傾向があり、絵に最大の注意をそそごうとしているように見える[32]。美術館にきて誰かと話をすれば、それだけ作品を見る時間が減るし、感動もうすくなる[33]。美術館でのビデオ上映も、立ち止まって見る人は少ないとビットグッドはいう。それがどれだけ役に立つかが事前にわからないからだ――とくに近くに「手軽に見られる」ものがいくらでもある場合は。ビデオは人気がない。「ビデオ制作にたくさんの前払金を支払わないほうがよい」とある美術館研究者は助言している[34]。

メトロポリタン美術館をはじめとする大きい美術館で、山をなす視覚の至宝を目《ま》のあたりにすれば、一つの作品を見る時間が平均一七秒というのは合理的であるように思えてくる。そして立ち止まって作品を見るときにどんなことが起こっているかを調べはじめたところ、私はもっと短い時間でもよいかもしれない気がしてきた。

ある日のこと、私はメトロポリタン美術館でポール・ロッチャーに会った。ロッチャーはニュージャージー州にあるモントクレア州立大学の心理学教授で、タキストスコープ（瞬間

＊もちろん、展示室に入る前にどちら側を歩いていたかによる。イギリスでは左側を歩く人が多いので、展示室に入ると左に進むことが多い。

露出機）という装置を使って被験者に絵画の画像を五〇ミリ秒ずつ、次々に見せる実験をした。短い間隔で次から次へと画像を見せられると「逆向マスキング」という現象が生じ、前に見たものの残像が目に残らなくなる。ロッチャーによれば、これだけの速さで見せられた絵は網膜上で起きた「現象」でしかなく、まだ認識前の段階にある。だが、見たと認識する前でも、この「情景の概略情報」への視覚反応によって（実際にはその絵を――大ざっぱな言い方だが――ほとんど見ていなくても）一枚の絵についてさまざまなことがわかる。

たとえばフェルメールの『少女』をたった五〇～一〇〇ミリ秒見ただけで、どんな色か、描かれているのは男性か女性か、そして全体の形（たとえば左右対称かどうか）が見分けられる[35]。これは人物画なので、日常でそうであるように、私たちの視線はほとんど本能的にこの若い女性の顔に引きつけられる[36]（風景画の場合は、視線はもっと自由に動きまわる）[37]。目の動きを追う装置で測定すると、視線の大半は絵の中心部に集まっているのがわかる[38]。「絵の周辺部には目を向けませんね」とロッチャーはいう。「画家は中心視の視野が非常にせまいことを知っていて、重要なものを作品の中心に置くようです」。額縁についていえば、哲学者のホセ・オルテガ・イ・ガセットが指摘しているとおり、「その内側に見えるものを絵画に変える」ものだが、私たちは額縁にあまり注意を払わないようだ[39]。

　絵を見つづけていると「二重過程」（訳注：意思決定の過程で、直観的な推論と論理的な推論が相補的に展開されること）と呼ばれる現象が生じる。これはボトムアップ型の感覚器官とトップダウン型の認識装置のあいだで交わされる対話のようなもので、最初は対象のたんなる認識にはじまり、最後には画家の作風や意味論的な意味まで検討される。両者の対話を想像してみよう。ボトム「**見ろよ！　目と鼻と口があるぞ**」トップ「**ふーむ……女性のようだな。でも、実物じゃない。若い女性の肖像画だ**」ボトム「**おい、色もきれいじゃないか！**」トップ「**オランダの画家だろうな。**（記憶をしまってある部屋へ走っていく）。**フェルメールってやつだろう。あの光の具合をよく見ろよ**」ボトム「**わかった。またあとでな！**」

もちろん、「トップ」が発達しているほど「ボトム」の能力も向上し、両者の対話はより実り多いものになる。芸術の専門家は「よい目」をもっているといわれる。本当にもっているのはよい脳だ。ほかの人が気づかないものに気づくというよりも、どこを見るべきかを知っているということである。事実、熟練した芸術家の視覚走査の経路は、未熟な者のそれとはずいぶん違うことが研究によって繰り返し確かめられている[40]。

最初の五〇ミリ秒で私たちが認識する重要なことの一つは、それが好きかどうかだ。ドイツの心理学者ハンス・アイゼンクは、「絵画の美的価値の評価は、絵そのものを知覚するのと同時に起こっているのかもしれない」と述べている[41]。ロッチャーの研究では、絵を一〇〇ミリ秒見せるのを二回繰り返したあと、被験者にその絵がどの程度「好ましい」と思うかを質問したところ、結果は約三〇秒「じっくり見た」あとで好ましいと思う度合いとほぼ一致していた（ただし、見る時間を長くするほど、好ましく感じる度合いが大きくなった[42]）。「展示室にいる人々を観察すると、時間をかけて見ようと思わない絵を非常に素早く判断していますよ」とロッチャーは話す。

その速さでは、なぜ好きなのか、あるいはきらいなのかまではかならずしも考えていないだろう。彼らはまだ、著名な芸術教育家のアビゲイル・ハウゼンが美的鑑賞能力の「第一段階」と呼ぶところにいる。何が描かれているのかを見て、好きかきらいかを（主として自分がすでに知っていることにもとづいて）判断している段階だ。第二段階に進んで、その絵をどのように見るかを考えはじめる。この段階では「何を見てそう思うのか」を考える必要があるとハウゼンはいう(43)。そう問うことで、もう一度絵を見なくてはならなくなるからだ。

だがハウゼンによれば、大半の人はこの第二段階を経て第三、第四段階に進むことはない。この時点で絵画が「なじみの友人」(44)になり、最初は好ましく思えたものがじつはさほどのことはないかもしれないと気づきはじめるのだ。意外ではないと思うが、画家のブリューゲルはロッチャーの実験で最低の評価を受けた。ブリューゲルの絵は、一目見ただけではカントのいう「快適」と感じないのかもしれない。描かれている人物はたいていグロテスクで、色彩は茶色っぽくくすんでいる。多くの美術史家が指摘するとおり、どこに焦点があるのかさえわかりにくい(45)。

しかし重要なのは、それがなんなのかがわからないうちに、好きかきらいかがわかってしまうことだ。心理学者のロバート・ザイアンスは、あるものについてどう感じるかは認識した直後ではなく、認識するのと同時か、場合によっては前に決定されると主張した。つまり「好きになるには、まずそれについて知らなければならない」わけではないということだ。「ほとんどの意思決定についていえば、それに先行して実行される認識プロセスは、実際にあったと立証するのがきわめて困難なほどのものでしかない」とザイアンスは書いている。[46]
たとえば絵画を一〇〇ミリ秒で判断するときに、事前の知識が入り込む余地があるだろうか。情緒は強力かつ本能的な早期警戒システムとして、認識とは独立にはたらくとザイアンスはいう。「ウサギはヘビの牙の長さや模様の配置について立ち止まって考えてなどいられない」。ウサギはそれがヘビだと十二分に気づく前から、そのヘビに対してどう感じるかを知っていなければならない。そういうわけだから、私たちはもう一度考え直す前に、思ったことをどんどん書いてしまうのだ。

これはしごく妥当な反応に感じられるので、反証するのは容易ではないとザイアンスは論じる。確かに、一つの芸術作品に対してどう感じるかを決めるとき、直感に頼るのは自然だ。美術評論家はつねにそんなことをやっている。直感は私たちが世界をふるいにかけるのに役に立つ。そして好みとは、感覚の過度の負担に対処するための一種の認識のメカニズムにほかならない。ただし気をつけなければならない点が一つある。私たちは直感を正しく読みとっているとはかぎらないかもしれないということだ。

私たちは自分の好みがよくわかっていないかもしれない。旅先からお土産《みやげ》をもち帰ったとしよう。イタリア産のワインやバリ島の美術品など、現地で出会ったときはすばらしいと思ったのに、帰ってから見ると大したことはないと感じた経験はないだろうか。たぶん本当に気に入っていたのは、イタリアやバリ島にいることだったのだ。「情緒的判断は避けられないだけに、知覚や認識のプロセスと違って、焦点をしぼるのが容易ではない」とザイアンスはいう。情緒的判断は影響を受けやすく、簡単には制御できない。何かを好きだと思う気持ちは、ほかの人もそれを見ていること、それだけではなくどんなふうに見ているかにも影響される。しかめ面ではなく笑顔でフェルメールを見ている人がいれば、あなたがフェルメールを好きになる可能性は高くなるだろう。(47)仕事に熱心なあまりじろじろ人をにらみつける警備員の視線さえ、あなたの好ききらいを左右するかもしれない。(48)

考えを変える――より正確には、気持ちを変える――には一苦労する。「もとの認識の基礎が完全に否定されたあとも、情緒は消えずに残るものだ」とザイアンスは記している。(49)もう一つ厄介なのが脳だ。脳はパターンマッチング装置なので、前に遭遇したことのないものにはあまり好意的な反応を示さないのである。評論家のクレメント・グリーンバーグがチクリというとおりで、「独創的な芸術は、どれもこれも最初は醜悪に見える」。(50)私たちは好きでないものは見もしないだろう。「芸術作品に関しては、あまり性急に結論を出すべきでないと思う」と美術史家のリンダ・ノックリンは述べている。(51)「一目で気に入ったものが、二度め、三度め、四度め、五度めに見ても気に入るとはかぎらない」。人間は一枚の絵画の「概略情報」(52)を短時間でつかむ能力があるせいで、その絵のすべてを見つくした気になってしまうのだ。美術評論家のケネス・クラークは、時速五〇キロで走行中のバスに乗っていても、道端のショーウィンドウにすばらしい絵が飾られていれば見逃さないと豪語していた――ところが急いでバスを降りて引き返してみれば、「技巧はないわ、おもしろみはないわで、第一印象は裏切られた[53]」

　それにしても、美術館を訪れた大半の人の作品の見方は、何が好きかということにどんな影響をあたえるのだろうか。ある美術館が調査したところ、来館者は何かに目を引かれるまで、ただ歩きまわっていることがわかった[54]。これはよい作戦のように思える。好きでもないものに時間をかける必要がどこにあるだろう？　だが、目を引かれたものが本当に見たいものだという保証はない。最初に思わず知らず目が行くのは、大きい絵、とくに明るい色の派手な絵、さもなければ美術館員が「重要な」絵をかけたがり、鑑賞者の視線が集まりやすい壁の中央に飾られた絵かもしれない。また、ここにくればこれが見られると思っていた絵に目を引かれるだろう。

　このようなトップダウン処理の影響は、どちらかといえば絵画のタイトルプレートのようなものだ（タイトルプレートは、素人の鑑賞者が絵画のどこを見るかに影響することが研究によって示されている[55]）。ウィーンの美術史美術館を舞台にした傑作映画『ミュージアム・アワーズ』では、ガイドがブリューゲルの作品のならぶすばらしい展示室に団体客を案内する。ガイドは『聖パウロの改宗』の前で立ち止まり、この絵の焦点《フォーカス》を探すのがいかに難しいかを指摘する（『イカロスの墜落のある風景』で述べたとおり、これはブリューゲルの作品の特徴だ）。焦点はサウロだろうか（訳注：サウロはパウロの改宗前のユダヤ名）。そう思う、と一人が答える。作品名を考えればそうではないか。しかしそれにしては、落馬して地面に倒れたサウロがどこにいるのかよくわからないのはなぜなのか。なぜ手前の「馬の尻」のほうが断然目立っているのか。ガイドは考える余地はまだあるが、と前置きしてから、この絵の焦点は小さい男の子だと言いだす。「戦いに参加するには幼すぎる兵士」で、大きい兜《かぶと》に頭をすっぽり覆われ、「美しい木」の下にひっそり立っている。これは私の解釈ですよ、とガイドは念を押す。だが、私はそれまで目につかなかったこの謎めいた少年の存在を指摘されて、この作品を見るときにまずその姿を探すようになった。そうでなければ、この少年は私の目を引くことはなかっただろう。

評論家のフィリップ・ヘンシャーは、演劇やコンサートと違って、美術作品は各自が鑑賞者として「そのためにどれくらい時間をかけるかを自分で決める」と指摘する。(56) 鑑賞時間は「それにどれくらい興味をもっているかを示すよい基準になる」。しかし、この基準は万全ではない。ある作品が本当は好きなのに、見るべきものが多すぎて、次へ行かなければとあせる場合もあるだろうし、その絵にまつわる逸話を知っていたら興味を引かれた作品もあるかもしれない。たとえばデ・クーニングの抽象画だ。(57) デ・クーニングがお金に困って、どこにでもある並みの絵具を使っていたのをご存じだろうか。つまりは、私たちはフィードバックループにはまっている、ということになる。(58) 絵画を理解しようとして時間をかけるが、かける時間はどれだけ理解しているかで決まるのだ。

確かに、ほんの少し解説が必要な作品もある。たとえばゴヤの『砂に埋もれる犬』は、何かを見上げている哀れな一匹の犬の頭だけが描かれた絵だ。「この絵が何を意味するのかわからないが、言葉で説明できない悲哀が胸を打つ」と画家のロバート・ヒューズは書いている。* 一方、絵にこめられたものを誰も見ない——あるいは感じない——場合もある。プラド美術館所蔵のベラスケスの『ラス・メニーナス（女官たち）』は、フェリペ四世の私室にかけられていたときにはあったにちがいない意味をどこかで失ってしまった。(59) このことに関して、美術史家のマイケル・バクサンドールが「時代の眼」として語っている。それは私たちがもはや失ってしまったものの見方だ。たとえば一五世紀のイタリア絵画に用いられた顔料のウルトラマリンは信じがたいほど高価だったとどんなに教えられても、一五世紀と同じ渇望感をもってその色を眺め、「異国的で危険なにおい」を感じとることはできないにちがいない。(60)

注意を払っているつもりでも、私たちはさまざまなものを見逃しているだろう。ホイットニー美術館の来館者調査によると、美術館の音声ガイドを聞きながら鑑賞している人は絵の前に長くたたずむ傾向があるが、音声ガイドで解説されていない作品についてあとで質問されると、ガイドを使わずに見ていた人よりもじつはよく憶えていなかった。(61) 自分が好きな絵、もしくはきらいな絵を理解していると思って見る鑑賞者は、悪循環に陥る可能性がある。心に「報酬」の得られるようなものの見方、というものがあるのだが、彼らのやり方がそうで

＊　興味深いことに、最近になってこの作品の出所に疑わしい点が出てきたため、哲学的なおもしろいあらさがしの種《たね》になっている。本物でないものを見て感じるよろこびは本物のよろこびなのだろうか。

はないからだ。「報酬」を得ればもっと注意を払う意欲が湧き、それによって見えるものが増え、したがって報酬がさらに増えるのである。

同じ調査では、美術作品に情緒的な反応を引き出されるのを期待する気持ちが大きいことも示されている。人は感動したがっている。スタンダールシンドロームで経験されるといわれるような、崇高な美を眼前にして眩暈《めまい》がするほどの恍惚感を味わいたいと望んでいるのだ。なぜそれが好きなのかを深く突きつめていくような「知的な」反応には積極的ではない。これはすべてザイアンスの説と一致している。情緒は本能的なものなので、言葉で語りにくい。だから人間は言語を獲得する前から、言葉に頼らずに感情を効果的に表現する方法を身につけたのだろうとザイアンスは述べている（顔の表情は言葉よりも先に食べものの好ききらいを明らかにする）。私たちは「すごい」「ひどい」、あるいは「美しい」といった、厳密さを欠く言葉に頼ろうとする。

哲学者のルートヴィヒ・ウィトゲンシュタインは、とくに「すばらしい」という言葉にうんざりし――「もちろん自分の考えを適切に表現できない人はたくさんいて、この言葉をやたらに使う」――顔文字のような（数十年後にソーシャルメディアで多用されるようになった類《たぐい》のもの）イラストのほうが形容詞を使うよりも美に対する反応をよく表現できると主張した。[62] 哲学者のアラン・ド・ボトンは「非常に有名で人気のある絵について考えるときでさえ、私たちはなぜそれが好きかという根本の問いの前に押し黙ってしまいがちだ」と指摘している。[63]

こうして芸術に対する葛藤が生まれる。[64] この作品が好きだ（好きにちがいない）と確信できないし、なぜ好きなのかを説明することもできないからだ（好きな絵もしくはきらいな絵について言葉で容易に表現できるかが、しばしば好きという気持ちを誘発する一因ともいわれている）。多くの人が評論家に対してわけもなく反感を抱く理由は、これを好きになれと指示されるのがいやだからというのもあるだろうが、それよりもなぜ好きなのかを彼らが雄弁に語れるのがおもしろくないからではないだろうか。

芸術について考えることと、芸術に情緒的に反応することは相容《あいい》れないと考える人がいるようだが、しかしそう決めつけるのはまちがっているだろう。「思考を交えない感情はないし、感情を交えない思考はない」とザイアンスは記している。ある美術館コンサルタントが述べていることだが、イギリスのテート・ブリテンで歴史的絵画の展示室から現代美術の部屋にふらりと入ったときに来館者が失望を感じる理由には、作品にそそられないことばかりでなく、作品についての解説や逸話が豊富な展示室から、手がかりのない作品が飾られた手がかりのない部屋に、考える手がかりもなく放り出されることもある。[65]「彼らは腹を立て、『こんなのうちの四歳の子だって描ける』と、お決まりの不平を口にする。崖から突き落とされたようなものだからだ。手とり足とり教えてくれる人もなく、何の状況説明もない」

メトロポリタン美術館のジェフリー・スミスは、あるとき新しく所蔵品に加わったドラクロワの絵についてキュレーターが熱心に話すのを聞いた。その絵は現在八〇一展示室にかけられているフェリシテ・ロングロワの肖像画である。そのキュレーターによれば、描かれたこの女性はドラクロワと親しく、彼にとって母親のような存在で、若いころはナポレオンの愛人だったこともあるという。スミスはこの新しい情報を手に入れて、にわかにこの「老婦人の美しい肖像画」にこれまでになく注意を引かれた。「もっとよく見」なくてはいけない。ドラクロワの心をそれほどまでに動かした女性（彼女の死は「すべての感情が喪失する予兆であり、ほかの誰との友情もそれをよみがえらせることはできない」とジョルジュ・サンドに宛てた手紙に書いている）はどんな人物だったのだろう？　この絵のどんなところに画家の深い敬意が表われているだろうか。絵そのものは少しも変わっていないのに、それはもはや前と同じ絵ではなく、スミスもまたその絵の前では以前と同じ人間ではなかった。知れば知るほど、その絵にもっとたくさんのことを感じられるようになった。以前はそんなことはなかったのに、彼はその絵に目を奪われただけでなく、ある意味で心も奪われたのだ。しかし、そうなるにはその前にその絵のことを理解する必要があったのである。

芸術を見る脳を見てみると

芸術はどのようにして私たちに衝撃をあたえ、頭のなかにとどまり、私たちを変えるのだろうか。芸術に「反応」しているとき、私たちに何が起こっているのか。芸術に対する反応はおいしそうな料理に対する反応と生物学的、神経学的に違うのだろうか。そして芸術に気づきにくく、まして心を動かされることのなかなかないのが私たちの性向ならば、一つ疑問が湧いてくる。展示室（あるいは日常生活）で受けとるあふれるほどの印象のなかで、より本能的に引きつけられるものはあるだろうか。

　ある日の午後、私はカリフォルニア州バークリーのスケートパークの向かいにあるニューロフォーカス社のオフィスで、ディスカバリーチャンネルの番組《プラネットアース》のプロモーションビデオをフラットモニターで見ていた。映像は贅沢なほど美しく（マッシュルームがゆっくりと生長していくタイムラプス映像）、衝撃的（泳ぐゾウの水中映像）で、暴力的（ねらいをさだめたチーターがシマウマを仕とめる瞬間）だった。感動的なバックミュージックは水中からジャンプするサメの映像のところで最高潮に盛り上がり、番組が壮大かつ崇高に感じられた。だが、疑問が浮かんできた。サメはジャンプしたかもしれないが、その姿ははたして、私の脳に記憶として残ったかどうか。

　ニューロフォーカスのマーケティングディレクターであるアンドルー・ポールマンは、「驚いたね、サメに心をつかまれないなんてめずらしい人だ」とあとで私にいった。目の前には小刻みに振動する細い線が描かれた紙が広げられていた。線の一本一本が脳の電気生理学的な活動の変化に対応している。脳波を測定するために、私は食堂で働く人がかぶるヘアネットみたいなキャップをかぶり、たくさんの脳波測定用センサーを頭につけた。そのとき整髪料のジェルのようなものをぬられたが、それは伝導性を高めるためだ。

「センサーは六四個。それぞれが一秒間に二〇〇〇回測定します。つまり毎秒一二万八〇〇〇データポイントです」とCEOのA・K・プラディープがいう。「EX02」の線が最大の棘波《きょくは》を発生している。「これはまばたきのせいですよ」と説明してくれたのは科学顧問チーフのロバート・ナイトだ。ナイトはカリフォルニア大学バークリー校ヘレン・ウィリス神経科学研究所の所長で、ニューロフォーカスに招かれている。「まばたきは大きな人工雑音《アーチファクト》の発生源になります。まばたきして目を閉じると眼球が上を向き、それで生じた電位が脳全体に広がるんですよ」

このような被験者に起因するノイズは別として、調査会社最大手のニールセンの子会社であるニューロフォーカスが脳波図の鋭いピークから見つけようとしているのは、被験者が何かに注目するときの前兆である。私が目の前のフラットスクリーンをぼんやり眺めているだけでなく、激しい電気活動が示すとおり、見たものに注目し、記憶し、感動さえしていることを確かめるのが目的だった。

これは長いあいだ求められてきた広告業界の聖杯だ。一九世紀末、ミネソタ大学の「生理心理学」講師だったハーロウ・ゲイルが「無意識の注目に関する問題」と題する研究に着手した。念頭にあったのは広告である。

ゲイルは単純だが巧妙な実験を考案し、被験者を暗い部屋にすわらせた。壁にはさまざまな商品に関する言葉と写真が掲載された雑誌のページが貼られ、それに短時間光をあてた。それから被験者に見たものを思い出させた。ゲイルが関心をもっていたのは、被験者が何を見たかということもあったが、「広告の無意識的な効果と意識的な効果の対比」である。ゲイルは文章を読むときの視線の動きのパターンから、「ページの左側の絶対的な優位性」を発見した。また、白地に黒い文字は男性の注意を最も引くのに対し、女性は赤い文字に引きつけられるようだった。生まれてまもない心理学という分野が、いまやマスメディア広告という新しい研究分野に出会おうとしていた。

ゲイルが知ろうとしたのは人がどんな広告を見るかだけでなく、ほかよりも強く反応する広告がある理由だった。そして漠然とした疑問がそれ以降彼の心に残った。私たちの芸術の好みに関する疑問と同じものだ。「多くの人が無意識に判断しながら、いざとなるとそう判断した本当の理由をまったく説明できないのはどうしてなのか[66]」

一八七一年、ドレスデン市民はハンス・ホルバイン（子）の展覧会に詰めかけた。歴史に名を残す巨匠への純粋な敬意からであったのはもちろんだが、ロンドンの《アートジャーナル》誌が「記憶にあるかぎり最も興味深い芸術論争の一つ」と呼んだものに引きつけられたのである[67]。展覧会の目玉として、ホルバインの最高傑作と認められている『バーゼル市長ヤーコプ・マイヤーの聖母』の二つのバージョンが展示された。問題はその「ドレスデン」版と「ダルムシュタット」版のどちらが本物なのか、誰にもわからないことだった。それでも美術史家や評論家が長年それぞれの来歴を研究し、筆致を調べてきた結果、これまで贋作と思われていたダルムシュタットの絵がじつは真作であるという驚くべき合意が生まれつつあった。《ニューヨークタイムズ》紙はダルムシュタットの聖母について、「ドレスデン版と比較すると、確かに出来ばえに独特の均一性と統一性が認められる」と報じた[68]。

この論争に加わったのがグスタフ・フェヒナーである。物理学の教授を務めた経歴をもつフェヒナーは、知覚の度合いを数値的に測定しようとする学問「心理物理学」を創始した。現在でもモニターを集めて行なう消費者テストにフェヒナーの影響が残っている。フェヒナーはホルバインの絵の真贋に関する研究の一助にするという名目で、ホルバイン展に集まった一万一〇〇〇人を超える人々にアンケートを配布した。どちらの作品が聖母をより美しく描いていると思うかと質問することで彼が本当に知ろうとしたのは、どちらが好きかということだった。

ところがこの調査は大失敗だった。回答してくれた人がほとんどいなかったのだ[69]。回答した人は、ダルムシュタット版のほうが好きだと答えた*。フェヒナーはこの結果に驚いた。鑑賞者はより古そうな暗い色調のダルムシュタット版をあまり好ましくないと感じるだろうと予想していたからだ。それが逆だったのは、「古めかしく見える」ほうがより本物らしく、好ましいと思われたのだろうとフェヒナーは考えた[70]。しかしのちの心理学者は、この調査は手法に問題ありとした。回答者の判断にどんな第三の因子が影響しているかわからないからである（たとえば多数の新聞記事がダルムシュタット版を推していた）。

だがその点を別にすれば、フェヒナーの研究は考え方としては斬新だった。ほとんど同じ二枚の絵をならべて、大衆にどう思うかと質問する。「実験美学」として知られるようになったフェヒナーの研究は、科学的手法を用いて人の美の選好を「民衆の側から」解明しようとするものだった[71]。

フェヒナーが知りたかったのは、教養ある人はこれが好きなはずだと一九世紀の美学が唱えるものではなく、一定の実験条件のもとで提示されたときに人々が本当に好むものである。芸術の趣味が社会的な理由で決まることがあるのを彼が考慮しなかったわけではない。「ラファエロ、ミケランジェロ、ティツィアーノ、アルブレヒト・デューラー、そしてオランダ人画家を好きでなくてはいけないと、誰もがわきまえている」(72)とフェヒナーは書いている。それなら新しい画家や知らない芸術家の作品の前に立ったときはどうか。

そこでフェヒナーはこの問いを、最も基本的な刺激に単純化して実験した。被験者に幾何学図形を見せ、そのなかに有名な「黄金長方形」――縦横の厳密な比がほとんどの人の美的感覚のスイートスポットにはまるような長方形――を混ぜたのである。こうしてフェヒナーは好みを説明するのに成功したようだ――黄金長方形には（あるいはヒュームによれば、人には）ほかの長方形よりもそれを選ばせる本質的な何かが備わっている、と。だが、この説明は正鵠《せいこく》を射ているのだろうか。彼の研究は、そこにもここにもある長方形が選好されることを示しただけではないかと批判された。(73)被験者がただ見慣れた長方形に似ているものを選んだだけではないとどうして言い切れるだろう？(74)おそらく好みというものはただの習慣な

＊　ダルムシュタット版はしだいに真作として認められるようになり、美に関する大衆の洞察力の確かさが証明された。ダルムシュタット版は二〇一四年初めに、ドイツ人実業家に七〇〇〇万ドルで買いとられた。

のだ。その二つの違いをいったい誰が解明できるだろうか。

フェヒナー以後、芸術への複雑な反応を段階的尺度上の一つの変数（美しさや快《こころよ》さなど）に矮小化《わいしょうか》してしまうことに大勢が異を唱えた[75]。現在では、近代的な神経科学の発展によって新しい希望が生まれ、脳研究から芸術への反応を説明できるのではないかと期待されているが、その一方で、古くからの批判もかたちを変えて残っている。すなわち、芸術への反応が電気信号になど変換できるものなのか、と。

この疑問がずっと胸に引っかかっていた私は、自分でもよくわかっていない芸術に対する感情について神経活動は何を教えてくれるのかを知りたくて、ユニバーシティ・カレッジ・ロンドンの神経科学教授セミール・ゼキに会いに行った。ゼキは「神経美学」という言葉の生みの親として知られている。名前からわかるとおり、神経美学はｆＭＲＩ（機能的磁気共鳴画像）の時代に合うように改められた新式の経験主義的な美学であり、美的体験の根底にある「神経法則」を見出そうとする学問分野である。ゼキにいわせれば、議論の余地がないわけではないものの、芸術家は脳の「潜在的な能力や機能を探り」、彼のいう「視覚脳」を刺激しそうなものを、ときに超自然的ともいえそうな力で作品中に組み入れる神経科学者なのだ。[76][77]

たとえばモンドリアンの直線の交差する絵は、その直線の配列を好む神経細胞のはたらきを活性化するのかもしれないと、ゼキは著書『脳は美をいかに感じるか』で主張している[78]。

だとしたらモンドリアンを好きだという気持ちは、私たちの芸術鑑賞細胞の好みということになるのだろうか。その細胞は忠実な犬のように、世界中のどんな直線にも反応するわけではないのか。モンドリアンに心を動かされないとしたら、それは自分の直線志向細胞の不具合のせいなのだろうか。モンドリアンの作品を理解するために、その細胞を再教育することはできるのか。これは決して途方もない話ではない(79)。人は左の背外側前頭前皮質《はいがいそくぜんとうぜんひしつ》に経頭蓋《けいとうがい》直流電気刺激のパルスを受けとると、そのとき見ている画像をより好ましいと感じるらしい。

　ゼキに会いに行くと、彼のオフィスはモンドリアンのマグカップやら何やらのこまごまとしたものであふれていた。初めて会った彼は、芸術との出会いからよろこびや謎をはぎ取ろうとして手ぐすねを引く狂信的な合理主義の理論家ではなく、目をきらきら輝かせた物腰のやわらかな紳士だった。人間の心の探究に情熱をそそぎ、それと同じ強さで芸術を愛し、心と芸術がどんな関係にあるかを知りたいと真摯《しんし》に願っている、そんな人物である。「神経科学では美や芸術を説明できないというのが一般的な考え方です」とゼキは切りだした。「しかし、そもそも私たちは美と芸術を同じものだと考えていない。さらに、美と芸術のどちらも説明しようというつもりはない。脳のことがいくら詳しくわかっても、ベートーベンの交響曲をあれ以上すばらしいものにはできないでしょう」。私はまるで、学者仲間からは芸術よりもましなことをやったらどうかとやんわりいわれ、芸術家からは芸術は神経科学でとらえられるようなものではないといわれた神経科学者の、無礼な仕打ちに対する精いっぱいの弁明を聞いている気がした。

ふつうの人が絵画を見るときには、脳のなかで何が起こっているのだろうか。そのときの反応が、その絵が芸術とみなされる理由となんらかの関係があってもなくても、絵についての知識を作品への評価に含めないのは、無教養で非科学的でさえあるように思える。フランシス・ベーコンの描く、顔が激しくデフォルメされた人物画のことを考えてみよう。ゼキはこう語る。「フランシス・ベーコンの作品を美しいという人はいません。色彩や色調など、美しさ以外の長所はいろいろと挙げられるでしょうし、人間の残酷な真実を表わしていると解説してもいい。でも、美しいという人はいない。恐怖の部屋と呼ばれているくらいです」。そしてその理由の一つは、ひどくゆがんだ顔に対する脳の本能的な反応にあるのかもしれないと指摘する。人間の顔、とくに魅力的と感じる顔以上に脳が強く反応するものはないといってよい。子宮を出てわずか数週間の赤ん坊がすでに見た目で選び、美しい顔をより長く見つめる。私たちは顔を顔として認識する前から、顔の魅力を判断できさえするらしい（これはきわめて本能的なので、顔を評価しようと考えただけで快感が半減するらしいことが報告されている[80]）。肖像画を見て好きだと思うかどうかは、描かれた人物の知覚的魅力と相関関係がある[81]。

やがて何度となく目にするうちに、きれいな顔を見たときの快感は残念ながら少なくとも神経信号としては静まっていく。だが、脳の反応が決して弱まらない種類の顔が一つあるとゼキはいう。ひどく形のゆがんだ顔だ。「被験者にゆがんだ顔とゆがんだ物体の画像を見せると、ゆがんだ物体にはすぐに慣れる。前頭皮質の活動はすぐに収まります。ゆがんだ顔の場合はそうはいかない。ゆがんだ顔にはどうしても慣れることができないのです」。ベーコン自身が「視覚的衝撃」と呼んだ彼の作品は、たとえばキュビスムとは違うやり方でこの生得的な反応を利用しているらしい（キュビスムの作品のデフォルメはそれほど暴力的ではないからだろうとゼキはいった[82]）。ベーコンの伝記を執筆したマイケル・ペピアットは、『頭部1』のような作品の効果は「そのイメージが脳内で説明される前に、何かふつうでない、もの、不気味なほど不快なもの」に対して神経に注意を喚起することだという洞察に富んだ指摘をしている[83]。

神経科学はペピアットの見方を支持している。視覚的な衝撃は、もう一つの形のゆがんだ顔、すなわち完全に左右対称の顔を見たときも、同じように強く感じられるらしい。これまで「対称性」は顔立ちの美しさに「等しい」と当然のように考えられてきたが、現実には、どんな人間の顔にもある種の非対称性がかならずある。カリフォルニア大学ロサンゼルス校の神経科学教授ダリア・ザイデルが話してくれたとおり、「完全に左右対称な顔はかえって不自然」なのだ[84]。「黄金比」、すなわち普遍的に好まれる非対称性の比率というものも存在しない。画家と同名の著名な哲学者フランシス・ベーコンが述べているが、「あらゆる美は、いくらか比率が妙なものだ」。たとえば顔の左側はたいてい右側より表情がゆたかで、そのせいで左側のほうがしわが多い[85]。そして「顔が非対称なものであるなら、観察者の脳がその非対称性に気づくはずだということです」とザイデルは指摘する。実際、芸術家は表情ゆたかな顔に見られるこのアンバランスに気づいていたのかもしれない[86]。なぜならルネサンス期以降のヨーロッパの肖像画家は、モデルが女性の場合はとくに左側の横顔を好んで描いているからである。

コンピューターで生成された完全に左右対称な顔を見ると、脳内にむず痒さを感じる。二つの正方形の前後が入れ替わって二通りに見えるネッカーキューブのような反転図形を見たときの「パタリとひっくり返す感じ」に似ていなくもない。「左右対称の顔は怪物みたいですよ。そんなものは現実の世界には存在しませんからね」とザイデルはいう。おもに顔認識にかかわる脳の紡錘状回《ぼうすいじょうかい》はこのとき、自分が抱く世界についての仮説が侵犯されたと判断するのだ。「脳は何を顔と認識するかについて、非常に細かいのです。左右対称の顔を見ると、脳は二度見するほど驚きます」。ベーコンのデフォルメされた顔の絵を見たときと同様、何を見ているのかをあなたが認識する前に、脳が認識するのだ。ただし、だからといってこのことは、ベーコンがすぐれた画家だと——すぐれているかどうかはともかく、少なくとも画家であると——評価する理由にはかならずしもならない。ゆがんだ顔が見たいだけなら、普段は見ない医学情報誌の写真でも見れば事足りる。だが、ベーコンの作品がこれ以上のない根元的なレベルで私たちに影響をあたえると知っていれば、そのことは作品に対する評価プラスにはたらくのではないだろうか。ドラクロワの絵に描かれた女性の素性を知ったために、スミスがその絵をもっと好きになったように。哲学者のルドルフ・アルンハイムは、芸術があたえるよろこびとアイスクリームがあたえるよろこびは違うと述べた。神経科学はアルンハイムのこの言葉が芸術愛好家の語るただの気休めではないと証明する方法をあたえてくれるのではないだろうか。

ゼキのオフィスで話したあと、私たちは連れ立って絵を見に出かけた。ナショナル・ギャラリーにはティツィアーノの自画像と考えられている絵がある。その絵を見ながらゼキがいった。「この絵で彼は顔をややそむけさせて描くというテクニックを使っています。当時のベネツィアには、他者すべてに対して侮蔑や傲慢さを表わす方法があった。そしてこの斜めを向いた顔が侮蔑のしるしだというのはいまもそうですから、私たちの脳がいまもむかしも顔について同じ解釈をしていると考えてよいのです[87]」

その後、ギャリッククラブ——滑稽なほど優雅な会員制クラブで、会員はeメールを交わすかわりに、乳白色の封筒に入れたメッセージをロビーに残す習わしがある——で昼食をとりながら、ゼキは私にこういった。「脳には美を体験させてくれる基本的な部位があると思いますね。反応する対象にどんな特徴があるかは、美術史家にお任せしますよ」

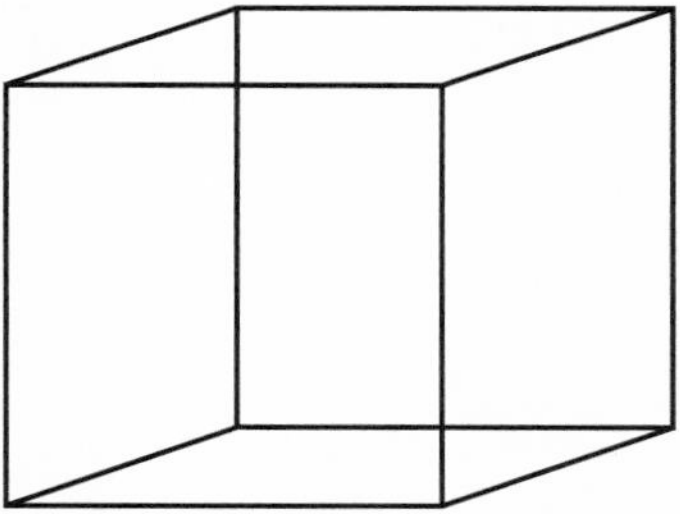
ネッカーキューブ

芸術が芸術として広く認められるのは、鑑賞者の生得的な好みに応えたり好みを映し出したりするからというよりも、むしろじつは芸術作品に好みを操るところがあるからかもしれない。人間はフラクタル図形が好きでたまらないらしい。これは図形の一部を拡大していくと全体の形によく似た形が繰り返し現われる幾何学図形のことで、自然界では雪の結晶や樹木の枝に見られる。画家のジャクソン・ポロックの絵を分析したところ、彼の有名な抽象表現主義の作品にはフラクタル図形が隠れていた。だが、発表当時は悪評を浴びたことを考えると、フラクタル図形だけではポロックの芸術家としての成功は説明できない。

ところが、物理学者のリチャード・テイラーらのグループは、さらに興味深い事実を発見した。[88] フラクタル図形が見る人に好ましい印象をあたえるのは、複雑さの指標であるフラクタル次元の数値が一定の範囲内にある場合にかぎられるが、ポロックが技法をきわめた晩年に描いた最も有名な絵は、その範囲からはずれているというのである。テイラーらは、あたかもポロックが鑑賞者に挑み、混乱させて、好みの限界を広げさせようとしているかのようだと述べている。なるほど、もし脳が対称性を期待しているのなら、対称性を破ること以上に注意を引ける方法があるだろうか。書体についていえば、読みやすいフォントが好まれる。当然だ——私たちは処理の容易なものが好きだからである。ところが、書体をもっと処理の困難な読みづらいものにすると、読者はその文章が伝える情報をより強く記憶しているらしいことが研究によって明らかになっている。[89] これと同じように、芸術もわかりやすぎると忘れられるのも早いのだろう。

神経美学への批判の一つに、マルセル・デュシャンが芸術作品に仕立てた男性用小便器と工務店で売られている小便器を神経学的に区別できないなら、この学問は役に立たないというものがある。もちろん、デュシャン本人がその違いを説明しなければ、ほかの誰も区別できないだろう。のちにデュシャンは、このレディメイド作品が「芸術品としての美しさ」を称賛されるようになったことに「ひどく衝撃を受けた」と認めているのだ[90]。芸術そのものは、何が芸術であるか、何がすぐれた芸術であるかを決めるのが得意ではない。評論家のアーサー・ダントーが指摘したとおり、アンディ・ウォーホルが有名な彫刻作品『ブリロ・ボックス』を制作したとき（訳注：ブリロは食器洗いパッドの商品名）、より関心を集めたのはこの作品は芸術か否かということよりも、この作品が忠実に模した本物のブリロの箱（芸術家のジェイムズ・ハーヴェイがデザインした）のほうはなぜ芸術ではないのかという問いだった。その理由は「目に映るところにはない」とダントーは指摘する[91]。しかし、脳にはとどいている。本物のブリロの箱は「商業美術」だからだといってもよいとダントーは言い切る。

　この区別が妥当かどうかは検討の余地があるが、少なくともある実験では、被験者に芸術としての価値を探すつもりで対象を見させたときと、ただ見させたときとで脳の活動が異なることがわかっている[92]。つまり、なんでも芸術になるというわけではなくても、どんなものも芸術として見ようとすることはできる、ということだ（なにしろウォーホルは、「私は自分が普段美しいと思ったものを描くだけだ」といっている[93]）。芸術を芸術たらしめるものはなんだろうか。この問いに対して、アートワールド（訳注：ダントーによる概念で、芸術理論と芸術の歴史に関する知識からなる場のこと）が芸術だといえば、それは芸術なのだというダントーの答えは有名だ[94]。迂闊《うかつ》に口をすべらせてしまったようなこのトートロジーから、タイマンスの実験にも通じる問いが生じる。[95] あるものが芸術であると教えられることは、私たちの芸術への反応にどれくらい影響しているのだろうか（答えは、大いに、なのである）。

ふつうの人は、たとえ視覚芸術の熱心な愛好家でも、芸術について思索する哲学者ほど頻繁に画廊や美術館を訪れない。また、作品を様式に照らしたり、作品に込められた意味を見出したり、今日《こんにち》的な芸術論に通じようとしているわけでもない。比喩的にも実際にも、目を引かれたものを見る。そして、好きだと感じるものをより長い時間をかけて見る。

見ることはそれ自体が快になる。ニューヨーク大学アートラボ所長の神経科学者エドワード・ヴェッセルをロウアーマンハッタンにある彼のオフィスに訪ねたとき、ヴェッセルは数年前のアーヴィング・ビーダーマンとの共同研究中に、脳の腹側《ふくそく》視覚路にオピオイド受容体があるらしいと知って驚いたと話してくれた。[96] 通常、腹側視覚路は対象の形状の認識に関わる部位である。オピオイド受容体はそれまで、痛みの伝達経路と報酬経路で合成オピエート（ヘロインなど）と結合すると考えられていた。そのオピオイド受容体が「視覚」野《や》で何をしているのだろう？ ヴェッセルは、脳内の視覚表象と意味を形成する経路と、よろこびを得る経路とのあいだのなんらかの結びつきをオピオイド受容体が「取りもって」いるのではないかと考えた。そして知覚情報の処理が進んでいくと、報酬の効力が現われはじめるとの説を立てた。

ここからまた疑問が生まれるのは当然だろう。私たちが快いと思う光景はいったいどういうものなのだろうか。ヴェッセルはこういう。「私とあなたが同じ好みだとしたら、二人の好みに同時に作用する何かがこの世界にはあるからでしょう。あるいは私たちの内にある世界の姿がとてもよく似ていて、その内在する仮想の世界から好みが生じるからかもしれない」

ある研究で、ヴェッセルらは被験者に現実の光景といくつかの「抽象的な刺激」への好みを評価させた。現実の光景への好みは非常に安定していて、被験者のほぼ全員が駐車場の画像よりも自然の画像を選んだ[97]。だが、抽象的な画像について感じたことをいわせたところ、好きなものはばらばらだった。ヴェッセルの説明はこうである。具象的な画像の場合は、私たちはそれを解釈して「意味」を引き出すことができ、その意味は被験者に共通して成り立つものだ。ところが抽象画像の場合、被験者（そして彼らの脳）は、タイトルプレートのない非具象的な芸術作品の前に立たされた気の毒な鑑賞者と同じように、自分で整理して意味を探し出さなければならず、そのために好みが分かれるのだ。

抽象表現主義が全盛を迎えた二〇世紀半ばに、ふつう文化的な意味をはぎとられている非具象芸術は、一種の「普遍言語」として機能しうるという主張が生まれた[98]。だが、抽象芸術が受け入れられにくいものであることは、数々の研究が示している。人は意味のあるもののほうを好むらしく、だから抽象主義の作品でもなんらかの情報や位置づけ——タイトルでもよい——をあたえてやれば、その作品をより好きになるようだ[99]。

神経科学は、私たちの芸術への反応の謎を解明したりその影響力を弱めたりするどころか、それらを確認しているだけなのだろう。現在のアルゴリズムは、被験者がどの顔の写真を見たかを神経活動の特徴のみから偶然の一致を上まわる確率であてられるという。[100] だが、こうした神経活動の「解読装置」は、その人のことだけしかわからない。同じように、芸術作品に対するあなたの神経反応のパターンは、私のものと同じではない。一カ月前のあなた自身のものとさえ違っているだろう。

　しかし、私たちの好みは人それぞれに大きく違っても、脳の活動の一部はたとえ別々の作品を見た場合でも、びっくりするくらい似ているかもしれない。ヴェッセルと共同研究者らは、芸術――私たちが好きなタイプの芸術――が私たちにどんな作用をおよぼすかをテーマに、きわめて興味深く示唆に富んだ調査を行なった。ある実験では、被験者はスキャナーのなかに横たわり（普段はこんな格好で芸術を見ることはないが）、ある絵にどれほど心を動かされたかを1から4までの尺度で評価するように求められた。評価尺度にはありがちだが、「心を動かされた」というのは尺度として適切ではないかもしれない。それでも一つの反応であることにはちがいない。被験者は新しいもの、古いもの、見慣れたもの、知らないものなど、多種多様な芸術作品を見せられる。彼らの評価に共通点はほとんど見られなかった。しかし被験者が最高の4をつけた絵を見たとき、興味深い現象が認められた。最高評価を受けた絵だけが、内側《ないそく》前頭前皮質を含む脳の複数の領域、いわゆるデフォルトモードネットワーク（ＤＭＮ）を活性化させたのだ。

　ＤＭＮは、脳の活動を画像化する初期の研究で偶然といえば偶然に発見された。被験者はある作業をするように求められ、作業をしているあいだに脳の反応が観察された。しかし作業と作業のあいだの実質的に何もしていないときに、脳の複数の領域が活発に活動することに研究者は気づいたのである。DMNの正確な役割はよくわかっていない。脳活動のバックグラウンドモニターかもしれない。あるいは課題から注意がそれて思考がさまようマインドワンダリングの状態なのかもしれない。被験者が何かをするように求められると、DMNの活動は低下する。

だとすると、心をゆさぶる芸術は私たちをぼうっとさせて、美の瞑想へ誘うのだろうか。神経活動の頂点を示す脳波の鋭いピークはどこへいってしまったのだろう？　DMNはヴェッセルが「内部指向認識」と名づけた状態にあるときに――つまり自分のことを考えているときに――急に活動を開始することがわかっている。心を動かす芸術作品を見ると、自分自身について考えているときとよく似た神経活動が一気に生じるのだ。「すぐにカントのことを思い出しましたよ」とヴェッセルはいう。「カントは美について論じながら、人が外部の対象を見るとき、その人の心のかたちとその対象がいかに共鳴するかを語っていましたからね」

不思議なことに、ただ見ているだけのときにはDMNは活性化しない。しかもまた休息しているときは、視覚に関連のある脳の領域の活動は低下している。ヴェッセルのいうとおり「外部の情報を取り込んでいない」わけだ。それなのに被験者が最も心を動かされたと評価する作品を見るときは、DMNと視覚のネットワークの両方が活性化する。それが「美的体験というものの目印」なのかもしれないとヴェッセルは推測する。ジョン・デューイが述べたとおり、「作品の性質とそれが呼び起こす感情とが完全に浸透しあって一体になる」状態である。[101] 私たちは内と外を同時に見ながら、「自分の周囲の世界だけでなく、自分自身についても何かを学べるひらめきの瞬間を経験しているんです」とヴェッセルは語る。

これがよいとどうしてわかるのか

美術館を訪れて、うす暗い片隅に飾られた目立たない絵に心をわしづかみにされ、ほかの人はどうして誰もこの絵に目をとめないのだろうと不思議に思った経験はないだろうか。もっとたくさんの人に見てもらえれば、この名もない傑作はもっと有名になるだろうに。あるいは逆に、美術館でいつも人だかりがしている有名な作品にも、ほかの場所にひっそりと展示されている作品におよびそうにないものがあるだろうと思ったことがあるかもしれない。

一九九〇年代の初め、心理学教授のジェイムズ・カッティングは、芸術の最高傑作とは一種の大々的な単純接触の結果ではないかと考えるようになった。[102] 憶えておいでと思うが、第1章で述べたように、あるもの——ヌーベルキュイジーヌから新しい歌まで——にふれる機会が多いほど、好意度が高まるというのが単純接触効果である（さらにいえば、好意度が高まるのは、おそらく多く接触するほど対象に関する情報が処理しやすくなり、脳の好む「流暢性《りゅうちょうせい》」が高まるからだ）。しかしカッティングが話してくれたとおり、単純接触効果の実験はこれまで被験者の日常の生活にほとんど関わりのない画像が使われた。ランダムな幾何学図形や漢字（被験者が漢字を読めない場合）などだ。

　絵画を使った実験も行なわれたが、たいていは非具象芸術の見慣れない作品が使用された。では古典も古典、誰でもどこかで見たことがあるだろう名画ではどうだろう？　この実験をするには、芸術好きの人々がどんな絵に接触したことがあるかを知る必要がある。単純に本人たちに質問するわけにはいかない。前に見たことがあるのを知らなくても、単純接触は効果を現わすらしいことがわかっているからである。

　カッティングはおもしろい解決方法を思いついた。まず、ギュスターヴ・カイユボットのコレクションから「サンプル」の絵を選んだ。一八七七年の『パリの通り、雨』――シカゴ美術館にある本物でなくても、画集などで見たことがある人は多いだろう――で知られるフランス印象派の画家カイユボットは、熱心な印象派絵画の収集家でもあり、セザンヌやモネ、ルノワールの貴重な作品の数々を買い集めている。それらは少なくとも今日《こんにち》ではきわめて貴重なコレクションとされ、オルセー美術館に誇らしげに展示されている。だが、カイユボットの時代には、彼がコレクションをフランスの国立美術館に寄贈しようとしても、容易に受け入れてもらえなかった。

　カッティングはカイユボットの印象派コレクションから六六点を選び、それぞれを別のもう一枚の絵と組みあわせた。同じ画家による同じ作風の絵で、ほぼ同じ題材を同時期に描いたものだ。カイユボットの選に漏れた絵だろうとカッティングはいう。こうしてそろえた全部で一三二枚の絵がこれまでにどれほど頻繁に見られてきたかを調べるために、カッティングは途轍《とてつ》もなく根気のいる調査を開始した。ボルヘスの小説の登場人物さながらに（疲れを知らない大学院生と一緒に）コーネル大学の図書館に入り浸り、所蔵されている膨大な数の美術書をめくって一三二点の絵画の採録回数を一枚一枚数え上げたのである。

このやり方は、これらの絵画が文化にどれだけ痕跡を残したかを知る正確な尺度のように思える――グーグルのNグラムビューワーの視覚芸術版といってよい。「あのころの私は最悪の状態でした」とカッティングは語る。夫人を亡くしたあとで、つらい時期だったそうだ。図書館通いのような「機械的な」作業に没頭するのは救いになったという。「大勢の人がやっているいいかげんな調査にはほとほとうんざりしていましたからね。私は本当に徹底した調査がしたかったんです」

データの収集が終わったところで学生を集め、二枚一組の絵を見せてどちらが「好きか」をたずねた。わずかだが「有意の」差で被験者が選んだのは、採録頻度の高いことが調査で判明していた絵だった（ただし、見たことがあると答えた被験者の数にほとんど差はなかった）。年齢の高い被験者でも同じ結果が出た。もちろん、この結果からただちに被験者の好みが単純接触で決定すると結論することはできない。よい絵だから採録回数が多いとも考えられる。だが、たとえフィードバックループがあったとしても、なんの理由もなくループが生じたわけではない。要するに、名画はそれだけのものがあってその最高の地位に押し上げられるからだ。

だが締めくくりとなる実験で、カッティングは無作為に選んだ絵にもっと集中的に接触させればその図式を変えられるのではないかと考えた。[103] そこで知覚と認識の初歩を教える一年間の講義で、前の実験で使用した絵画を授業の初めや途中に何もコメントせずに約二秒ずつ学生たちに見せた。ただし、この授業ではあまり知られていないほうの絵を多く見せた。そしてそれがほとんどの場合、学生の好んだ絵だった。カッティングが明らかにしたかったのは、どんな絵が名画とされるようになるのかということよりも、どんな絵がならないかということだったのである。そういう絵は本当に劣る絵なのか、あるいはただの気まぐれか偶然、もしくは政治的理由で見過ごされてしまい、結果的に「あまり好まれなく」なったのか。

しかし、話はこれでおしまいなのだろうか。絵画の質を判断するという問題は、もはや実質的な意味がない？　芸術の好みは過去にその作品を見たことがあるかどうかにカッティングが考えるほど強く影響されるのだろうか。といっても、作品の質の判断と、その作品を見慣れているかどうかは、決して相反することではない。何かがよいかどうか、そしてなぜよいのかを理解するには、何度も見る必要があるだろう（カイユボット自身、ほぼ一世紀後に「再発見」された）。[104] だが、繰り返し接触することで絵のよさを発見できる――たんに見慣れたから自動的に好きになるのではなく――としても、それは本当によい絵にしか通用しないはずだ。カッティングの実験に触発されてイギリスのリーズ大学の研究者のグループが接触実験をしたのは、そこを確かめるためだった。

リーズ大学では、程度の差こそあれすぐれた印象派絵画ばかりを対象にするのではなく、確実に巨匠の一人に数えられる一九世紀イギリスの画家ジョン・エヴァレット・ミレイと、絶対にそうではない画家、アメリカのトマス・キンケイドを選んだ。ファンのあいだで「光の画家」として知られるキンケイドは、一時期は作品が飛ぶように売れていた――本格的な画廊ではなく、ショッピングセンターにある彼自身の店でのことだ。リクライニングチェアのレイジーボーイ社に名前を使わせた唯一の芸術家でもある。ミレイの作品は「キンケイドの絵の主題と色調におおよそ合わせて」選ばれた、あまり知られていない風景画が実験に使われた[105]。

カッティングの実験と同様に、学生は講義中に予告なく絵を数秒見せられた。六〇枚のうち大半はキンケイドの作品で、ミレイの作品は一二枚だった。実験の結果は、ミレイの絵に関してはカッティングの実験結果と一致していた。見る回数が多いほど、その絵を好きだと答える学生が増えた。ところがキンケイドの作品の場合は、見る回数が多くなるほど、好きだという回答が減ったのである(二度めの接触にしてすでにそうだった)。この結果はたんに、イギリスの学生にはミレイの作品のほうが美術館にふさわしい芸術、つまり好きでなければならない芸術に見えるということだろうか。片やキンケイドはその作風や技巧について誰がなんといおうと、美術館に行ったことのある人の知っている芸術を思わせるところがあまりない。二人の画家はそもそも比較の対象ではないという気がしないでもない。

私はミレイの像が入口に立つテート・ブリテンでコーヒーを飲みながら、この疑問をリーズ大学の哲学教授でこの研究論文の共著者の一人であるマシュー・キーランにぶつけてみた。

「それは問題ではありませんね」とキーランは答えた。「もしあなたがミレイを九、キンケイドを三と評価するとしても、接触効果説にしたがえば、好む度合いはどちらも上昇するはずですからね」。キーランは被験者に特定の様式の絵画を好きになりやすい傾向があって、接触はそれを強化するだけなのではないかと考えている。

この結果はキンケイドがそもそもイギリスで人気がないことを表わしているだけだと思われるといけないのでいっておくが、不思議なことに最初に見たときは、キンケイドはミレイよりも好まれたのである。被験者は、初めは考えをはっきり述べるのを避けたのかもしれない。見せられたものがそれまでに見たその画家の絵のなかで最高の絵なのか最低の絵なのかわからないからだ。脳は流暢性を好むという説にしたがうなら、いわくいいがたいミレイの作品は一目で人を夢中にさせるわけではないが、繰り返し見るうちに、好きになる理由が新しく見つかるのかもしれない。小説家のイタロ・カルヴィーノが文学について、「古典とはつねに新しいメッセージを伝えつづける本のことだ」と述べたとおりである[106]。

一方のキンケイドの絵は、初めは暑い日の甘い飲みもののようにするすると喉を通る。彼が好んで描く、雪の積もった小道の向こうに明かりの灯った家が見える光景がきらいな人はいないだろう。だが、キンケイドの絵はしだいにどれも同じに見え、出来ばえもいま一つに思えてきて、はては食傷するかもしれない。作家のミラン・クンデラは『存在の耐えられない軽さ』のなかで、通俗的な作品を「第二の涙」と定義した。「第一の涙はいう。『草原を走る子供たちの姿はすばらしい！』。第二の涙はいう。『草原を走る子供たちの姿に人類みなで感動を共有できるのはすばらしい！』」。美術史家のアレクシス・ボイランがキンケイドを評して述べたように、彼は目に映るものを描くというよりも、「こう感じたいという欲求」を描くのだ。[107] キンケイドの絵のなかで明るく輝く窓は、鑑賞者の目を感傷で曇らせてしまう。[108]「第二の涙」でさえ、キンケイドには過大な評価だろう。なにしろリーズ大学の学生は、キンケイドの作品を二度めに見たときに、もうたくさんという心境になったのだから。

＊

キンケイドを好きな人はどうだろう？ 彼らがキンケイドを見て感じる快は本物ではないのだろうか。彼らの脳をｆＭＲＩにかけたら、たとえばラファエロを見たときと同じように強い神経反応が見られるだろうか。「すぐれた芸術作品のもつ意味は、精神のエネルギーを高める点で私たちの生活に関わりがあるにちがいない」と評論家のケネス・クラークは書いている。[109] キンケイドのファンが断固として申し立てていることから察するに、彼の作品はまさにその役割を果たしているようだ。だが、クラークはこうも主張する。「芸術はよろこびをあたえる以上のはたらきをしなければならない」

それはなぜなのか。クラークは述べていないが、ここで私たちはカントとヒュームへ連れもどされる。この二人の哲学者は、私たちが何を好きなのか、そしてもっと重要なのは何を好きになるべきかについて、私たちの考え方にいまだに影響しつづけている。社会的地位が流動的なものになって人々が不安を感じ、これまでの文化的権威が通用しなくなった時代には、芸術や文学に対する判断がこれまで以上に個人的かつ主観的に――個人の気質がそこに表われ、したがってかつてなく重い意味を帯びるように――なっている。[110][111] そんな時代に、カントとヒュームは趣味をめぐる論争を、身もふたもない各人各様主義の泥沼と卑小な趣味嗜好への堕落から救い出したのである。

「難解さで有名な」[112] カントの一七九〇年の著作『判断力批判』は、長いあいだ美をどうとらえるかの規範とされてきた。カントはここで美を判断するときの態度として妥協のない理想像を述べている。それは「無関心」でなければならないということだ。これは関心がないという意味ではなく、思考の対象に個人の感情的な関心や欲求を抱いてはならないということである。あるものが美しいかどうかを判断するためには、あなたは「ただ観察」しなければならない。あるものが美しいというためには、それが「自由美」である必要がある。自由美とは、あらゆる概念やレッテル、目的、先入観に縛られない美だ。神経美学にはまちがいなくカントの影がひそんでいる。ポロックのフラクタル構造のように、「何にもよらずに」対象に美を見出すことができるということなのだから――ただし、ポロックの作品だと知らないかぎり！

　もちろん、このようなことさらな無関心は、現実に私たちが美を判断するやり方とは正反対だ。カントは花や貝殻のようなものは自由美だと述べているが、[113] カント的な理想にしたがって美しいものを評価するには、未知の惑星（花も貝殻もない）からやってきた宇宙人でも

＊　アメリカでは二〇軒に一軒の家庭がキンケイドの作品を所有していると推定されるので、世の中はキンケイドのファンだらけだ。

なければ無理ではないか。哲学者のデニス・ダットンが述べているが、あなたは貝殻をひろい上げ、そのどこかに美点を見出して賛美する。つづいてもう一つ見つける――**ああ、こっちのほうがもっときれいだ！**　もしかするとあなたは貝殻の図鑑を手に入れて名前を調べ、自分の貝殻にどれくらい価値があるのかを知ろうとするかもしれない。「こうした行動――探し、種類を確かめ、比較し、賛美すること――のすべてに概念が関わっている」とダットンは書いている[114]。それが貝殻であるという知識さえ、一種の概念にほかならない[115]。

この美学の高いハードルを越えるのは不可能に近いと悟ったのか、カントは「ただ快適なもの」、すなわち個人の趣味が混入して穢《けが》れてしまったものも考慮することにした。自分がそのものを好きでも――実際には好きだからこそ――ほかの誰かも当然それを好きだと考えてはいけない。それは私たちの「私的な」趣味が決めることだからだ。キンケイドの絵は、「純粋な趣味判断は魅力や感動に影響されない」[116]としたカントの教えに抵触するのではないだろうか。美が魅力や感動を伴いえないのではない。美が魅力や感動で決定されてはならないのである。

こと趣味に関しては、カントの影響が二〇〇年あまりも影響をおよぼしていたが、この数十年でデヴィッド・ヒュームが美学のヒットチャートを着実に上昇している。ヒュームはそれまで「過小評価」[117]されていたが、哲学雑誌にはヒュームに対する関心が「急上昇」したのが感じとれる。絶対的な美の判断がもはや通用しない時代に私たちが生きているからかもしれないし、ヒュームの理論が人間性の現実をもっとうまく説明しているからかもしれない。

ヒューム自身はよい趣味のもち主ではないといわれているが、[118]『趣味の基準について』と題する論考は、驚くほど現代に通じるものがあるようだ。いかなるときも経験主義者のヒュームは、事物がどうあるべきかよりも事物のありのままの状態について思索をめぐらせる。人はヒューム主義者にならざるをえない。「趣味の多様性はあまりにも明白であり、それに気づかないものはいない」とヒュームは指摘しているのである。[119] 趣味は、のちにピエール・ブルデューが証明しようとしたように、たんなる階級の問題ではない。「同じ政府のもとで教育を受け、幼少から同じ偏見が染みついて育った友人たちの身近な集団のなかですら、どんなに無学な人でも趣味の違いに気づく」とヒュームは書いている。[120]「蓼《たで》食う虫も好き好き」というとき、私たちが本当にいいたいのは他人の趣味は説明できないということだとヒュームは気づいていた。

だが、ヒュームはそれでかまわないと思っていたし、誰でもそうあるべきだと考えていた。「自分の気質や性癖に合うものをとくに好ましく思うのはどうしても避けられない」。よろしい、あなたは十代でヴァン・ヘイレンが、二三歳のときはピクシーズが、そして五十代のいまはレナード・コーエンが好きなのだ（ヒュームがオウィディウス、ホラティウス、タキトゥスとしたのを現代風にちょっと手直しすればこうなる）。それをまわりがどうこういう筋合いはない。それでもいわずにいられないのが人間なのだとヒュームはいう。十人十色《じゅうにんといろ》なのに——いや、十人十色だからこそ——「私たちは感情の対立を収めてくれる基準をむなしく探すのである」

それにしても、趣味判断をするのはいったい誰なのだろうか。それにはすぐれた批評家が必要だが、そういう人はめったにいない。「芸術作品について判断する力量のある者、あるいは自分の心持ちを美の基準として確立した者は非常に少ない」のである。すぐれた批評家であるためには多くのことが要求される。「趣味の繊細さ」もその一つで、ヒュームはそのために目だけでなく口のはたらきも求めた。なぜなら感覚行為としての「テイスト（味覚）」と、広い意味で洗練された眼識としての「テイスト（趣味）」が区別されるようになったのはごく最近のことだからである。(121)

すぐれた批評には時間をかけることも必要である。「思考の乱れやあせり」のために「美が喚起する純粋な気持ちを混乱」させないようにしなければならないからだ。(122)キンケイドの作品を使った接触効果の実験を説明するかのように、ヒュームはすぐれた批評家はかならず二度繰り返して見るものだと述べている。「華美なばかりで深みがなく、初見では満足のいくものに見えても、理性の表現とも熱情の表現ともいえず、すぐに趣味に合わなくなり、結局はつまらないものとして顧《かえり》みられなくなるか、少なくともはるかに価値の低いものに格下げされる種類の美がある」のだ。

このあたりで、あなたの頭にも現代の哲学者がヒュームに対して抱くいくつかの疑問が浮かんでいるかもしれない。すぐれた芸術の基準はすぐれた批評家(123)によって決められるというのなら、ヒュームは肝心なところで雲隠れしているのではないか。甲乙つけがたいすぐれた感覚をもつ二人の批評家が同じ作品をめぐって激しい論争になったらどうなるのか。批評家はつねに「どんな偏見にも縛られない」ようにするべきだとヒュームは論じたが、時代や文化の異なる作品を判断するには、その時代ないし文化に「特有の見方や偏見」を考慮に入れる必要があるとも述べている。哲学教授ミシェル・メイソンが問うているとおり、ヒュームは裁判官に向かって「自らの偏見をすて、他者の偏見を受け入れる心構えでいる」ようにいっているだけではないのか。[124]

ヒュームは古くからある泥沼に自分が迷い込んでいくのを自覚していた。脱け出そうとした「不確かさ」に引きもどして身動きできなくさせるような「厄介な」問いを重ねているのである。ヒュームと同時代の批評家は、「趣味の基準を探って決定してくれるのかと思いきや、われわれが不確かさのなかにいると指摘しながらそのまま置き去りにした」と苦言を呈した。[125]

だが、数世紀が過ぎたいま、私たちが少しも答えに近づいていないから（そしてまた、聖書と同じで、趣味というのがどこまでも広い解釈を許すものだから）というだけであったとしても、『趣味の基準について』は刺激的で示唆に富んでいる。哲学教授ジェイムズ・シェリーが述べているが、ヒュームの言葉が私たちの心に強く響くのは、いつか実現するかどうかはともかくも、私たちが趣味の基準を手に入れられると思いたがっているからである。[126] ヒュームが何よりも望んだのは、最もよい判断をしてくれると判断された人の判断に人々の目が集まること、そしてこの「合同の」判断の結果が時を経て正しいと証明されることだろう。

「権威や先入観によって、言葉を弄する口達者が一時的に人気を得ることも考えられる。だが、その評判は決して長続きしない」とヒュームは書いている。言い換えれば、作品にふれる回数が多いだけでは充分ではない。いまやアメリカの家庭の二〇分の一がキンケイドの作品を所有しているかもしれないが、[127] マックスフィールド・パリッシュの作品は[128]一時は五分の一の家庭が持っているといわれた。いまではパリッシュの絵が見られるかどうかは運しだいだ。[129]

「その時代の文化がもつ雰囲気に飲み込まれているときは、本当によいものと、まずまずよくできていて人気の高いものとの違いを見極めるのは難しいですね」とマシュー・キーランはいった。あとになって気づいたが、私たちはその話をしているとき、奇しくも「忘れられた顔」と題する美術展の展示室に立っていた。チャールズ・ウェリントン・ファーズの『高原のダイアナ』のような作品に焦点をあてるもので、この肖像画は一時期ジョン・エヴァレット・ミレイの『オフィーリア』（非公式な調査によれば、テート・ブリテンで最も長く見られた絵）に比肩《ひけん》する人気があったと展示説明に書かれていた。「忘れられた顔」展に展示された絵は、ひところは同美術館のコレクションの「目玉」だったが、いまでは「流行遅れ」になってしまったという。すぐれた作品は色あせることなく、「二〇〇〇年前にアテネとローマで愛読されたホメロスは、いまもパリとロンドンで賞賛されている」とヒュームは主張した。だが「接触」する機会がなかったら、どうやってその作品がすぐれているとわかるだろう？　どうやってその作品を好きになれるだろう？　流行が移り変わって、すぐれた作品が駄作もろとも消え去ってしまったら？　いずれにしてもヒュームの論を突きつめていった果てには、別の問いが浮かび上がる。いったいなぜ趣味は変わっていってしまうのだろう？

この問いは次章で考えていきたい。それはさておき、ヒュームの理論にはもっと深く追究するに値する未解決の込み入った問題が一つある。ヒュームの論考では、作品を高く評価することとそれを好きになることが、多かれ少なかれ絡みあっている。あなた（誰でもよいが、とにかく理想の批評家）は、すぐれたものを好きになると当然のように考えられている。しかし、事情がもう少し複雑だったらどうだろうか。

何が好きかではなく、どのように好きかだ

好きだと判断した芸術作品——あるいはきらいな作品——に人がどのように反応するかを調べようとする研究者は、ある問題にぶつかる。ほとんどの人がだめだと思う作品をどうすれば確実に見分けられるだろうか。多くの学者がバッドアート美術館（MOBA）に出かけることでこの問題を解決している。十数年前にボストン近郊に設立されたこの美術館は、「だめすぎて目が離せない」をモットーに、文化のがらくたを蒐集している。研究者はMOBAでひととおりの絵画を選び、それをニューヨーク近代美術館（MoMA）で選んだ作品と対比させながら被験者に見せる。例外もあるが、ふつうはMoMAがMOBAを負かす。

バッドアート美術館でキュレーターをつとめるマイケル・フランクと私が交わした会話を

書き出せば、きっとＭＯＢＡのコレクションの趣旨を最もうまく要約したことになるだろう。フランクは電話ごしに、ＭＯＢＡのウェブサイトに掲載されている絵を見てごらんなさいと私にしきりに勧めた。「両手の指を広げて決めポーズをするライザ・ミネリの絵はもう見た？　目から舌がつき出した絵は？　歯をむき出したペニスはどう？」。ようやく私たちの求めていた絵が見えてきた。テッド・ケイト・ジュニアの『スワンプ・ピクニック』という絵だ。男女が沼地でピクニックをたのしむ姿を描いた絵で、二人はあざやかな黄緑色のボディスーツを身に着けている。ジョージ・ルーカスのディストピア映画『ＴＨＸ１１３８』の登場人物が着ている白いボディスーツをリリー・ピュリッツァーがデザインし直したみたいだ。三文ＳＦ小説の表紙の人物を未来から連れてきて、ホテルのロビーに掛かっている風景画にはめ込んだような、奇妙な異種混合の絵である。「誰が描いたにせよ、テクニックはなかなかある」とフランクはいう。「だけど見た人が頭をかきむしって、『作者はいったい何を考えているんだ？』といいたくなるような絵ですね」

　ＭＯＢＡにびっくりさせられることの一つがそこである。昨今は絵のよし悪しの判断はちょっとしたタブーになっているというのに、「だめ《バッド》」という言葉を使ってはばからないのもさることながら、いろいろな絵があるとはいえ、「だめ《バッド》」な絵をだめとして区別する基準があることだ。非具象芸術はＭＯＢＡには入りにくい。なぜならフランクがいうように「判断が難しい」からである。ＭＯＢＡは寄贈される作品のおよそ半分しか受け入れていない。残りはきっとだめすぎてだめなのだろう。「うちではキッチュなものは集めていません」というのがフランクの方針である。だからベルベット・エルヴィス（訳注：ベルベットにプレスリーを描いた作品）やボブ・ロス（訳注：誰でも気軽に油絵をはじめられる独特の油彩画技法を教える「ボブの絵画教室」で著名なアメリカの画家）はお呼びでない。フランクが求めているのは「芸術的表現」を試みながら、技巧か題材のどちらかで失敗した画家の作品だ。そしてそれらは、失敗しているにもかかわらず――むしろ失敗ゆえに――見る者の目や想像力を引きつける何かが生まれている。

ＭＯＢＡのコレクションを見ていると、わけ知り顔で苦笑しつつ、心の奥ではオークション会場や現代美術の展覧会で感じるあの落ち着かない気分に苛《さいな》まれるだろう。**いったいこの作品はよいのか悪いのか？** 急いで見たときの第一印象は本当の気持ちを曇らせるおそれがあるとヒュームは述べている。「完璧さも欠点も」一緒くたに「ある種の混乱に包み込まれてしまう」かもしれないからだ。

作品を見たときに最初にどう感じるかよりも、感じること自体が大切だ――その瞬間の衝撃があなたをその作品に呼びもどす力になる。最初に見たときは「大きらい」だった作品がいつしか一番好きな作品になったと語る美術評論家は多い。評論家のリンダ・ノックリンがいうように、「大きらいだということはあるけれども、きっとその強い感情は知らず知らずどこかで愛の炎をともしている[130]」

セミール・ゼキは「嫌悪《けんお》の神経相関」に着目した研究で、きらいな人物の写真を見ると発火する脳の神経ネットワークに、「激しい恋愛感情によって活性化されるのとほぼ同じ」[131]領域が含まれていることを発見した。たとえていうなら、英語では「テリフィック(terrific)」という言葉に二つの相反する強い意味が込められているようなものだ。この言葉は「ひどい」と「すばらしい」の両方の意味がある。どちらの意味かは文脈で決まる。

スタンダールは『恋愛論』のなかで、「顔立ちの小さい欠点でさえ」恋する誰かを「うっとりさせる」ときがくると指摘している。「醜さでさえ愛され、好ましく思われるようになる。なぜならそのときそれは美しさになるからだ」。ただし、まだどちらにも傾いていない瞬間があり、そこから欠点は魅力になりもすれば嫌悪の対象にもなるのである。

こういうことは人に対する気持ちだけでなく、芸術に対する気持ちにもある。たとえばSF映画が「好きでたまらなく」なると、もうほかの映画と同じようには見られなくなる。SF映画という大きいジャンルへの気持ちから離れて個々のSF作品について考えるのが難しくなるのだ。友人から「このSF映画は見ておくべきかな?」と聞かれたら、「そうだな、SF映画が好きなら気に入ると思うけど、そうじゃなければ……」と答えることになるだろう。愛が強すぎると、趣味は人を盲目にする。ウェブデザイナーのジェイソン・コトキーは、彼の人気のブログサイトで新しいバイラル動画を取り上げたとき、「このサイトとしては完璧にツボにはまったので、できがいいか悪いかなんてもうわからない」と評した。

要するに、あるものを何として見るかによって、それへの感情が変わるということだ。上等なチーズのにおいだといわれるか、汚い靴下のにおいだと教えられるかで、そのにおいの好ききらいが決まるように、私たちがあるものを美しいと思い、好きになるかどうかの判断は、それがどこに位置づけられるかに影響される。美術史家のケンダル・ウォルトンがいうように、キュビスムの絵画や中国音楽に初めてふれる人（中国人でない人）は、「かたちもなくでたらめで、心をかき乱す」作品だと思うかもしれない。[132] それはその作品をキュビスムあるいは中国音楽というカテゴリーに属するものとして見ていないからだという。芸術の新しい様式、それどころか文化のあらゆる新しいトレンドに生命を吹き込むのは、それを分類すること、それについて考える手がかりをもつことなのだ。そしてここには原因と結果のループがある。[133] カテゴリーを知るとそれを好きになりやすくなるが、私たちは好きなものをカテゴリーに分類したがることが研究からわかっている。

私が通ったレコード店がまだあったころ、その店ではレコードを「ロック」「ジャズ」といった大まかな分類ではなく、「フリークビート」「アシッドフォーク」「ソフトサイケ」など、門外漢にはわけのわからないジャンルに丁寧に分けていた。[134] どれもふつうの人には区別できないだろうが、店の常連にはまぎれもなく違うものだった。よく知らないレコードでも、それがすごいものの一部だと思うと、私の評価はまちがいなく高まったものだ。

他方、私たちは好きでないものは大ざっぱな一般論であっさりと片づけてしまう。[135]「米を油で炒めて蒸し煮してつくるバレンシア風パエリアのなかでも、あのめずらしいレシピのやつはじつはあまり好きではない」などとはいわない。「スペイン料理はきらいだ」でおしまいだ。きらいにくらべて、好きはどれくらい好きかの尺度に細かい段階が必要らしい。[136] 逆にこれがきらいだといったん判断したら、きらいな程度をあれこれ表現しなくてかまわないようだ。そこに精神的エネルギーを使うまでもないということかもしれない。ウォルトンはMOBAを念頭に置いているかのように、もし「最低の」芸術作品をもってきて、「誰かが思いつきそうなこじつけのカテゴリー」のものとして鑑賞したら「一級品の傑作に見える」のではないかと想像している。「目《め》障《ざわ》りな欠点」だったものが逆にその作品のよさになるのではないか。あるカテゴリーのものとしては陳腐でも、別のカテゴリーのものとしては斬新に見えるかもしれない。音楽評論家のサイモン・フリスが主張するとおり、一九七〇年代のディスコミュージックはどれも同じように聴こえるといったら、それは褒め言葉ではない。「おさだまり」ということだ。ある時代、ある場所から集めた俗謡は「同じように聴こえる」といえば、今度はよい意味になる（「共通のルーツ」が音楽に表われている、など）[137]。MOBAの作品も「アウトサイダーアート」展ではとり立てて驚かれないだろうし、少なくとも「だめ《バッド》」といってくれる人はほとんどいないだろう。フランクがいうには、たまにMOBAに電話をかけてきて、「あの絵がそこにあるのはおかしい、すごくいい絵だ。私は好きだ」という人がいるそうだ。それに対して彼はこう答える。「私も好きですよ。でなければここには置きません」

　どう見てもだめな絵を見てたのしむ人がいるなどとは、ヒュームには（ほかのどんな著名な哲学者や美学者にも）思いもよらないことだった。人それぞれの趣味があるのかもしれないし、初見《しょけん》で判断力が曇っているのかもしれないが、最終的にはすぐれた批評家が作品の真価を見極めてくれるだろう。「規則をはずれた」芸術（ヒュームは詩を例に挙げている）が人をよろこばせたなら、よろこばせたのは「規則や秩序に背《そむ》いたからではなく、背いているにもかかわらず」なのだとヒュームは論じる。[138]

　MOBAの作品は「キャンプ」という興味深いカテゴリーに分類される。批評家のスーザン・ソンタグによれば、キャンプとは「何か非凡なことをしよう」と「真面目に取り組んで失敗に終わってしまった」ことが表われている作品——キッチュなものもそうでないものも含む——を角度を変えて眺め、愛《め》でる態度のことである。[139] 作品を笑いものにするのではなく、おもしろがるのだ。キャンプは「よいものを悪い、悪いものをよいと主張するのではない」とソンタグは書いている。そうではなく、新しい判断基準として、「ひどいからよい」と考えるのである。ヒューム的な見方からすれば、「だめな芸術」に「すぐれた批評家」というものが存在しうるのかと問いたくなる。MOBAのフランクの直感的な判断の基準は、作品がおもしろいかどうかだという。ただだめなだけではおもしろくない。ジョージ・オーウェルが（G・K・チェスタトンを引用して）文学的には正統でなくても読者をたのしませる小説について提唱した「よい悪書《グッドバッドブック》」という古いカテゴリーを引っぱり出してくるなら、MOBAのアート作品は「よい駄作《グッドバッド》」でなければならない。これは思うほど簡単ではない。フランクは、持ち込まれる作品の多くを「ばかばかしさを意識的にねらっている」という理由で断わっている。ソンタグは「だめすぎて笑えはするが、だめすぎてたのしめるところまではいかない」作品はだめだといっている。

キャンプという様式が広まったのは二〇世紀になってからである。ソンタグは、キャンプのようなものが流行するのは「ゆたかな社会」にかぎられると述べている。社会がゆたかになると、人々は趣味のよさばかり見せられるのに飽きてきて、新しい水準を求めるようになるからだ。それによって、何がよい趣味なのかを絶えず考えなければならない不安から解放されもする。カルト的人気のある映画監督エド・ウッド（史上最低映画と評される『プラン9・フロム・アウタースペース』の監督）のいくつかの作品についてあるキュレーターが述べたように、それらの映画は「大ざっぱでめちゃくちゃでどうしようもないが、そういうものとして納得すれば、よし悪《あ》しなど問題ではなくなる」[140]。もちろん文化の「雑食性」と同様に、キャンプのよさがわかるということは、ソンタグのいう「悪趣味の趣味のよさがわかる」ということであり、したがってキャンプをたのしめることも一つの能力として、いかに文化に通じているかを証明する新しい方法になる。

現在では、キャンプは趣味の対象になるものを扱う多くのややこしいやり方の一つにすぎなくなった。もしヒュームがよみがえって新しい『趣味の基準について』を書くとしたら、現代の「趣味の競いあい」につきものの複雑なカテゴリー分けに面食らうのはまちがいないだろう。たとえば、キャンプを見出す繊細さと、へたな絵画やくだらないテレビ番組を「皮肉」な目で見るのとの違いを理解しなければならない。皮肉とは、対象を安全な高みから見物して嘲笑する態度である。笑うために「真面目な」（だが出来の悪い）テレビ番組を見るのが皮肉だ。ソンタグがいうようにキャンプも「真面目なものに対する不真面目さ」でありうるが、失敗作を愛情をもって激励し、自分のそばに引き寄せる一つのやり方なのである。皮肉は感情の行き止まりだ[141]。皮肉な態度で愛することなど、絶対にできない。

現代によみがえったヒュームは、「ヘイトウォッチング」という厄介なものにも取り組まなければならないだろう。ヘイトウォッチングはテレビ評論家のエミリー・ヌスバウムが広めた言葉で、本当はきらいな番組をあえて見る行為を指す。本人は「こんなに頭にくる番組をなんでわざわざ見ているんだろう」と思っている。それでも「ある程度」は番組をたのしんでいるにちがいないし、「あまりにもひどくて、かえって見ごたえがある」とさえ思っている。ヘイトウォッチングはキャンプと背中合わせの関係だろう。立派なものを目ざしながら失敗したものを愛しみ、たのしむのがキャンプだが、ヘイトウォッチングは、努力も足りず出来もいま一つで（オーウェル流にいうなら「だめな佳作《バッドグッド》」[142]）しかも図々しくもそれを自覚せず、殊勝さの一つも感じさせないからきらうのだ。あるいはひょっとするとスタンダールがほのめかしたように、憎さあまってかわいさ百倍なのかもしれない。

最後にひとつ、ヒュームはやましい愉しみ《ギルティプレジャー》についても考察しなくてはという気になるかもしれない。この言葉はヒュームも知っていたはずだが、その使われ方は現在とは違っていた。サミュエル・ジョンソンは一七五〇年に、自らの発行する《ランブラー》誌に「まんまと一杯くわせた詐欺の首尾や放蕩《ほうとう》のかぎりをつくした一夜を思い返したり、やましい愉しみの計画をじっくり考えることによろこびを感じる[143]」という、かなり自己満足の強い人物について書いている。もちろんジョンソンの時代には、やましい愉しみといえば、文字どおりやましい愉しみだった。チョコレートケーキをもう一切れ食べるといった程度の話ではなく、売春宿を訪れるなど、社会の道徳規範からの逸脱そのものである（快楽は消えていくが罪は消えないとジョンソンは戒めている）。

だが、グーグルNグラムビューワーでの調査によって、やましい愉しみ《ギルティプレジャー》という言葉が現在のような使われ方になったのは、この二、三〇年のことだとわかった。現在、この言葉は主として二つの行為について使われる（とくに女性がかかわっている）(144)。文化の消費と食べものの消費だ――「テイスト」という言葉はここでも評判が悪い。「自分にとってよい」ものではないと知りながら、どうしても好きだというとき、それはやましい愉しみと呼ばれる。作曲家のニコラス・マギーガンは、シュトラウスのワルツ――まさか彼が好きであるはずのないもの――に感じる愛を高コレステロールのデザートにたとえてこういった。「私がシュトラウスのワルツをこっそり聴いているのは、他人が部屋に隠れてチョコレートケーキの大きな一切れを味わうのと同じである」(145)

「やましい愉しみ」とはおかしな概念だ。因果関係はどうなっているのだろう？　愉しみがやましさを呼ぶのか、それともじつは、やましさから愉しみが生まれるのか。愉しみにふけることになんのやましさも感じないのがやましいのだろうか。

まさしくそうではないか。やましい愉しみにふけったのを心底後悔しているのなら、それを話題にしたりはしない。平然と話すこと自体、自分は悪趣味という名の出発ラウンジで出発を待つ旅行者にすぎないと宣言しているようなものだ。やましい愉しみと名づけることで、私たちはそれを愉しむことを自分に許すのである。ある研究で、被験者はチョコレートケーキを出された（やましい愉しみといえばこれのことらしい[146]！）。彼らはあとでやましさを感じたくないのでためらったが、それでもほとんどの被験者がチョコレートケーキを食べたがった。やましい気持ちを予想して食べる気を失ったのは、最初からあまり食べたいと思っていなかった被験者だけだった。研究者らは、やましい気持ちを刺激するだけで心のなかに快《かい》に結びつく経路ができるのかもしれないと推測している[147]――まるで、私たちは〝やましさを感じるものは快を感じるもの〟と考えるようにできているかのようだ。きっとそのとおりなのだろう。少なくとも現実を突きつけられるまでは。サミュエル・ジョンソンはこう述べている。「将来に起こる出来事は、まだその原因とはっきり結びつかずに漠然と漂っている。だからわれわれは好きなように快楽を得て満足にふけるのである[148]」

本を読んでおもしろいと思ったのを本当に後悔しているなら――たとえば反道徳的な本など――やましさではなく、恥ずかしさを感じる。やましさも恥ずかしさも違いはないと思うかもしれないが、心理学者はこの二つがまったく別であることを明らかにしている。

違いの一つは、恥ずかしさは「純粋に感情の状態」であることだ[149]。恥ずかしいと感じているときは、自分でわかる（また、恥ずかしがっている人は顔を見ればわかる）。一方、やましさは「感情と認識の混合物」である[150]。自分はなぜやましく感じているのだろうと考えなければならないことはよくある。恥ずかしさは自分を責めること、やましさは行為を責めることもいわれる。あなたは悪い人だというのと、あなたは悪いことをしたというのとの違いである。人はやましさを感じると罪をつぐなわなければいけないと思い、だから自分はくだらないリアリティ番組を見てしまいましたと「告白」する。罰を下せるのは、自分自身だけだ。「してはいけないことを他人にした」ときは、ふつうに考えれば、やましさをごまかすためにもっと他人に親切にしようとするだろうが、[151] 自分が悪いことをしてしまった当の相手に（とくにその相手が「外集団」に属している場合）その罪悪感をぶつけたりもする。「やましい愉しみ」についても私たちはこれと同じことをしているのではないかと私は思っている。自分にふさわしくないと思う文化を消費するとき、それに（自分自身にではなく！）くだらないというレッテルを貼るのだ。[152]

やましい愉しみと名づけることは、それをしてよいと自分に許す「許可証」になるばかりでなく、自分と他者に対するシグナリング装置にもなる。あなたも私もこれが自分にふさわしくないものなのはわかっているというシグナル、あるいはきっと、自分にふさわしくないと考えることに何のためらいも感じないというシグナルである。やましい愉しみと呼ぶことで、まさにこれはやましい愉しみなのだと（自分も他人も）確認できるのだ。[153] それには同じようにそれをやましい愉しみだと思う人がいなければならない。ファストフード店で食事をするのをなかなか贅沢だと考えている（若いころの私がそうだったように）人に向かって、ファストフードを食べるのはやましい愉しみだとはいわない。上から下を見る態度でこの概念は成り立っているのである。毎晩レイジーボーイのリクライニングチェア（トマス・キンケイドモデルかどうかはともかく）に腰かけて、チェーン店からテイクアウトしたこってり味の手羽唐揚げを食べながらテレビで総合格闘技を見る人が、メトロポリタンオペラで上演される『リゴレット』のマチネをボックス席で見る気になったとしても、それをやましい愉しみだとはたぶん考えないだろう。

ところがそれとは逆のこと、つまりやましい愉しみという考え自体がまちがっていると主張するのは、じつは平等主義を吹聴《ふいちょう》するような、わざとらしい謙遜を感じさせる。やましい愉しみと考えてはいけないと説くのは独善的で、その意味ではやましい愉しみと考えるべきだと説くのと変わらない。もっと極端なことをいえば、何を食べたり、飲んだり、聴いたり、読んだりしても、もっと上等なものがほかにあるのにと思って引け目を感じる必要などないと説くのは、ほかに上等なものがあるのを知っている人、そういうものを経験したことがある人の優越感の表われなのだ。ある意味で、このなんでも許す鷹揚《おうよう》な態度は、特権意識が鼻につく新種の気どりかもしれない。「あれ、きみがこれを好きなのはそんなにおかしいことなのかな」という誰かの口調には、どこかに憐れみと軽蔑が混ざっているのを感じるだろう。何よりも優先されるべき規準があるという考え方は否定され、かわりに数え切れないほどの新しい規準がつくりだされる。現在はあなたが何を好きか、何を好きであるべきかよりも、なぜ好きか、どのように好きかが重要視される時代だ。一方にはあなたとあなたの好きなものがあり、もう一方にはあなた（または他の人々）が好きであるべきものがあって、その二つのあいだで領土争いが繰り広げられている。ヒュームにとって頭痛の種《たね》だったこの争いは、いまでは趣味という非武装地帯の地雷原に仕掛けられたブービートラップにやりきれないほど似ている。私たちは決してそれにふれようとしないが、心のなかにはいいたいことがいやというほどあるのだ。

第５章　なぜ（そしてどのように）好みは変わるのか

流行《はや》る前に好きになることが流行る前に好きだった。

――ジョス・ウェドン

明日もまだ愛してくれる？

一八八二年、ロンドンのクリスティーズのオークションで、ある作品に存命中の画家の作品としては史上最高値（六〇〇〇ポンド）がついた。どんな絵か。エドウィン・ロングスデン・ロングの『バビロンの花嫁市場』である。記憶の倉庫をかきまわしてカラカラという音しかしなくても心配はいらない。ロングという画家の名もその記念碑的な油絵の名も、現代では知る人ぞ知るのみである。

だが、一八八二年にはまちがいなくどちらも広く知られていた。その年、どう見ても怪しげな特許医薬品の製造販売で名の知られたイギリス人のトマス・ホロウェイがこの絵を大金で競《せ》り落とした（「ホロウェイの錠剤」はヴィクトリア女王も購入したといわれる）。古代の花嫁市場——年に一度開かれる若い娘たちの競りで、貧しく不器量な娘も、高値のついた娘のおかげでまかなわれる持参金をもたせてもらうことで引きとられる仕組み（ヘロドトスによる「ありそうもない」話のなかで述べられている）[1]——を細緻《さいち》に描いた印象的な大作で、一般世間でも批評家のあいだでも大評判だった。あのジョン・ラスキンほどの名だたる評論家が「秀逸な絵画」といったくらいだ[2]。

画題は古代の情景であるにもかかわらず、当時は非常に今日《こんにち》的な絵画だった。エロティックな東洋風のイメージ、そして当時のロンドンにおける金銭がらみの結婚事情が投影されているところが、ヴィクトリア時代の人々の心をくすぐった。英国王立美術院の機関誌が述べているとおり、この絵画には「内容のゆたかさ、古代学、生き生きとしたドラマ性とたのしさ、随所に見られる美しさといくらかの奇怪さ、古代の風物と当世へのあてこすり」など、すべてがあった[3]。また、ホロウェイのような金持ちたちに支えられて隆盛する——思い上がっているともいわれた——美術市場への皮肉もあった[4]。まったくのところ、絵のなかの競売人はクリスティーズの競売人がモデルで、花嫁を競り落とそうとする買い手たちも美術商にどことなく似ているといわれていたのである[5]。

当時は多作で人気の画家だったロングは、大評判になったこの作品を一八七五年に完成させている。この年は特別な年だ。まったく質を異《こと》にするもう一つの注目すべき美術オークションがパリのオークションハウス、ドゥルオーで開かれた年なのである。出品されたのは、モネ、シスレー、ルノワールらの作品だった。絵画としての緻密さに欠け、また歴史上の出来事や社会性のある大きい題材を扱っているわけでもなく、かわりに日常の風景を描いたこれらの作品は、世の中の趣味とほぼ趣味の一致していたフランスの批評家から、猿が「絵の具箱を手に入れた」ようなものと酷評された。オークションでついた値は過去最高額どころではなく、クリスティーズの元ディレクター、フィリップ・フックによると「がっくりするほど低かった[6]」

しかし、その後どうなったかは私たちの知るとおりだ。ロングが画家として批評家からの高い評価を維持しながらも徐々に影がうすくなっていった一方で、あれだけ軽視されていた印象派の画家たちは作品を誰も手放そうとしないほどの人気を呼び、満員のアリーナでプレイするロックスターのような存在に、つまり美術に関心のない人々にも名の知られた画家になっていった。ルノワールの『桟敷席』は、一八七五年のオークションでは当時の金額でたった二二〇フランで売られたが、二〇〇八年には一四八〇万ドルの値がついた[7]。

何が変わったのだろう？　変わったのは絵画そのものではなく、趣味だ。作品の見られ方、作品が語るもの、作品が守ろうとする（あるいは壊そうとする）規則が変わったのである。ロングの作品がどれだけヴィクトリア時代の時代精神にそっていても、後世の人々の興味を引かず、緻密な筆致の伝統的な様式は後世の批評家をよろこばせなかったようだ。写実表現なら、かわって写真が時代を席巻していた。そして、その間《かん》に印象派の作品は欠点とされていたものがことごとく長所ととらえられるようになった。フックはこう記している。「あざやかな色彩は刺激的に見えだし、仕上げ不足は自由奔放な筆遣いと感じられるようになっていき、題材の平凡さは日常の再確認、すなわち中産階級の生活が普遍的になったことを承認するものだった[8]」

どんなにありそうになくても、この趨勢《すうせい》がいつかまた変わる可能性はつねにある。ロングらヴィクトリア時代の代表的な画家があらためて高く評価され、印象派の画家が暗い隅に追いやられるときがこないとはかぎらない[9]。ヒュームは趣味というものが、変動する市場のように移り気なことをよく心得ていた。「権威や偏見が悪《あ》しき詩人や雄弁家を一時的に流行させるかもしれないが、その名声には決して永続性も普遍性もないだろう[10]」。ヒュームは時の流れがかならず証明するという変わらぬ信念をもち、「一方、本当の天才は作品が時の試練に長く耐えるほど広く知られ、彼への賞賛が本物になる」と述べている。それでもその保証はない。印象派は、評価の逆転が示すとおり、ロングよりも画家としてすぐれているのだろうか。それとも大衆の趣味が変わっただけなのか。どれだけの「埋もれていた名作」がよみがえったかを考えてほしい。初めからすばらしい作品なら、なぜ姿を消していたのか。その答えこそがヒュームの考えの正しさを証明するだろう。埋もれた名作は「一時的に流行《はや》って」いたものに邪魔されて、当時の好みに合わなかったために日の目を見なかったが、のちにその真価を見抜く力のある批評家に変わらぬすばらしさを再発見されて擁護され、不朽の名作群のなかで相応の場所を占める日を待っているのである。

要するに、今日賞賛を浴びている作品が明日もそうである保証はないということだ。それにしても、日々の暮らしでこんなにも判断の基準になっている好みがこれほどまでに移ろいやすいのはなぜなのだろうか。

もし一〇歳の私が大人になったときの暮らしを予想してごらんといわれたら、こんなことを話したのではないかと思う。トランザムかコルベットかのマッスルカーを乗りまわしている。家に鎮座しているのはピンボール機の大量のコレクション。しゃれた飲みもの（たとえばベイリーズのアイリッシュクリーム）のグラスを傾け、ロバート・ラドラムのスパイ小説を読み、マクセルのカセットテープの広告風にサングラスをかけて安楽椅子にもたれ、突風を吹かさんばかりの大音量でヴァン・ヘイレンを流す。一つ残らず実現できる年になったいま、わくわくして思い描いたこれらの趣味にひとかけらの興味さえなくなっている（まあ、ピンボール機には魔が差すかもしれない）。

一〇歳の私には自分がどんな大人になるかを予想できなかっただけでなく、自分の趣味がすっかり変わるとは思いもよらなかったのだ。自分がどんな人間になるかがあやふやなのに、そんな自分が何を望むかなど、どうしてわかるだろう？　心理学者のジョージ・レーベンシュタインはこれを「投影バイアス」と呼ぶ。「人は将来の自分の好みが実際よりも現在の好みに近いと思っている。現在の好みを将来の自分に投影しているかのようだ」[11]

問題の一つは、食べものと音楽に関する章でもふれたが、私たちが経験の結果を予想しないことだ。好きなものでも食べ過ぎれば飽きるのは本能的にわかるが、もっと食べればもっと好きになる可能性もあるのに、そこは気にかけないかもしれない。もう一つの問題は心理学でいう「サリエンス（顕現性《けんげん》）」、すなわち私たちの注意を引きつけるような、ものの顕著な特性だとレーベンシュタインは指摘している。たとえば買ったあとに代金の一部が払いもどされる消費財を購入するとき、この払いもどしが注目した特徴、すなわちサリエンスということで、それが購入を決定する決め手になったかもしれない。ところが帰宅したころにはそのことはどうでもよくなっていて、払いもどしの請求はしない。(12) 一〇歳の私にとって、車のサリエンスは「かっこよさ」とスピードだった。月々の支払いや側面衝突保護、後部座席にベビーカーを据えつけられるか、中年の危機のさなかにいるように見られたくないといったことは、頭をよぎりもしなかった。

ふり返って自分の趣味がどれほど変わったかがわかっても、私たちはこの先もまた変わるとはなかなか思えないらしい。だからタトゥー除去専門医の仕事がなくならない。(13) 心理学者のティモシー・ウィルソンらは、これを「歴史の終わりの錯覚」と呼ぶ。現在は「最終段階に到達した自分になっていて、このあとはもう変わらない」という錯覚だ。(14)

ある実験では、被験者は一〇年前に好きだったバンドの現在のライブよりも、いま好きなバンドの一〇年後のライブにお金を出したいと思っていることがわかった。このことは、アルバムをめくりながら若いころの自分の写真を見て、「なに、この髪型！」とか「コーデュロイのズボンなんかはいてる！」などと叫ぶのに似ている。自分の写真はふつう、他人が見るようには自分を見ないためにおかしく見えるものだが、むかしの趣味もそれと同じで、

「外から」見ると、つまりいまの自分がよいと思うものの観点から見ると、なんだこれは、ということになるのだ。しかも髪型そのものはよいとか悪いとかの問題ではなく、ただ当時の世の中の趣味を反映しているにすぎない。「みんながこんな服装をしていたなんて信じられない」と笑っても、そういういまの自分の服装も将来は趣味が悪いと思われるであろうことには思いがおよばない。

一八八二年にロンドンのオークション会場にいた人々はロングの油絵の前に集まり、自分は最高の芸術作品――そして最高の落札価格――をいま目にしているのだと思っていただろう。この作品はこの先ずっと自分を、そして後世の人々を感動させつづけると思ったにちがいない。当時の人々の熱狂に応える大作を、見慣れた伝統的な様式で描いた偉大な人気画家。かたや印象派は？　おかしな着想の絵を技巧らしい技巧もなく描く、社会の異分子だ。前途は閉ざされていた。

これで思い出すのが、私がハイスクール人気度問題と呼んでいる問題だ。誰の目も憧れの男子学生に引きつけられる。彼はスポーツ万能で、取り巻きの友人や恋人志望者たちにかこまれ、卒業ダンスパーティーでの人気投票ではもちろんキングに選ばれる、学校の中心的存在だ。いずれ大物になると決まっているように見えるが、意外にもごくふつうのささやかな生活に落ち着く。一方、極度に内気で、いじめられたり無視されたりしがちなイケてない子が、一見なんの取り柄もなさそうなのに世界を変える人物になったりする。

ここにも「サリエンス」がある。高校生の大多数が注目すること、すなわち人気の要素

（なくてもよいようなつまらない競争に勝ち、場の空気を読んで周囲にまちがいなく合わせられ、少数の取り巻きを従えている）は、じつは将来に成功するかどうかの予測因子にほとんどならないことがよくわかる。これらが状況判断を妨げる目くらまし――それゆえに高校も高校生にとっては「歴史の終わり」に等しい――にすぎないと見通せる者なら、高校というせまい世界のちっぽけな基準を満たせないために「能力を発揮できずにいる劣等生《アンダーアチーバー》」といわれる生徒を見抜けるだろう。彼らはまだ開花していない小さい芽にひらめきを感じとり、適切な場と支持者がありさえすればその子たちがいずれ大きく花開くはずだと予感している。ちょうど眼識ある数人の画商が印象派の作品に何かを――たとえ金銭的利益だとしても――当時の一般大衆に広く受けなくても、将来はかならず人々を引きつけるかもしれない何かを見抜いたように。

未来の自分の好みを予想できない理由の一つは、不思議なことだが、まさにその好みを変えさせる要素の一つにある。新奇性だ。趣味と選好に関する研究分野では、この新奇性というのはなかなかつかみにくい要素である。私たちは一方では目新しさを切望する。ファッションのような分野は目新しさでできているといってよい（オスカー・ワイルドは、「醜悪そのものだ。あまりの耐えがたさに六カ月ごとに変革してやらなくてはならない」と皮肉った）[15]。高級百貨店サックス・フィフス・アベニューのダンディな社長ロナルド・フラッシュが、旗艦店のブランド婦人服の階で私にこういったことがある。「お客さまが店に入って最初にたずねるのは、『新しいのはどれ？』なんですね。過去はもういい、いまのものを知りたいんです」。その衝動がいかに強いかというと、「売り場に商品がならんだ最初の四週間で、その商品の全販売数の六〇パーセントが売れる」ほどなのだという。

ところがその一方で、私たちがなじみ深さにもとても弱いことはこれまで見てきたとおりだ。「私たちは慣れ親しんだものを好む」とフェミニストで作家のシャーロット・パーキンス・ギルマンは書いている。[16] しかしそればかりだったら、変化などありえない。新しい芸術様式も、新しい音楽ジャンルも、新しい製品も生まれないだろう。経済学者のヨーゼフ・シュンペーターは、資本主義の役割は人々に新しいものを好むように（そして買うように）教えることにあると主張した。生産者は経済の変化を促し、消費者は「新しいものか、習慣的に使っていたものとはどこかが違うものを欲するように教えられる」[17]

あるいはスティーヴ・ジョブズがいったように、「多くの場合、ほしいものはそれを示されて初めてわかる」と言い換えてもよい。[18] ただし、示されてもなお、欲しないものもあるかもしれない。アップルの不運な携帯情報端末「ニュートン」は、体の一部になったような現在のスマートフォンと同じようにユニークに見えたが、新しすぎたのだろう。当時はその必要性がまだ充分に実感されず、また操作性も時代を先取りしすぎていたのだ。《ワイアード》誌が書いたとおり、「まったく新しい大胆な設計言語によるフォームファクタに搭載された、まったく新しいアーキテクチャのまったく新しい種類のデバイス」だったのである。[19]

では、目新しさとなじみ深さのどちらをとるのか。多くのことがそうであるように、答えは中間あたり、新しいものと知っているもののU字型の最適曲線のなかほどにある。有名な工業デザイナーのレイモンド・ローウィはこの最適限度に気づき、「きわめて先進的だが、受け入れられるぎりぎりのところ（most advanced, yet acceptable）」として「MAYA段階」と名づけた。この製品デザインの臨界点において、「なじみのないものへの抵抗感が閾《いき》値《ち》に達して買いたい衝動を超えてしまうと、買うまいという抵抗感に転じる」[20]。私たちは新しいものが好きだが、ただしそれはどこかに古いものを思わせるところがあるなら、という条件つきなのだ。

　趣味がどれくらい変わるかを予想するのが難しいのは、このもって生まれた抵抗感の先が見越せないからである。自分自身はどんなときにどう変わり、変われればまた次の変化への扉がどのように開かれるのか。新しいものをどんなに不快に感じても、それは束の間にすぎないのに、私たちはそのことを忘れてしまうのだ。初めは好きでなかった食べものをどう好きになるかという話を思い出してほしい。あなたが初めてビール（あるいはウィスキー）を飲んだとき、「いままでこれを知らずにいたなんて！」と膝をたたいてよろこんだりはしなかっただろう。「みんなこんなものが好きなのか？」と思ったはずだ。

　それでも私たちはビールを好きになる。ただし哲学者のダニエル・デネットが書いているように、それを「習い覚えた味」と呼ぶのはたぶんまちがっている。好きになるのはあの最初の味ではないからだ[21]。「もしもビールがあの最初の一口の味のままだったら、私はビールを飲みつづけていなかっただろう！」。アルコールが味覚への一撃だというのも一つにあって、ビールはこれまで知らなかった味、少なくとも知っているおいしい味とはまったくちがう味なのだ。新しい音楽、新しい芸術にも同じ作用があるかもしれない。《ニューヨーカー》誌の人物紹介コラムで、音楽プロデューサーのリック・ルービンは、ナイン・インチ・ネイルズのファーストアルバム『プリティ・ヘイト・マシーン』を最初に聴いたときは好きになれなかったと語っている。それがやがて好きな一枚になった。新しすぎて抵抗感があるものを前にしたとき、「それを取り込んで消化すべきかどうかの基準点をいつももっているとはかぎらない。新しい言語の学習に似ているところがある」とルービンは述べている。『プリティ・ヘイト・マシーン』もビールと同じで、「習い覚えた味」ではなかった。好きになったときはもう同じアルバムではなくなっていたからだ。

過去をふり返ってみて、以前はこれがきらわれていたなんて信じられないと思うことがある。[22] 定着した人気が過去に投影されるのだ。ロマンティックスの「ホワット・アイ・ライク・アバウト・ユー」のように、いまはよく耳にする曲が当時はふるわなかったことを私たちは忘れてしまっている。また、かつての繁栄の時代をなつかしむのか、いまは子供に「古風な」名をつけるのが流行っていても、イザベラとかクロエといった名がむかしは人気がなかったことも（二〇世紀初めには、ミッティやヴァージーのほうが圧倒的に好まれた）。[23]

広く親しまれているシドニー・オペラハウスにまつわる数十年前の騒動は、いまとなってはもう想像できないだろう。設計を任されたデンマークの建築家ヨーン・ウッツォンはこの一件で実質的にオーストラリアを追い出され、オペラハウスの開館式でその名が口にされることはなく、港に面したこの巨大な建物に関する国家的な醜聞は誰の目にも明らかだった。従来のオペラハウスの形式のみならず、従来の建物の形式からもかけ離れていた斬新なシドニー・オペラハウスは、先進的すぎて受け入れられないもの、設計者と同様、聞いたことも見たこともないものだったのだ。

本当のところは、大半の人がその建物をどう考えればよいのかわからなかったということだったのだろう。よいものだと確信できない未知のものを前にしたときに、それをきらうのが人間の性《さが》なのだ。建築物の最高峰として各方面から賞賛を集めているビルバオ・グッゲンハイム美術館についても、当の設計者であるフランク・ゲイリーさえ、「じつは、私自身があれを好きになりだすのに二年かかった」と語っている。[24] 建築家のマーク・ウィグリーは次のように述べている。「見慣れないものにいらいらさせられ、抵抗して、ようやく私たちは何かをつかむのだろう。しかし抵抗しながらも、いらいらさせられたはずのそれを最後には好きになることは多いものだ[25]」——もはや最初にいらいらしたときと「同じもの」ではなくなっているのだ。

知覚的流暢《りゅうちょう》性が、好きという気持ちを湧かせる。建物の画像を見せられると、建築家は素人よりもそれらを「複雑でない」と判断するものである[26]。専門家は素人よりも流暢に「読みとり」、「見慣れないもの」と感じにくいのだ。ウィグリーは、建築家の役割は「クライアントが求めるとおりのものをあたえる」こと——つまり現在の趣味への欲求を満たすこと——ではなく、「人が求めうるものの概念を変える」ことだと主張する。言い換えれば、自分で自分の未来の趣味がわからない人々のために、かわってそれを形あるものにするということである。皮をむいたオレンジから着想を得たウッツォンがシドニー・オペラハウスを提案するまでは、そんなオペラハウスがありうると思っていた者はいなかった。この建物が現われたことで、世の中のほうがそれに呼応して変わったのだ。だからこそ、それ以前なら奇妙に聞こえたはずのある建築家の言葉が真実味を帯びるのである。「ウッツォンの驚くべき建物は、今日、かつてなくすばらしく見える(27)」

いまから数十年後、きっと誰かが新しい建物を不安そうに見つめながらいうだろう。「シドニー・オペラハウス、あれはすばらしい。なぜああいうものをもう建てられないのだろう？」。この問いも、なぜむかしのようによい音楽がないのかという問いも、過去選択バイアスの表われである。この現象をデザイナーのフランク・キメロは次のように生き生きと言い表わしている。「ちょっとした秘密を教えよう。古いことで耳にするのは、まず決まっていい話だ。なぜだろう？　誰もむかしのろくでもないことの話はしたくないからだ。それなのに、ろくでもない新しいことの話はみんなする。本当にろくでもないのかどうか、見極めようというわけだ。過去がいまよりもよかったわけではない。ろくでもないものは忘れられたんだ」

好みのことで唯一確実だと保証できるのは、好みは変わるということである。どうやって変わるのか、もう少し詳しく見ていこう。

差異化を求める同調者——同じでいながら違っていたい

　オレゴン州ポートランドのおしゃれ野郎《ヒップスター》をこれでもかと風刺するコメディドラマ《ポートランディア》の二〇一一年のエピソード。流行の先端を行くヒップスターぶりを大げさにアピールしているスパイクという男、あご先にもじゃもじゃのヒゲを生やし、伸ばした耳たぶに大きなまるいピアスをつけ、固定ギアバイクに乗ってバーの前を通りかかる。店のなかにクールな出で立ちの自分と同類の客を見つけ、親しげにうなずいて挨拶する。翌日、そのバーにきれいにひげを剃った、カーキ色のズボンとワイシャツ姿の男がいるのを発見する。「ああ、うそだろ！」。驚いたスパイクは思わず声を上げる。「あんなやつが出入りしてるのか？　このバーは終、わ、っ、て、る！」。しかもそれだけではなかった。目の敵《かたき》のその真面目男も固定ギアバイクに乗り、「貝殻アート」をやり、とうとうあごひげまで生やしたではないか。スパイクはいちいち男にむかって「終わってる」といやみをいう。一年後、ひげをきれいさっぱり剃ったビジネスカジュアル姿のスパイクが件《くだん》のバーのカウンターにすわり、あたりさわりのない話を誰かとしている。目の敵のあの男は？　ぶらりとバーの前を通りかかり、今度はその男がこのバーは「終わってる」とバカにしたように言い放つ。

　この短いドラマは、趣味の永久機関のような性質を見事に表わしている。趣味という機関を動かしているのは、まず目新しさとなじみ深さ、飢えと満足のあいだを行ったりきたりするエネルギーだ。外的な刺激と内的な知覚が心のなかで不可思議に差し引きされて、私たちは食べものや音楽やオレンジ色に飽きる。だが、もう一つ、この機関を作動させているものがある。他人と同じであろうとしたり違っていようとしたりする私たちの微妙な心の動きである。そこには人に先んじようとする心の動きがあるわけだが、それは冷戦時代にゲーム理論にしたがってプレイした戦略家たちがよく知るものだ（この場合はこれまでの経過に関する情報がすべてあたえられている「完全情報ゲーム」ではない）。あるいはドクター・スースの絵本に登場する架空の生きもの「スニーチ」に親しんだ読者なら、やはりよくご存じにちがいない。おなかに星のマークの飾りがあるスニーチは、ライバルの星のないスニーチが「おなかに星をつけるようになった」のを知ったとたん、自分たちの飾りを取ってしまうのだ。

《ポートランディア》に見る、自分の尾をくわえたウロボロスのような趣味のイタチごっこは、そんなに現実ばなれしたものではない。ジョナタン・トゥブルというフランスの数学者は「人と違って見せようとして似てしまうという、協調なしに現われる集団現象」を見出し、それを「ヒップスター効果」と呼んだ。(28)決定すべきことについて全員が協調して同意する「協調性の高い系《システム》」と違って、ヒップスター効果は人々が多数派と逆の決定をしようとするときに生じるという。

他人が次に何をしようとしているかは正確にわかるものではないし、情報が余分だったり遅れたりすることもあって、同調するまいとしている者が「多数派に逆らい」そこねてしばらくみなと「一致」してしまう期間がある。(29)貝殻アートをあわててやめたスパイクも、それまでにショッピングモールの店先でたまたま作品を見かけたりして、貝殻アートをしている人を少しは目にせざるをえなかったかもしれない。しかも流行に対する感度は人それぞれなので、ある人は人より遅く流行に加わり、さらに遅れて次の人が加わりという具合につづき、まるで天文家の追う星が宇宙の彼方ではすでに一生を終えているように、もう流行の実体はどこにもないということにもなる。*別のモデルの解析では、「独自性の追求は追従《ついじゅう》を生む」と表現されている。[30]

《ポートランディア》の件の一コマに描かれた、人間の一見矛盾して見える二つの性質は趣味の領域のみにとどまらず、人間の行動全般に見られるものである。私たちがほかの人々と同じであろうとすることについては、「社会生活を営む段階にある社会的生物は、本質的に模倣好きである」と、忘れられたフランス人社会学者ガブリエル・タルドが一八九〇年の著書『模倣の法則』で述べている。[31]他者の模倣は「社会学習」として知られているが、これは進化上の適応戦略である。生き残り、さらには繁栄するたすけになる。ほかの種《しゅ》にも模倣は見られるが、最もすぐれた社会学習者は人間だ。何世代にもわたって知識を吸収し、積み上げつづける種はほかにない。

その社会学習の総和が文化であり、人間は文化のおかげで類のない生きものとして地球全体に広がった。人類学者のジョゼフ・ヘンリックが指摘しているとおり、人間はほかの霊長類とくらべて遺伝子レベルでたがいに近いにもかかわらず、北極圏で食料を探し、熱帯で作物を収穫し、砂漠で家畜を飼って暮らす。その居住地域は、ほかの霊長類をすべて合わせたよりも広いのだ。[32]そうなったのは人間がそのようにできていたからではなく、新しい環境に進出していく仲間を見て学習したからなのである。

これについて、人類学者のロバート・ボイドとピーター・リチャーソンは共著『進化は遺伝子に負うのみならず』のなかで、薬効のある苦い植物を例に引いている。私たちの感覚系は苦味を感知すると、有害かもしれないので食用に適さないと解釈する。だから本能として人間が苦い草を食べたがる理由はない。それでもとにかく誰かがそれを食べ、食べたおかげで思わぬ効果があることがわかる。するとそれを見て自分も試してみる者が次々と出てくるというわけである。ボイドらはこう書いている。「私たちは苦くても薬ならのむ。それは私たちの感覚と心理が進化して苦く感じなくなったからではなく、他者をまねたことで治療に役立てられるという考え方が広まったからだ[33]」。文化にとっての原初の「初めて飲むビール」のようなものだ。

ボイドらによれば、人が他人を模倣し、文化が適応的になるのは、コストも時間も一人で負担して試行錯誤するよりも、他人から学ぶほうが効率がよいからだという。このことは、食べものを探しまわり、どれが有毒でどこに水があるかを見つけようとした原始の時代の人

＊　まったくの成り行きで流行に乗っているケースもある。たとえば私の友人が名づけた「偶然のヒップスター」の場合、バス停にいる年老いた男性の着ている中古品店の服が、彼としては経済事情からそれを買っただけなのだが、個性を追求するヒップスターたちがいま夢中になっている服とたまたま同じだった。

間にも、いまネットフリックスやトリップアドバイザーのレビューを読んでいる人々にも等しくいえることだろう。選択肢が多すぎるとか答えがなかなか見つかりそうにないときは、流れに乗ったほうがよさそうだ。そうでないと、よいものを見逃してしまうかもしれない。

これに関して私の好きな例は、スコットランドの二人の研究者によるウガンダのチンパンジーの研究である。[34] 彼らがティンカと名づけたおとなの雄のチンパンジーは、ハンターのわなにかかって両手がほとんど麻痺していた。そのうえ慢性の皮膚疾患にもかかっていた。群れでの序列が高くないために、ほかのチンパンジーに体を掻いてもらえない。そこでティンカは一計を案じた。片足で植物のつるをつかみ、人間がタオルで体を拭くように背中につるをわたして足で引っ張ったのだ。

お見事。どうやら若いチンパンジーのなかにも、そう思う者がいたようだ。彼らはそうする必要もないのに、ティンカのまねをして体を掻きはじめたのである。研究者の一人であるリチャード・バーンは、若いチンパンジーのこの行動はティンカをからかうものだと考えられたが、現在ではその考えをすてたという。「チンパンジーには私がつねづね思っているよりもはるかに心の理論（訳注：ヒトや類人猿に備わった、他者の心の状態を推測する能力）があるということのようだね」とバーンは語る。ティンカをからかったと考えるよりも、ティンカのようにするとどんな得があるのか、しないとどんな損をするのかを知るためにまねをしたと考えたほうがよさそうだ。バーンによれば、「もちろんなんの得もなかったので、そのうちやめてしまった」そうだが。ところが不思議なことに、なんの役にも立たない気まぐれな行動でも集団内に広まることがある。二〇一〇年のある日、ザンビアのチンパンジー保護地区でマックス・プランク研究所の研究者らは、ジュリーと名づけたチンパンジーが草の葉を一枚耳に入れるようになったことに気づいた[35]。つるで体を掻いたティンカにはそうするわけがあったが、ジュリーの行動はなんの効果もなさそうだった。それなのに、まもなく群れのチンパンジーの大半が耳に草を入れているのが観察されたのである。

この種の模倣行動は稚拙《ちせつ》でさもしいとみなされることが多く、それで類人猿を意味する英語の「エイプ（ape）」という言葉には「猿まねをする」という否定的な含みがある。だが、人間ほど猿まねをしたがる猿はいない。ある非常に興味深い研究で、ヴィクトリア・ホーナーとアンドルー・ホワイトンは、人間の被験者にチンパンジーの前で褒美の食べものが入っている箱を開けて、開け方の手本を示させた。箱は不透明なものと透明なものとが使われた。最初に手本役の被験者の動作には、箱を開けるのに必要なものと必要でないものとがあった。最初に透明な箱が使われたとき、チンパンジーたちは何がどうなっているのかをよく理解して、見せられた手本のうち必要のない手順を無視した。次に不透明な箱にしても、同じようにできた。学習したことを次に移しかえていたのだ。

ところが、就学前の子供たちを対象に行なわれた同様の実験では、子供たちは「自分の行動の有効性を考える様子はなく、ただ見た動作を再現する傾向にあった[36]」。因果関係がわからなかったとか、箱の開け方が複雑すぎたというわけではないようだ（簡単な作業のときも正確にまねているように見えた）。ホーナーとホワイトンによると、むしろ作業よりも手本役に注意が集中しているらしく、それは手本役が箱の一番簡単な開け方を示しているのではないときでも変わらなかった。要するに、猿まねをするのが人間というものなのだ。

もしもあなたが私と同じように小さい子供のいる親だったら、子供がよくまねをすることは実験結果に教えてもらうまでもないだろう。ある日、私は娘にどうしてズボンの裾を少したくし上げているのかとたずねた。すると娘はマデリーンのズボンがそうなっているからだという。「それがかっこいいと思ったの？　それとも友だちのことが好きだから？」と私は聞いた。こんがらがったような顔をしたところを見ると、娘は理由を解きほぐせずに「両方」と答えたかったのだろう。理由がどうであれ、まねる価値があるにはあったようだ。

皮肉なことに、私たちが最もまねしたがるのは、往々にして機能性に縁のないものらしい――ファッションにちょっと変化をつけるとか、そういったことだ。社会学者のゲオルク・ジンメルが一世紀以上も前に述べているとおり、そういうものが「人間の行為に不可欠である動機とは無関係」だからにほかならない。[37] ファッションに少し変化を加えるだけで、ほかにはなんの影響もおよぼさずに大きな威力を発揮する。しかもコストはたいしてかからない。「家具の流行は服装の流行よりも変化が遅い。家具のほうが一般的に長持ちするからだ」とアダム・スミスが指摘している。[38]

だが、模倣はファッションだけでなくどんなところにもある。第1章で述べた保育園児を対象にした実験を思い出そう。子供に食べものを選ばせると、同じテーブルの子たちが食べているものに影響された。人間は社会学習をするようにできているらしい。これだと決められないときは、本能的に他人のしていることを頼りにする。そしてこの本能が非常に強いために、他人のしていることを見て同じようにするだけではなく、他人の目が向いていることをしたりする。ブリティッシュコロンビア大学のジョゼフ・ヘンリックらによる研究では、子供たちは大人の「手本」が食べものを食べているビデオを見せられた。何人かの手本のまわりには彼らを見ている見物人がいるが、ほかの手本の見物人はよそを向いていた。あとでどの食べものを食べたいかとたずねられた子供たちは、見物人に見られていた手本が食べていたものを食べたがった[39]。ヘンリックとロバート・ボイドは、「周囲から得られる手がかりの質が充分によいものでないと、人は模倣する」と書いている[40]。

心理学者のスタンレー・ミルグラムがニューヨークの街角で行なった有名な実験もある。ミルグラムは、人々にある建物のほうを――別に何もないのだが――見上げるよう指示した。見上げる人が増えるほど、立ち止まって同じように見上げる人も増えた。そうせずにはいられないだろう。大勢の人が見上げているからには、見るべきもののないはずがないではないか。*

＊　社会学習には、もちろん適応的でないものもある。喫煙の習慣は誰でもほかの誰かから「学習した」。保健医療専門家の忠告を機に煙草を吸うようになった喫煙者さえいる。

それにしても、もしも社会学習が非常に容易かつ有効で、模倣が遺伝子の存続を確実にするよい方法であるなら、なぜ他人と違うことをしようとする人がいるのだろう？　なぜスパイクのようにせっかくはじめた新しいことをやめてしまうのか。これは進化そのものにかかわる疑問だ。自然選択でふるい捨てられるものがなぜこんなにたくさんあるのだろうか。植物学者で遺伝学者のユーゴー・ド・フリースが指摘しているが、自然選択は最適者の生存の説明にはなっても、「最適者が現われる」理由の説明にはならない。(41) ヨーン・ウッツォンはもっと伝統的なオペラハウスの設計図を提出できただろうし、印象派の画家たちは当時の市場の趣味に合わせることもできただろう。その時代に認められなかった芸術家やイノベーターは、集団の将来の利益のために自らの現在の適応度を犠牲にする、遺伝子の利他主義者に似ている。(42)

ロバート・ボイドとピーター・リチャーソンは、どんな集団にも社会学習と個体学習との最適バランスがあると主張している。社会学習者が多すぎると革新の能力が失われる。いくら魚の捕り方を賢い年配者から学んで知っていても、その魚が絶滅したらどうするのか。また社会学習者が少なすぎても、独力で学ぶのに忙しすぎて社会が繁栄しない。それぞれが弓矢をせっせと改良しているあいだに、肝心の食料を手に入れるのを忘れてしまう者もいるだろう。

おそらくこのように他人と同じことをしないのもまた進化において有用であるという感覚が染みついているせいだろう、人間——とくに「ＷＥＩＲＤ」の人々*——は集団に属したいと思う一方で、個性ある人間でありたいとも思い、気持ちが引き裂かれている。この状況は、「差異化を求める同調者」とでも言い表わせよう。自分の趣味が自分ひとりだけのものだったらいやだが、誰かにそっくりだといわれれば、それもまた「いい気持ちはしない」[43]。同僚が自分とよく似た服装で職場に現われたときのショックを想像してほしい。「君たち、今朝は示しあわせて服を選んできたのかい？」とからかわれるに決まっているのだ。私たちはほどほどのところを求める。たとえば映画『ウディ・アレンのバナナ』のなかで、ミス・アメリカが検察官の質問に答えていう。「意見の違いは大目に見るべきです。でも、違いすぎてはだめです[44]」

最適弁別性理論と呼ばれる理論では、人はつかず離れずの気持ちで集団とつながっている（グループで食事をしに行ったときに何を注文するかといった単純なことでも、その感覚がある[45]）。もしもやることなすこと他人に同調していたら、趣味や嗜好というものはないだろうし、みながてんでばらばらでもそうだろう。私たちは部分的に同調し、全体としては差異化を図っているのだ。心理学者のマシュー・ホーンジーとヨランダ・ジェッテンは、私たちが具体的にはどのようにそのあたりの折りあいをつけているのかを突き止めた[46]。一つは、ち

＊「Western（欧米の）、Educated（教育水準の高い）、Industrialized（工業化した）、Rich（裕福な）、Democratic（民主的な）」国の人。ヘンリックによって広く知られるようになった解釈（訳注：この頭字語「WEIRD」は「突飛な、変な」という意味の単語になっている）。

うどよい大きさの集団を選ぶか、集団が大きすぎる場合はそのサブグループを選ぶことだ。たとえば、ただ民主主義ではなく中道の民主主義を選び、ただビートルズが好きというのではなくジョン・レノンのファンになる。

同調者が差異化を図るのにはもう一つの戦略がある。逆説的だが、個性を際立たせたいなら、集団の規範に集団内の他メンバーよりも強く同調していることを示せばよい。「私のほうがあなたよりもずっとパンク/カントリー/共和党支持/完全菜食主義/［あなたの属する集団］らしい」という具合だ。ボディピアスをしている人に関する研究では、まさにその集団に入ると思われた人たち、つまり最も同調している人たちが、じつはできるだけ主流とは違っていたいと思っていた[47]。

主流との差異化を図ることに疲れたときは、いかにも主流らしいものを猿まねすればよい。これが「ノームコア」[48]の生まれた背景だ[49]。流行に敏感だった人々が最新の流行を追うことに疲れ、よく見かけるニューバランスのスニーカーや平凡なジーンズといったふつうのスタイルにギアチェンジした。それがアンチファッションのトレンド、ノームコアだといわれている。ノームコアはビジネスのケーススタディというよりもコンセプチュアルアート的な試《プロジェクト》みとしてはじまったのだが、その前提となる考えがあまりにもっともに思えたため――プロジェクトのマニフェストには「最も人と違った行動は、違っていることを完全に拒否することだ」とある――その新奇性をよろこんだメディアが、ローマ神話でおなじみの息子を食らうサトゥルヌスばりに猛然と食いついてきて、プロジェクトの望みは実現された[50]。ノームコアは新しい考え方のように見えるが、ゲオルク・ジンメルが一世紀も前に取り上げている。「流行への追従が先例を模倣することにあるなら、流行を意図的に無視するのも、逆のことに見えながら同じく模倣である」[51]

ここで話は《ポートランディア》のスパイクにもどってくる。個性（彼が自分に似た人々と共有している個性）の追求が集団外の人間に侵害されていると感じたスパイクは、別の新しいものを探すことにする。侵害されたと思い、やめてしまったどれもこれも――あごひげも貝殻アートも――もちろん機能性のない、捨て去ってかまわないものだった。ジョーナ・バーガーとチップ・ハースが指摘しているように、私たちが自分らしさのシグナルを送るのは、そのような特定の領域でのみだ。たとえばスパイクは目の敵《かたき》の真面目男が自分と同じものを使っていると知っても、それがトイレットペーパーや歯ブラシだったらブランドを替えたりはしないだろう。みながビニール盤のレコードを聴いていた時代は、レコードは音楽を聴くために必要な媒体だった。レコード生産がレコードの機能とともにほぼ姿を消したとき、初めてレコードが自分らしさのシグナルになった。そしていま、「カセットテープ復活」が勢いづいている。

バーガーとハースはスタンフォード大学で行なった示唆に富む実験で、ランス・アームストロング財団（現リブストロング財団）のリブストロング・リストバンドを「ターゲット」の学生寮で販売した（このリストバンドの人気が徐々に高まっているときだった）。翌週、いくらか「ダサイ」といわれている別の学生寮で同じリストバンドを販売した。一週間後に調査してみると、ターゲットの学生寮の学生でリストバンドをつけている者の数が三二パーセント減少していた。ダサイやつらをきらっていたわけではなく――本人たちの弁では――彼らとは違うと思っていたからだ。したがってこのゴム製の黄色いリストバンドは充分な理由があってつけられ、自分らしさを発信するもの、趣味を表わすものになっていたということになる。ターゲット集団がダサイやつらとシンボルでつながるのを避けるには、趣味を「放棄」して別の趣味に乗りかえるしかなかったのだ。新奇性の追求と同じく、新しい趣味はその前の趣味を意図的に拒絶することであり、前の趣味をいまだのしんでいる人々と距離を置くことなのである。「あのロックバンドは人気が出る前が好きだったね」というのは、よく耳にする言葉だ。

　人類学者のリチャード・ウィルクは、好きのシグナルはきらいのシグナルよりもはるかに公《おおやけ》に発信しやすいので、そのことが「消費は目につきやすく、忌避《きひ》やタブーはひそやかで目立たないことの理由の一つかもしれない」と指摘している(52)。肉屋から出てくる人を見れば、その人は肉が好きだとわかる。だが、野菜を買っている人を見ても、その人が肉はきらいだとシグナルを発しているとはかぎらない。

　きらいは好きよりも社会的な団結を形成する力があるといってよいだろう。英文学者のジョン・マランによれば、イギリスで最初に「趣味のよさ」に言及したものの一つ、ウィリアム・コングリーヴの一六九三年の戯曲『二枚舌』に、「〝あの人は趣味のよさをもちあわせていない〟と、人を揶揄する台詞がある(53)」。集団が共通して抱く反感は美術史に多大な影響をおよぼしてきたと美術史家のE・H・ゴンブリッチは指摘し、「排除の原理」にもとづいて「芸術のムーブメントの大半が新しいタブーや否定原理を打ち立てている」と述べている(54)。印象主義からパンクロックまで、アーティストは現状に反旗をひるがえしてきた。ダダイストはそれを極限まで突きつめ、「あらゆるものに反対する」意志を表明した。

趣味がおもに「自分自身の」何を「語っている」かというと、自分が好意をもち、趣味も——ある程度——似通った人と同じようでありたい、趣味の合わない人とは違っていたいという願望である(55)。ここから「同調伝達」が複雑になる。これは多数の人のしていることから社会学習をするという単純なことだが、私たちはせっかく学習したのにそれをやめてしまうことがままある。ドクター・スースのスニーチのように、「模倣に対抗する」のだ(56)。

だとすると、私たちは他人の行動を意識して選んでいるのだろうか。自分はある人から影響を受けていて相手もそれを承知しているとわかっている場合は説得、自分が影響を受けていることに気づかず、相手も自分の影響力に気づいていなければ知らぬ間の感染である(57)。趣味に関しては、無作為に対象を選ぶということはまずない。たとえば私たちは「名声バイアス」のせいで、社会的に重要とされている人から学習する。これまで社会学では、影響力はつねにトリクルダウン式に上から下へのものと考えられていた。上流階級の人々があるものを選び、下の階層の人々がそれに倣《なら》う。すると上流階級の人々はその趣味を拒絶して新しい趣味に移る。「むろん下層階級は上流階級を目ざして努力する」とジンメルは、まるで生物の法則を紹介するかのように書いている。

ただし、いつもこの法則どおりにいくわけではない。英語の「like（～のような）」という言葉を引用符のように使う傾向がよい例だ。昨今は「I was like, "No way"（『ありえない』）っていったのよ）」という言い方がどこにでも見られる。この使い方をしはじめたのは中産階級の若い女性（ブルデューのいう文化的エリートではない）だったが、それが全体に広がった。[58] 文化に関しては、第3章で紹介したように、雑食性の人々はごくあたりまえに「下層の」音楽も聴く。ロブスターのような食べものは、これまでに憧れの高級なご馳走と「貧窮と零落」のしるしとのあいだを行ったりきたりした。[59] こうしてみると、ブルデューが取り上げなかった厄介な問題がありそうだ。同じ社会階層のなかでも趣味がいろいろに分かれるのなら、いったい何がそうさせるのだろうか。[60]

趣味は人とは違っていたいと強く思うときに変わり、また人と同じになろうとするときにも変わる。[61] 集団は趣味をほかの集団に「伝播」させるが、趣味そのものが集団を形成させもする。わずかな、一見して些《さ》細《さい》な違い——飲むコーヒーのタイプなど——が、文化をめぐる「本気の」争点になる。[62] 然《しか》るべき趣味といわれるものを入手できる人が増えるほど、わずかな差異がますます細かくなる。その証拠に、コーヒーならコーヒー、ブルージーンズならブルージーンズと、以前はそれ一種類しかなかった商品がいまではさまざまに「差異化」されている。「シングルオリジン」のコーヒーとか「セルビッジ」のジーンズがなんなのかを数十年前に誰が知っていただろう？ 同調と差異化が押したり押されたりし、自己矛盾ともいえるサイクルになる。《ポートランディア》のスパイクのように、人と違っていたいと思いながら、その違いを表現したいがために違いを共有する仲間を探すのだ。彼はその集団に同調するが、その集団のメンバーは彼ら同士が似ていることでほかの集団との違いをいっそう強く感じて満足する。(63) リブストロングのリストバンドをしていた学生たちが、ほかの集団がそれをしているのを見てリストバンドをはずしたのは違いを感じたいからだ。趣味の選択を後押しするのは、一つにはこうした社会的な駆け引き、すなわち学習と回避なのである。しかし、これで全部ではない。趣味はただのまちがいや偶然で変わることがある。

ひょんなことから有名に――好みの無作為性と予測不能性

送電線がくねくねと通るマサチューセッツ州バークシャーヒルズの森の開《ひら》けた一角で、マサチューセッツ大学の研究チームがアメリカに生息する小鳥の声を数十年にわたって録音している。黄色い頭頂部がおしゃれなワキチャアメリカムシクイのさえずる声だ。全米オーデュボン協会のウェブサイトに掲載されている「北米野鳥ガイド」は、その鳴き声を「表現ゆたかに歌うようにさえずり、最後に高く鳴いてとめる」と紹介している。一般的に、鳥の鳴き声には「強勢のある」ものと「強勢のない」ものの二種類がある（前者は「最後の音節で声量が大きくなって音調がはっきりと下がる」(64)。後者はそれがない）。強勢のある鳴き声はつがいの相手候補を引きつけるための声で、事実、アメリカムシクイの雄はつがいの雌が見つかると、恋人時代が過ぎて外見に「かまわなくなる」夫のように、その鳴き方をほとんどしなくなる。一方の強勢のない鳴き声は、雄同士が争うときによく聴かれる。

研究者らはワキチャアメリカムシクイの鳴き声の変遷を録音でたどり、一九八八年に最も一般的だったと思われる強勢のない鳴き声が一九九五年にはほぼ完全に聴かれなくなって、まったく新しい鳴き声になっていることに気づいた。ビルボードホット100チャートに似て、ワキチャアメリカムシクイの音楽文化はかなり短期間でまったく新しい「趣味」に移行していたのだ。何が起こっていたのだろう？　種もしくは個体の適応度、言い換えれば遺伝子を次世代に伝える能力の観点からすれば、コミュニケーションにおいて同調する者が有利なので、全員が知っている鳴き声で鳴いて全員に同類だとわかってもらえるほうがよいはずなのに、なぜ新しい鳴き声で鳴くのだろう？　一九八〇年代のニューヨークのヒップホップのDJのように、ワキチャアメリカムシクイの雄は即興の歌で競いあい、節まわしの巧みさでライバルをねじふせようとしていたのだろうか。

マサチューセッツ大学の生物学者でこの研究チームのリーダーであるブルース・バイヤーズは、もっとつまらないことが作用していると考えている。ただ鳥がまちがえて鳴いただけだというのだ。話を聞いてみると、「同じ種でも個体によって模倣の正確さがさまざまなんですよ。人間と一緒です」とバイヤーズはいう。完璧に模倣するには「なんらかのコストがいるんでしょう。人間の場合も、正確に模倣するにはそれなりの頭脳がいりますからね。ですから、そのコストを埋めあわせられるだけの利益がないかぎり、どうでもいいようなところは手本の鳴き声と多少違っていても不思議ではありませんね」。伝言ゲームと同じだ。鳴き声が伝えられていくうちに「そういうちょっとしたバリエーションがどんどん蓄積していって、一〇年くらいで鳴き声がすっかり変わるわけです」

それとは対照的に、雌を引きつける強勢のある鳴き声はほとんど変化がなかった。バイヤーズは、この場合は正しく鳴くのが非常に重要だからではないかと考えている。鳥のマーヴィン・ゲイさながらに「高い調子でずっと」歌いつづける雄を雌は好むらしい。そして、そのとき同じ歌を歌ってもらったほうが、どの雄が一番うまいかを聴き分けやすい。だからあなたが雌なら（そして自分の遺伝子を子に伝えたいなら）、エネルギーを余分に使ってでもその歌をしっかり習得するのは当然だろう。

徐々に変化していく強勢のない鳴き声の場合、鳥たちが新しい鳴き方を求めたとか独創的な鳥が新しいスタイルをつくってやろうと考えたわけではない。仲間内で有名なアメリカムシクイがいて、その新しい歌唱法をただまねていたのでもない。それに鳴き声はあるとき突然に変わったのではなかった。新しい鳴き声は、先に紹介した工業デザイナー、レイモンド・ローウィの「きわめて先進的だが、受け入れられるぎりぎりのところ」式に、その前の鳴き声に少しずつひねりを加えながら徐々に変化していったのだろう(65)。また、強勢のない鳴き声の多くはライバルに対してたまに使われるだけで使用頻度が低いので、きっと鳥たちはそううまくは鳴けないだろう。

最初に消えていく鳴き声は、もうおわかりかもしれないが、最初からめったに使われることのなかったものである(66)。ツイッターとツイートとはうまく名づけたもので、鳥の鳴き声はそれに似ている。鳥の個体群のなかでミーム（訳注：文化の形成にかかわる、遺伝子のように複製される情報のこと）が広まるには、ツイッターのハッシュタグと同様、存続の基本条件として広く共有されること（より多くのフォロワー）と発現頻度が高いこと（リツイート）が必要である。[67] それらがなければ、「何かのはずみで消滅」していくだろう。

そういうわけで、鳥の行動パターンの変化を促していたのはまちがい、そして無作為の模倣だったのだ（ほかの要素は同じままだった）。強勢のある不変の鳴き声は、人間なら「核になる」信念のようなもの、たとえば宗教、倫理、自我といったものと考えてよいかもしれない。これらは長期にわたる進化において非常に重要なものなので、人間はそこに多くのエネルギーをそそぐ。反対に、強勢のない鳴き声は流行や好みに似ていて、簡単に変わってはならないような重要なことではない。人間が進化し、繁栄するのに役に立つものではないから変わりやすいのである（出会い系サイトでの出会いの成功率の低さを考えてほしい。出会い系サイトは、好きな音楽や興味のあることなどの安直な情報データにもとづくマッチングに頼りすぎている）。

鳥の鳴き声に起こっていたことを人間に置き換えた場合の具体的な例として、英語の不規則動詞を考えてみよう。不規則動詞にはいつの間にか「規則にそって変化する」動詞になったものがあるが、それはなぜなのか。一方で、不規則動詞のままの動詞もあるのはなぜか。データサイエンティストのエレツ・エイデンとジャン＝バティスト・ミシェルが指摘しているように、英語の「thrive（繁栄する、よく成長する）」の過去形は現在では「throve」ではなく「thrived」が使われている。エイデンらが英語の文章のデータベースをもとに調べたところ、不規則動詞は使われる頻度が高いほど不規則動詞のままでいることがわかった。なぜか？　めったに出会わない不規則動詞は、いちいちその不規則形を覚えていられないからだ。それでまちがえて書かれるうちに、規則動詞になってしまうのである。

これは文化の自然選択的プロセスだとエイデンらは述べている。「動詞は頻繁に使われるほど、生き残るのに適してくる」[68]。「throve」を消滅させようとする陰謀があったわけでもなければ、「thrived」のほうが本質的に好ましいわけでもない。「thrived」が繁栄したのは、めったに使われない不規則形を覚えるのが厄介だったからというだけのことなのだ[69]。まちがって使われ、いくらかなりとも無作為に模倣され、その結果「thrive」の過去形はワキチャアメリカムシクイの鳴き声が変わったように、数百年のうちに急速に新しいかたちに変化したのである。

ここで疑問に思うのは、より広く社会のレベルで考えたとき、私たちの好みは多少とも偶然かつ無作為なプロセスによってどれくらい変わるのかということだ。ただ前のものと違っているだけの、よりよいものとはかぎらない文化の「突然変異体」が現われることで、世の中の趣味はどのように進化していくのだろう？　音楽の世界にはまちがいや偶然から革新が生まれた瞬間がたくさんあり（たとえばヒップホップに「スクラッチ」が取り入れられたこと、シェールのシングル曲「ビリーブ」で音程補正ソフトウェアのオートチューンがエフェクターとして使用されたことなど）、その革新が最終的に私たちの好みを変えた[70]。レコードでギターにディストーションが初めて使われたときのことは、多くの創造のエピソードの例にもれず、語り草になっている。たまたま機材の調子が悪かった——あるいはただ音量を上げすぎた——のかもしれないが、ギタリストはその出しそこなった音がかえっておもしろいと思ったのだろう。そして、それを聴いた誰かがその音を気に入ってまねすることにし、自分なりに工夫を加えながらこのエフェクトをさらに追求した。

　こうして二〇年のあいだに、一九四九年のゴリー・カーター「ロック・アホワイル」のような、いまはもう忘れられたロックのプロトタイプで聴こえるかすかなジジジという音（当時はまちがいなく先端だった）から、キンクスの「ユー・リアリー・ガット・ミー」の太いうなり（デイヴ・デイヴィスがカミソリでアンプのスピーカーコーンを傷つけて出した）や、ジミ・ヘンドリックスの咆哮（いまや電子機器で鳴らすようになり、カスタムオーダー品のファズボックスとマーシャルの大きいアンプが使われた）へと変わっていく[71]。その音が気に入るとわかっていて鳴らしたギタリストはいない。わかっていればとっくにやっていただろう。ピート・タウンゼントがギターをたたき壊すのも、最初は「たまたま」そうしただけだったのだ[72]。ブルデューがこう記している。「自分の趣味に合うものを発見することは自分自身を発見することであり……いわねばならなかったのに言い方がわからず、結果的に知らなかったものを発見することだ[73]」

　好みは変わる。だがそれは株価の「ランダムウォーク」のようなものだ。ここでも、過去は未来へのあてにならない道しるべなのである。私たちはポップチャートは激しく入れ替わるものだと思っているが、最も一般的な家具の色、最も人気のある犬の品種、最も多い子供の名前といったものを思い浮かべてほしい。これらも、どの年をとっても一定の傾向が見られる。だがそれは五年前とは違っているし、五年後も確実に変わっているにちがいない。変わる理由を説明したり、どう変わるかを予測したりすることはできるだろうか。どの犬種や名前や色が流行し、どれがすたれるのかという意味ではない（なぜならウォール街の「効率的市場」仮説にしたがえば、これから人気が出るものがわかったときにはすでに人気が出ているはずだからだ）。変化が起こる率は予測できるのかということだ。文化的変化の「中立モデル」と呼ばれているものによれば、それはできるという。

この考え方は遺伝学の理論からきている。一九六八年に発表された中立進化説は「分子レベルでの変化の大部分は自然選択によるものではなく、自然選択に関して中立な突然変異体の遺伝的浮動によるものである[74]」とするもので、当時は画期的な理論だった。言い換えれば、遺伝子の変化のほとんどは偶然に起こるということだ。外部からの機能的選択圧（たとえば局所環境のなんらかの要素）に促されるのではなく、何か内的なロジックに導かれるかのように自ら変化する。そしてそれが起こる確率は予測できるのである。

これを文化に適用した「中立モデル」から、たとえば人気犬の順位がたびたび変わることが予測できる。急に人気が出る犬もいるだろう。だがそれは、その犬種の性質がほかの犬種よりもすぐれているからでも、上流階級の人々が急にその犬種を好きになるからでもない。誰かが連れているのを見てその犬がほしくなるといった「無作為の模倣」によって人気度が変わるのである。このことは、イギリスのダラム大学の人類学者R・アレグザンダー・ベントリーと共同研究者が長期間の犬種登録データを厳密に調べて発見した。[75] 統計学的に、犬の品種の人気指標はべき乗則にしたがうため、上位十数種の犬で毎年の登録数の大多数を占めることになる。しかしその上位の犬種は入れ替わり、その変化はまったくランダムなのだ。裏で熱心な宣伝キャンペーンが行なわれなくても、あまり知られていない犬が人気になる場合もあれば、やはりはっきりした理由もなく人気がなくなることもある。

人気の要因が、たとえば本来の性質がほかよりもよい犬だったからというわけではないことは、ほかの研究でも示されている。犬種ごとのよい特徴（行儀のよさ、寿命、遺伝性疾患の少なさ）と人気度を調べた研究では、その二つに関連は見られなかった。[76] 健康に最も不安要素のある品種が一番人気になることもある（「不自然選択」と呼ぼう）。人間は性質や特徴が人間に適した品種を選ぶわけではないらしい。ベントリーとの共著のあるウェスタン・カロライナ大学の心理学教授ハロルド・ハーツォッグが指摘しているが、アメリカでは、気性の荒さで知られるロットワイラーが一〇年で人気二五位から一位にまで急上昇している。[77] その後、ロットワイラーに襲われて死亡した人の数が急増し、当然ながらロットワイラーの登録数は瞬く間に減少した。

とはいえ、犬種の人気にはたらく選択圧は確かに例がある。その最大のものは子供向け映画だ。ディズニーの『一〇一匹わんちゃん大行進』と『ボクはむく犬』の公開後は、ダルメシアンと牧羊犬の登録が増えた。映画の興行収入が増すほど、その犬の人気は高まった（ただし、事例によってはすでに人気上昇中の犬ということで映画に選ばれたのだろうから、因果関係は逆といえる）[78]。だが、映画に使われた犬種の一時的な流行は「通例ではなく例外」であって、強い選択圧ではなくなってきているとハーツォグは述べている。メキシカン・ファストフードチェーン店のタコベルのCMにチワワが起用されたあと、チワワの登録数は落ち込んだという。少なくとも当初はタコベルの売上げに貢献したものが、チワワ人気にとっては足を引っ張る要因になったようだ。では、世界三大ドッグショーの一つといわれるウエストミンスター・ドッグショーでの優勝はどうだろうか。なにしろ一九五〇年代の「目覚ましいプードル人気」は、それが原因だったといわれている[79]。しかし当時はそうでも、現在はもうこのドッグショーで優勝しても、そのことがその後の犬種の人気順位を変動させることはないようだ。

本章の初めに紹介したエドウィン・ロングの『バビロンの花嫁市場』がそうだったように、上位の犬種がどの犬でも——そして、その犬はどこかがすぐれているから人気のトップにいるのだとどんなに思いたくても——予測できるのは、好みは変わるということのみである。

あるとき私はロンドンのアートカレッジの最上階の会議室で、色見本帳で有名なパントン社の極秘の年次会議に同席した。そこに集まったのは、黒い色をただ黒だと思うのではなく、何種類もある「黒系統色」についてたのしげに話す色彩の専門家たちである。会議の目的は、翌年の人気色を予測することだった。理想的な犬——このところ目につくようになってきたが、まだ露骨に目立ってはいない犬——を探す映画プロデューサーのように、カラリストは人気の兆《きざ》しのある色か新しい使い方をされている色（たとえば「濃紺が黒の役割を引き継いでいる」など）を敏感に察知する。彼ら色の「予報官」たちは人気に火がついたのを見つけると、そこに燃料をそそぎ込む。

たとえばパントンは二〇一一年の夏の色をオレンジ色だと予測したが、その後私は食品香料と香粧品《こうしょうひん》香料のフィルメニッヒ社の取締役と話したおりに、「市場に出まわっているのはこの赤みがかったオレンジ、つまりフレイムオレンジです」と聞かされた。その色は、GMの新型カマロ、ソニーのパソコンのバイオ、ヒューゴ・ボスの新しいライン「ボス・オレンジ」にひそんでいたのだ。「点をたどって結んでいくとこうなるのです」と取締役は私にいった。色の予報官はサーファーのように、立ちはじめた波をとらえる。オレンジ色が流行色の可能性の海原から突出するのも、「突発的」に現われる「巨大波」を起こす複雑な物理学的メカニズムとおそらく似た仕組みにちがいない[80]。人気の推移は巨大波のふるまいと同じく非線形であるようだ。いったん動きだすと初めの状態からは予測できなかったほど大きくなるのである（巨大波は周囲の波のエネルギーを「奪い」、人気の犬もほかの犬から勢いを「奪う」）。

中立モデルになぜ説得力があるのかといえば、趣味のようにきては去るものを広く「集団レベル」で考える手段になるからだというのがベントリーの見解である。人気を表わす明確な指標——ある年のビルボードホット100チャート、子供の名前、学術論文中の「キーワード」など——の回転率は、入れ替わりの激しいものには何かしらの自然法則があるかのように、統計的に同じに見えるのだ。

ベントリーによれば、子供の名前の場合、国の人口が増えるとともに新しい名前がつけられ（消えていく名前もある）、特定の名前の人気が上昇したり下降したりするが、それでも親が無作為にまねしあうために、全体として名前の人気度の統計的分析結果はほとんど変わらない。遺伝学の中立モデルで、遺伝子は自然選択の影響を受けないとされていることを思い出してほしい。遺伝子は、ほかの遺伝子よりも「本質的に」すぐれているなどの「適応的な」理由で選択されることはない。だとすると、ベントリーが論じているように、子供の名前は本当に「既存の名前群から比例関係にのっとって選ばれる、価値中立的な文化特性であって、『突然変異』でつけられ、無作為抽出で忘れ去られる」のだろうか。

子供の名前は、趣味や嗜好を研究する人々がかねてから関心を寄せていた。ハーバード大学の社会学者スタンリー・リーバーソンが指摘したように、名前はほかの多くの流行と違ってふつうは一生変わらない。うまい言葉で誘って特定の名前をつけさせようとする広告主がいるわけではなく、商業的にも「価値中立」である。リーバーソンは、「娘に『ローレン』とか『エリザベス』と名づけても、『クリスタル』とか『タミー』と名づけても、お金がかからないのは同じである」と記している。(81) むかしは、名前は伝統や社会規範に深く結びついていた。一族の姓や宗教に関連する名がつけられ、選択肢が乏しくなってきたりもした。遺伝モデルでいえば、名前は厳しい選択圧を受け、とくに男児の名前がそうだった（たとえば一九世紀のイギリスでは、ウィリアムやジョンやヘンリーが一貫して多かった）。それが一九世紀後半になると、文化のさまざまな面がそうだったように、名前も個人の選択で決まるようになっていった。つまり「親がその名を好きかきらいか」ということだ。

名前は伝統から流行になった。そして流行は二つの顕著な大きい力で決まるとリーバーソンはいう。一つは外的要因、すなわち大きな社会的波及効果である。その好例が、かの有名なファーストレディ（訳注：J・F・ケネディ大統領夫人のこと）の華々しい登場のおかげで一九六一年のアメリカでジャクリーンという名前が人気になったことだ。しかし、こうした大きな外的相関関係のない場合も多い。リーバーソンは、聖書に関連する名前の増加と礼拝出席者数の減少に対応があることを発見している。しかも、宗教に最も無縁な人々がその種の名前を使っていた。

もう一つ、もっと重要なのは、「外的要素に変動がなく」ても好みを変えさせる「内的メカニズム」だとリーバーソンは指摘する。彼のいう「歯止め効果」においても、これによって好みに新しいちょっとした変化がもたらされる（たとえば、ジェニー〔Jenny〕をジェンナ〔Jenna〕にといったように一文字だけ変える）。これが遺伝モデルでいう突然変異である。この突然変異に、ふつうは同質の変化がさらに重ねられる。こうしてスカートの丈《たけ》や髪の長さは少し長くなり、また少し長くなり、とうとうこれでは不便だ——あるいはばかばかしい——というところまでくる。ローウィの「きわめて先進的だが、受け入れられるぎりぎりのところ」だ。

変化の原因をなんらかの社会的要因に帰そうとする試みはあるだろう（Xが人気になったのはYだったからというように）。だが、純然たる無作為と模倣の導きから逃れることはまずもってできない。リーバーソンは、二〇世紀後半に「n」で終わる男の子の名前が人気だったことを発見した（一九七五年がおそらく人気の頂点で、数十年前にはまったく不人気だった「ジェイソン（Jason）」が二位になっている）。その後、人気は下り坂になった。人気の原因はなんだったのだろう？　「n」の音の響きのせいで名前の本質的な価値が高まったとか、人間がもともと生物学的に「n」で終わる名前を好むようにできているというわけではあるまい。もしそうだったら、人気の上昇が止まるはずはないではないか。むしろワキチャアメリカムシクイと同じで、きっと音の響きを聞いた人がそれを気に入り、自分もそういう名にすることにしたのだろう。名前に関する一世紀分の統計分析によると、そのときどきの人気度を計算に入れても、前年に人気のあった名の音を含む名前が使われる傾向が見られた。[82]

名づけの要素に音が加わると「まちがい」への扉が開かれ、模倣は少しずつオリジナルからずれていく。一九七〇年代に人気のあった「ジェニファー」という名前から、似た響きの多くの名前（たとえば「ジェシカ」）への「関心が生まれる」とリーバーソンは記している。何がきっかけで音の人気が高まるのか、そこはまったくの偶然だ。ハリケーンのあとの命名パターンを調査した研究では——ハリケーンの名前はリストから無作為につけられる——そのときのハリケーンの名の最初の文字からはじまる名前が増加していることがわかった。[83]　しかもハリケーンの規模が大きいほど、たんにその文字によって表わされる「音素」がよく耳に入ったという理由で、その増加率も大きくなった（ある程度まで）。これと少し似ているのが本の「ジャンル」である。《ニューヨークタイムズ》紙のベストセラーリストに入った本と同じジャンルの本の売上げが伸びるのだ。一冊読んだ人はどこか影響を受けて、同じジャンルの本をほかにも読んだのだろう[84]。

そろそろ抗議の声が聞こえてきそうだ。これではまるで私たちは右へならえするだけの頭のからっぽな横着者で、食品雑貨店や天気予報で小耳にはさんだことをもとに子供に名前をつけ、何も頭をはたらかせていないみたいではないか、と。事実、中立モデルを批判する人々は、選択にはほぼかならずなんらかのバイアスがかかっていると主張する。最も身近な例がまさにその人気だ。人気のあるものは、人気があるために模倣される。

ただし、逆方向にはたらく選択もある。大勢がしていると感じると（名前を決める、リツイートするなど）、それをするのをやめる人が現われるのだ。経済学者はこれを「非機能的な需要」と呼び、「商品本来の質」とは無関係に需要を増加（あるいは減少）させるあらゆるもののことを指す[85]。

中立的浮動という考え方は、選ばれたものはほかのものよりもどこかがよかったわけではなく、無作為に抽出されるとするものだが、名前の場合はそのものになんらかの価値があるものが多い。ある研究が示しているとおり、民族に特有の名前（たとえばラトーニャやトレメイン）には、入社試験の面接の電話連絡がこない可能性の高いものがある[86]。別の分析では、第一次世界大戦後はドイツ系の名前だとニューヨーク証券取引所の会員権の購入が難しかった（そしてヴィルヘルム、オットーと名づけられる子供が減った）[87]。これらの名には、社会のなかで他と区別するしるしのような、認知された価値があるということだ。* 文化のなかにばらまかれている名前が特段の意味をもたないように見えても、それらもなんらかの「弱い」選択圧を受けているかもしれない[88]。暴力事件を起こす息子について母親が一人称で語る小説『少年は残酷な弓を射る』を読んだ母親は、たとえそのマイナスイメージをわかる人がわずかしかいなくても、子供にこの小説の少年の名はつけまいと思うだろう（したがって誰かがさらに彼女をまねてこの名をつける可能性も小さくなる）。

私がこのことをもちだすと、ベントリーはこれがまさに中立モデルの有効なところだと答えた。大きい集団レベルで文化の変化を見たときに、無作為の模倣のみが原因に見えたとしても、ノイズの多い統計というものがいわば壁紙のような背景になって、選択圧が本当にはたらいているときにそれを見てとる役に立つ。ラッシュアワーの混雑した幹線道路を上空から眺めると、車を運転している全員が事実上ほかのドライバーをまねしているように見える。道路は中立的浮動のようだ。だがよく見ると、あるドライバーは前の車にぴたりとついて

＊　私の住んでいるニューヨークのブルックリン界隈では、親が子供の名前をブランド化しすぎていると感じることが多い。子供の名前を小道具にして自分のライフスタイルの広告キャンペーンをしているのではないかと疑いたくなる。

「選択圧」をはたらかせ、前のドライバーに影響をあたえているだろう。好みは車の流れに似ている。基本的パラメーターと法則のある大きく複雑なシステムであり、人々がたがいに同じことをしあうノイズの多い共鳴室であり、いくつか新しい歌がホット100入りするだろうという程度に、結局はいくらかの数の車がその道を通るだろうということぐらいしか予想できない。

あれこれ考えてきたが、最後に一つ疑問が浮かぶ。無作為なのかそうでないのか、バイアスがかかっているのかいないのかにかかわらず、趣味というものが模倣による社会学習を通して変わっていくのなら、インターネットのおかげで他人がしていることを以前よりもずっと事細かに見る機会がぐんと増えた現在、どんなことになるのだろうか。

私がティーンエイジャーだった一九八〇年代のある日のこと、たまたまラジオのダイアルを回して左端の局に合わせると、いろいろなタイプの音楽をかける番組を放送していて、パンクロックがかかった。私は外国語で仲間内の話をしているところに出くわしたみたいな気分になった。聴いたことのない音楽（正直なところ、私の趣味はかなり保守的だった）、それまで耳にした音楽とずいぶん違う音楽だった。

私はすぐにこの奇妙な騒音のファンになったが、追いかけるにはとても時間がかかることに気づいた。町の人目につかない一角にある人目につかないレコード屋で人目につかないアルバムを探し出したり、立派とはいえないホールで開かれる各年齢入り乱れての汗臭いライブに出かけたり、よそではどれくらいの人がこの音楽を好きなのか見当もつかず、話がわかるほんの数人の学校友達と話したり。そんなことをしながら、この音楽はもっと知られさえすればもっと人気が出るはずだという思いを強くしていた（例の最適弁別性理論の心理がはたらいて、ファンが増えすぎたために私の気持ちは萎えるのではないかという始末に困る疑問はこのさい考えない）。

現在はそんな時代があったとは信じられないくらい様変わりしている。インターネットのおかげで世界中のほとんどの音楽をワンクリックで聴くことができ、チャットルームなどのフォーラムを通じてどんなに少数派のジャンルでもファン同士が出会える。流通のネックになっていたものにテクノロジーが風穴を開け、誰でも録音した音楽を安く簡単に世に出せる。エコーネストでの例のように、新しいジャンルが一夜にして現われ、ファンを獲得できる。理屈の上では、私の十代のときの願いが現実になった。音楽を聴く妨げは物理的にはない。音楽はみな横一線にならんでいる。無名の曲も人気の曲と同じように手間ひまいらずで聴けるのだ。きっと私が想像していたとおり、「ロングテール」の曲を発見して聴く人が増えるにつれて、埋もれていた曲の人気が高まり、かわりに人気のあった曲の影がうすくなる。少なくとも何度も耳に入ってすぐに飽きてしまうラジオのヒット曲は、新しい曲が次々に出てきて入れ替わりがますます速くなるだろう。

ところがそういうわけでもないことが、音楽評論家でポップチャートをとことん分析しつづけているクリス・モランフィーと話してわかった。「どの曲も誰かの好みにはまる可能性がある、その民主性によって入れ替わりは遅くでなく速くなるだろう、というのが大方の意見だった。でも実際には、チャートを見ればわかるけれど、まったく逆だ。ヒット曲はもっとヒットするんだよ」。新しいデジタル環境になって、音楽の売上げは全体として減少したのは確かだが、最悪なのはアルバムで、チャートを――たとえば二〇〇位から八〇〇位に――転がり落ちた。そしてその一方で、ヒットシングルはインターネット時代の到来前よりも音楽市場をわがものにしたのである。[89] ロングテールのグラフはカーブが直角に近いとモランフィーはいう。[90] 彼は二〇一四年のポップチャートから二つの例を挙げてこういった。「国中のみんながイギー・アゼリアの『ファンシー』とファレルの『ハッピー』が好きなんだってことになると、猫も杓子もそれを聴くって感じだね」

モランフィーはこれを「雪だるま式大ヒット」と呼ぶ。ヒット曲は転がりだして弾みがつき、どんどん人気をさらっていく。勢いが増すほど衰えが遅い。イマジン・ドラゴンズの「レディオアクティブ」は、「ビルボードの旗艦ポップチャート」であるホット100に二年もとどまった。それに対して、ビートルズの「イエスタデイ」――モランフィーによれば「史上最も多くカバーされた曲」――はたった一週間だ。

人気は自己成就するというだけではない。不人気はもっとずっと自己成就するのである。社会科学者のウィリアム・マクフィーは、一九六三年の重要な著書『大衆行動の公式理論』で、「二重の危機」という理論を提唱した。マクフィーは映画スターやラジオ番組などの人気順位を調べ、文化製品は人気が落ちると知名度も落ちる（ゆえに選ばれなくなる）だけではなく、それを知っている人々からも選ばれなくなることに気づいた。これが二重の危機である。ということはポップチャートが正しく機能し、最良の曲が一位になると考えてよいだろうか。そうとはかぎらない。「認知度の低いものほど、競合するものを多く知っている人に認知される」とマクフィーは推測した。[91] 逆に、人気のあるものは「選ぶときにほかに選択肢がほとんどない人に認知される」。換言すれば、知られていない曲を聴く人はおそらく少し好きな曲がたくさんあり、トップテンの曲の熱心な聴き手は自分の好きな曲ばかりを聴くということだ。統計分布には独占が「自然」発生したとマクフィーは述べている。[92]

すでに数十年前からこのような状態だったとしても、ますます上位の曲ばかりに人気が集中し、しかも長くとどまるのはなぜなのだろうか。第3章で述べたように、世界中の音楽をポケットに入れて持ち歩けるとかえって茫然としてしまい、検索ボックスに早く次の曲を入力しろと迫られているような気がして、とくによく知っている曲に急いで逃げ込むからではないか。あるいはソーシャルメディアという新しいルートからみなが聴いているものがわかればわかるほど、自分もそれを聴くようになるからかもしれない。

このことを二〇〇六年の有名な実験で突き止めていたのが、ネットワーク研究で知られるダンカン・ワッツの研究チームだ。この実験では、被験者に曲を聴いてランクづけし、気に入った曲をウェブサイトから無料でダウンロードさせた。ほかの人が何を選んでダウンロードしたかがわかる場合、被験者はそれと同じ曲を選ぶ傾向が強かった。その結果「人気のある」曲はさらに人気が高まり、人気のない曲はさらに人気がなくなった。このように社会的影響を受けた選択はより予測しにくい。どれだけ人気が出るかを曲そのものの評価から予測するのが難しくなったのだ。一方、被験者がダウンロードする曲を自分の判断で決めた場合は、選択にむらがなく予測しやすかった。実験参加者は自分が最もよいと思った曲をダウンロードしたのである。ほかの人の情報がわかっても、音楽の趣味の順位をがらりと変えるには充分ではなかった。[93] ワッツと共著者のマシュー・サルガニックによれば、「『ベストの』曲の人気がひどくふるわなくなることはなく、また『ワーストの』曲の人気が非常に高まることもない」そうだ。だが、他人の選択がわかる場合は、順位の下のほうの曲の人気が上がったりその逆があったりした。「個人の意思決定が社会的影響を受けやすい場合、市場はただ個人の選好が集約されたものではない」[94]。要するに、ポップチャートは趣味そのものと同様に、周囲の影響を受けずにはいないのである。

理論的には、チャートのトップへ上るまでの道すじはより民主的になり、一本道ではなくなり、予測しにくくなった。ファレルの「ハッピー」はバイラル動画のおかげもあってリリース一年後に大ヒットした。しかし、人気の階層がいったんできてしまうと、上位とそれ以下の層の差がこれまでになく激しくなっている。二〇一三年には、上位一パーセントのミュージシャンが楽曲の総収入の七七パーセントを稼いだと推算されている。[95]

レコード会社はいまもヒット曲を出そうと努めているが、「ヒットするかどうかをいま決めているのは、たがいに感染しあっている大衆」だとモランフィーはいう。彼によれば、ネットで爆発的な人気が出た韓国のシンガーPSY（サイ）の「江南《カンナム》スタイル」はラジオでかけざるをえなくなり、アメリカでは一二位になった（この曲がおもに聴かれていたユーチューブでの再生回数は入れずに）。モランフィーはこう述べている。「誰かが仕掛けて人気が出たのではなく、おかしな動画が大受けして、みんなが『このビデオは見なくちゃ』と教えあったからだ」。雪だるま効果はラジオに表われていると彼はいう。アメリカで二〇一三年にラジオで最も多くかかったロビン・シックの「ブラード・ラインズ〜今夜はヘイ・ヘイ・ヘイ♪」は、二〇〇三年に最も多くかかった曲の二倍もラジオから流れた。

私がラジオで「アメリカントップ40」をとりつかれたように聴いていた一九七〇年代とは雲泥の差だ。ベテランのラジオコンサルタント、ショーン・ロスの言葉ではないが、当時は耐えられないほどえんえんと待たされたあとにやっと「お気に入りの曲が聴けて、そこでラジオのスイッチを切る——目的達成だ」というのがあたりまえのことだった。モランフィーは、もしも当時のラジオがいまのように売上げやラジオ聴取のデータを入手できていたら、お気に入りの曲がかかる回数はもっと多かっただろうし、「イエスタデイ」もヒットチャートにもっと長くとどまっていただろうという[96]。人々の実際の聴取行動に関するかつてなく詳細なリアルタイムのデータの効能は、フィードバックループをさらに強化させることなのだ。「人は親しんでいるものが好きだということはむかしからわかっていた」とモランフィーはいう。「いまはみんながいつラジオのスイッチを切るか、正確にわかる。なんと、知らない曲だと本当にスイッチを切るんだ」。新しい曲をできるだけ早くなじみ深い曲にしようと、必死ともいえる試みがなされている。

ポップソングはいつの時代も気まぐれなものだ。では、子供の名前はどうだろうか。社会的に不可欠で、簡単に移ろうようなものではないはずだが。現在はまちがいなく以前よりも人気が偏《かたよ》らなくなった。研究者のトッド・グレキスとロバート・ゴールドストーンの指摘では、ロバートという名前は一八八〇年に「雪だるま式大人気」となり、生まれた男の子のほぼ一〇人に一人はこの名がつけられた。一方、二〇〇七年に人気第一位だった「ジェイコブ」は全体の一・一パーセントに達したにすぎない。最も人気のある名前も「市場シェア」を失っているのだ。だが、その間《かん》にほかにも変わったことがある。

一八八〇年ごろには、人気上位の名前はランダムに変動した。変動の理由が、その年はたまたま父親の名がロバートという家庭に男の子が多く生まれ、当時の習慣から息子に父親と同じ名をつけたためであることは容易にご想像いただけるだろう。だがここ数十年で、その年の名前の傾向をもとに翌年の傾向を――偶然を上まわる確率で――予測できる統計的パターンがあることがわかってきた。その年にトムの人気が下降していたら、トムは翌年も下降しつづける可能性が高い。名前には「勢い」がつくのだ。命名が文化的伝統としての重要性を失ったとき、子供に名をつけようとする人々が目を向けたのはどこか。おたがいに目を向けたのである。一八八〇年当時だったら、仮に自由に名前を選べたとしても、名前の人気が広まるにはしばらく時間がかかっただろう。だが現在、これから親になる人は子供の名前に関する情報満載のウェブサイトにアクセスしたり、フェイスブックでこれはと思う名前を探したりして、なぜか名前の傾向を予知できるらしく、人気上昇中の名前に目をつけ、人気下降気味の名前を自然と避けることができる（ただし上昇が急激すぎないものにかぎる。それは一時的流行という好ましくないシグナルと考えられるからだ）。株価が短期間に乱高下するなかで長期保有株を買おうとするのに似ている。

ポップミュージックと名づけの両方で同じようなことが起こっている。耳に入る曲も名前の候補もかつてなく増え、それが一気に横一線にならんで、人々は選択肢の多さに困り果てたかのようにほかの人のしていることに引き寄せられ、「一極集中」する。社会学習は、超社会学習になった。ホセ・オルテガ・イ・ガセットが一九三〇年に『大衆の反逆』のなかで、いかに「世界が突如として大きくなった」かを述べている。(97) 現代のマスメディアのおかげで、「一人一人が日常的に世界中の生《せい》を生きている」とオルテガはいう。セビーリャの人々も「北極にいる数人の人に起こっていること」を追いかけることができる。ものを手に入れる機会も飛躍的に増え、「現代の買い手の前に開かれた可能性は実質的に無限になっている」。社会階級の「均一化」によって「生《せい》の可能性」が広がったが、同時に「現代人の心には奇妙にも力と不安の二つがすみついた」。彼らは「自分が手にしているゆたかさのなかで途方に暮れている」のだ。

いまはもうこのオルテガの洞察もある意味で古くなっているようだ。世界を見わたさなくても、ただニューヨークのような大都市に暮らしているだけで、渦巻くようなおびただしい選択肢にかこまれている。地球の生物の記録種の数よりもニューヨークでの買い物の選択肢のほうが――まったく桁違いに――多いといわれているほどなのである。(98) ベントリーのいうとおりだ。「最近数えてみたんですが、市場に出ているノートパソコンは三五〇〇種類。これだけの数のなかから『有用性が最大の』ものをどうやって選べというのでしょうね」。どれが本当に最良なのかを手間ひまかけて知るのは、個人の手に負いきれなくなっている。いや、品質の差などほとんどないだろう。だとすれば、どの一つを選んで買っても、それはただの無作為な模倣なのかもしれない（これも「中立的浮動」だとベントリーはいう）。どうせそうならこういったほうがましだ（このときベントリーは映画『恋人たちの予感』の台詞を引用した）――「あの人と同じものにするわ」と。

そして、なんと、あの人の選んだものがなんなのかが私たちにはわかるのだ（訳注：映画では、レストランでヒロインのふるまいを見た客の老婦人が、料理のおいしさに大感激しているのだと勘ちがいし、ヒロインと同じ料理を注文しようとする）。オルテガならこの世界をどう考えるだろう？　北極探検隊からの危難の知らせが目のまわるような情報の渦のなかに割り込んできたとたん、ニュース速報が流れる前にツイートがいっせいに駆けめぐって一気に広まり、翌日になって新聞に解説記事が載るであろうこの現状を。オルテガは、まさに「世界中の生」を生きているかのごとく感じさせるこのソーシャルメディアを考慮に入れなくてはならないだろう。人々の無数の消息、無数の達成、無数の近況の上っ面を無数のプラットフォームからリアルタイムで垣間見《かいまみ》ることができるのだから。

世界のどこの生活も体験できるかのようなこの現状をオルテガは「生の拡大」と呼んだが、

そのためにしばしば実生活の時間が削られ、さらには幸福までもが犠牲になる（ソーシャルメディアは自尊心を傷つけられるとした研究がある）[99]。マスメディア（観衆をつくりだす大規模放送局）がオルテガの扱った大衆社会の時代を規定するものの一つだったとすれば、ソーシャルメディア（はるかに多くの観衆をつくりだす）は大衆個人主義の時代という私たちの生きる時代を規定するものの一つだといえる。インターネットは社会学習を急激に増加させた張本人だ。他人のしていることを知る方法はかつてなく増えている。ラスベガスの〈ベラージオ〉に泊まるかどうかを決める前に、トリップアドバイザーのサイトで一万三〇〇〇件を超えるレビューのうち、読む必要があるのは何件だろう？　あなたがしていることはまだ充分ではないとか、すでに誰かが先週やっていたとか、あなたが好きなものや好きな人はあなたが会ったことのないどこかの誰かも好きだとか、そういうことを知る方法もかつてなく増えている。インターネットは代理を通じた社会学習でもある。サンフランシスコのパティシエがつくるペストリーを誰かがインスタグラムに投稿したすてきな写真で見るだけで、食べてみたくて「たまらなく」なる[100]。草の葉を耳に入れるチンパンジーのジュリーの癖と同じことだ。

人はいつも、他人のそばにいたい、他人から学びたいと思ってきた。都会はずっと前から社会的可能性の発電機であり、アートや音楽やファッションの鋳造所でありつづけている。都会はスラング、お望みなら「語彙の創造」と言い換えてもよいが、それもつねに都会が発信源となっている[101]。さまざまに異なる人々がぎっしり密集し、これだけ接触しあうことの多い場所なら当然の結果だ。感染症と同じように、スラングもおもに都会から「発進して」外へ広まる[102]。もし人の話し方が、著名な言語学者のレナード・ブルームフィールドが主張したとおり「その人がそれまでに耳にしたことの合成された結果」であるなら、新しい言葉の創造は、最も多くの人が最も多くの他人の話を耳にしたり他人と話をしたりする場所で起こるだろう[103]。都会は他者と接触する機会が最も多く、また当然ながら創造性ゆたかな人々が集まりやすいため、好みの変化を促す。そしてますますグローバル化し、ますます生活に浸透するメディアは、新しい言葉をより多くの人に、より急速に広めるのである（一例を挙げると、外国語から「借用した」言葉を集めた日本の「外来語」辞典の収録語数は、一九七〇年代から二〇〇〇年までに二倍以上に増加した[104]）。

　私たちには、インターネットという知性の都会ともいえる媒体がある。その媒体を人々はただ消費するにとどまらず、たとえそれが現実の都会を拡張した複製であっても、そこに住みついている（大勢の人々と物理的な接触のあるニューヨーク市民がツイッターを最も多く利用している[105]）。ベントリーらが指摘したとおり、「人々がネットに住んでそこで活動し、これほど激しく（ふつうはコストがかからないので）、これほど正確に、これほど見境なく模倣しあったことはこれまでにないだろう[106]」。何事もより速く、より少ないコストで広まる。だからますます多くの人が多くの人を模倣できるのだ。

　それにしても、誰から何を模倣すべきかをどうやって知るのだろうか。好きになるはずのものを知るための古い手段――ラジオ番組からレストランのガイドブック、書評家、ブランドまで、ありとあらゆるもの――は、オルテガのいう「大衆」に取ってかわられ、その大衆はそろって行動せず個人の集合として行動し、つながってはいるがばらばらで、一様《いちよう》でありながらまったく異質なのだ。そういう状況にあって、誰を手本とし、何を選んだらよいのだろうか。誰を信じることができるのだろう？

　横一線にならびながら、ほんの一部だけが突出するのはそういうわけだからである。選択肢が無限にある現在、私たちの選択は初めからほかの人々が選んでいるものに集中するのだ（あるいはそれを選ぶ人が多すぎると感じたものから離れる）。どちらの方向にしろ、「賢い大衆」にほかの人々の考えがわかり、「社会的影響」が強くはたらきすぎるとき、人々はたがいに考えが似ていく（そして次章で取り上げる「理想的な審査員」とは違っていく）ことが、ある実験的な研究によって示されている。[107] 人々は以前ほど情報を考慮せずに意思決定し、しかも自分の考えは正しいといっそう確信している――それもこれも、そういう考えの人が増えているからだ。[108] コンピューターによる超高頻度取引が行なわれる流通市場のように、社会的模倣はより簡単に、より速く、より変動しやすくなった。他人と同じでいながら違っていたいというミクロな動機は、あるとき急にマクロな動きになる。その大きい波はさらに大きくなっている。私たちは大波がくるとわかってはいるが、広大で無作為な海原の表面のどこからその波が隆起するのかは、以前にも増して見極めにくい。

第6章　猫と土とビール

専門家はよいものをよいとどうやって判断するのか

基準を満たす――理想はなぜ理想なのか

ここまで数百ページを費やして述べてきたのは、好みがいかに自分自身でもとらえにくいものか、いかに社会的影響を受けざるをえないか、口に入れたものや目の前のものを私たちがいかにかすかにしか把握していないかということである。これほど何もかもがこんがらがっているなら、と私は考えはじめた。あたってみるべきは、何かを好きな理由を合理的に考え、それを明確に述べなくてはならない人たち、あるいは少なくともただよいのでなく（人はふつう他人がよいと思わないものを好きにはならないと私は考えるので）ほかよりもよい理由を説明する人たちではないだろうか。つまりコンテストの審査員だ。そういう人なら、もやに包まれた好みを冷徹に見通し、泥水のように濁ったその世界に澄んだ中立性をもち込めるにちがいない。私たちが自分の好みをより明快に理解するために、彼らからどんなことが学べるだろうか。

まずは、ほとんどの人が少なくとも一時的には親近感を抱くものから考えていこう。よい猫とはどんな猫か。私は答えを求めてパリへやってきた。一二区のこぢんまりした会議場で「サロン・アンテルナシオナル・デュ・シャ（国際猫見本市）」が開かれている。麗々しいタイトルのわりにはごく地域的なキャットショーらしく、中規模のホールをちょうど埋めるくらいの数の猫が集まっている。青い目のラグドール、ふわふわした巻き毛のセルカークレックス、すらりとしたヨーロピアンバーミーズ。そんななかを盲導犬がたぶんお呼びでないのを感じつつ、主人を先導して会場の通路を進む。だが、この大型の猟犬がうろうろしていても、肝のすわったショーキャットたちはどこ吹く風だ。

私はこれが特別に重要なキャットショーだからきたわけではない。それにキャットショーは飼い主と同じように、ドッグショーほど盛り上がらないこともいっておこう。私がここにいる理由は、審査員の一人であるオランダ人のペーテル・モールマンがじつは猫の審査員であるのみならず、オランダのライデン大学の心理学教授でもあるからだ。教授はこれまで本職もまっとうすべく、コンテストの審査員の心理を調べてきた。

モールマンはゆたかな銀髪をオールバックになでつけた、やさしげな目をした男性で、いかにも洗練されたヨーロッパの碩学《せきがく》という雰囲気を漂わせている。猫に興味を抱いたのは、心理学に興味をもったのとほぼ同時期だった。植民地時代のインドネシアで生まれ、日本の泰緬《たいめん》鉄道建設と捕虜収容所から生還した両親とともに一家でオランダに逃れた。オランダではインドネシア時代からの友人がペルシャ猫を育てていて、彼らはモールマンが動物の世話に向いていそうだということで彼をキャットショーに誘った。以来、モールマンはキャットショー界の階段を着実に上り、世話係から準審査員に、そして審査員になった。並行して心理学を学びつつ、最初はローラースケート、次にはアイススケートの大会で優勝もした（モールマンいわく、「いつもいろいろなことを同時にやっていたものですよ」）。博士論文のテーマはフィギュアスケートの演技における心理で、スケートが大人気のオランダでは受けが悪くなかった。そのなかの一章は「フィギュアスケートの演技を審査する際の意図せぬバイアス」に割かれた。きっとモールマン自身がアイスダンスのプロスケーターとゲストのペアが数組で競いあうテレビ番組で審査員を何度か務めたときに、そのようなバイアスをできるだけ排除しようとしただろう。

審査員席の折りたたみ式テーブルでモールマンの隣にすわっていると、期待に胸をふくらませてにこにこした飼い主たちが次々と彼に猫を見せにくる。最初にわかったのは、猫がテーブルにのせられたとたん、審査されるのはいったいどちらなのか、力関係があやしくなることだ。猫たちはあたかも見事なダブルアクセルをやってのけるかのように、さりげなく気《き》位《ぐらい》の高さを見せつける。たちまちその場の主のような顔をして、この愛想のよいオランダ人が羽根をひらひらさせてみせているのを前に、こんな場所にのせられて迷惑がっているような顔をする。羽根は、要するに猫に猫らしくさせるために審査員が使う小道具だ。ある審査員が教えてくれた。「おもちゃを使うのは表情を見るためですよ、耳をピンと立てたときのね」

人間や動物に国民性のレッテルを貼るのははばかられるが、こうしてフランスの猫たちを見ていると、客を徹底的に無視することで有名なフランス人ウェイターに通じるものをどうしても感じないではいられない。彼らはまるで制御不能な実存主義ドラマが繰り広げられるのを手をこまぬいて眺めているかのように、給仕を待つ客にほとんど同情するような眼差しを向ける。会計の合図をしようとする客にカフェのギャルソンが投げる、そんな憐れむような物憂い目つきでモールマンの羽根を一瞥する猫もいた。

モールマンは手で軽く突いたり押したりしながら猫の頭蓋骨のゆがみを探し、「尻尾の欠点」や目立たない斑点がないか調べ、睾丸に欠損がないかを探る。中古車と同じで、見た目はあてにならない。新しい毛色や柄をなすりつけただけの「化粧」として退けられてしまうことさえある。審査の多くは感覚が頼りだ。猫の体長、筋緊張、それにある審査員がいったように「イカした顔」かどうか。モールマンは猫を調べながら、ときおり「いいね《ボンヌ》」とか「表情がとてもゆたかだ《トレ・ゼクスプレッシフ》」などと励ましの言葉をかける。「どの猫にも減点すべきところがあります。完璧な猫はいません」と彼は言い切る。だが、審査員のほうもロボットではない。机をはさんで向かいあっているのは人間の飼い主であり、彼らが支払った金の一部が審査員をショーに呼ぶ費用になったのだ。「飼い主に……」とモールマンは言葉を探す。「よろこんでもらいたい、というような気持ちになりますね」

モールマンが猫をチェックしているあいだ、私は飼い主をチェックする。爪に猫の足跡の模様をつけた女性。猫をおとなしくさせようと四苦八苦しながら謝っている女性。「ペルシャに噛まれて爪に穴があいたこともありました」とモールマンはやれやれといった顔でいう。飼い主はペットに似るというが、この言い古された言葉にもいくばくかの真実があると思わずにはいられない。オリエンタルショートヘアを抱えた女性の鼻は、横から見ると猫と同じように高くて傾斜していた。モールマンがペルシャの尻尾をなでているとき、飼い主が無意識に自分の髪の毛を片手で梳《す》いているのを私は見逃さなかった。

モールマンには猫を審査する方法が二つある。「分析式」は「全体は部分の総和である」という考え方だ。猫の品種ごとに、目、色、尾といった属性にあたえられる一定の幅の「ポイント」が決められている。ポイントの合計が最も大きいのが最もよい猫だ。この方法は客観的に思えるが、審査員は「使用できる客観的な尺度は自分の頭脳しかないことを忘れる」とモールマンは書いている(1)。一方、「全体式」は「全体は部分の総和以上のものである」という考え方である。この方法では、審査員はまず「その猫種の理想的なイメージ」を思い浮かべ、そのイメージに近い猫ほどよいと評価する。「全体として何か特別なもの、カリスマ的なものがなければいけません」とモールマンはいう。「何となくいい感じだが、うまく言い表わせないものです。あらゆる部分がぴったり調和し、部分以上の何かが加わってとても美しいものになるのです」。ただし、そこには危険もあるとモールマンは注意を促す。森ばかり見て木を見ないこと、つまり全体的な印象の「ハロー(後光)効果」に目がくらみ、欠点を見逃すことだ。

猫が台の上から下ろされるたびに、モールマンは猫の名前の横に星を書き込んでいく。

「BV」という文字を書き込むこともあるが、これは「最良種《ベスト・バラエティ》」という意味だ。星は彼独自の採点法で、ミシュランガイド方式に質を表わしているわけではなく、被毛と爪とまるい背中をえんえんと見ていくなかで、個々の猫を区別して記憶する手段にすぎない。「一日にあまりに多くの猫と接すると、こういう採点はできません。たがいに干渉してしまうのです。みな猫ですからね」。猫の審査は、猫を呼び集めるのに劣らず簡単ではない。

記憶はどんな審査の審査員にとっても最も重要な能力だろう。「鍛えられた目」はどこを見るべきかを教えてくれる。だが、質の高い審査をするには、審査員はその日に見たものを憶えているだけでなく、それまでに見たすべての猫あるいはフィギュアスケート選手に照らして評価しなくてはならない。私たちは自分の好きなものを憶えているが、おそらくもっと正確にいえば、憶えているものが好きなのだ。

コンテストの審査員の審査にはいろいろなバイアスがありうる。体操競技の審査員は、自分と同じ言葉を話す選手を高めに採点するかもしれない（だからフランスのキャットショーにオランダ人審査員がいる）。アイドルオーディション番組の審査員がポップス好きなら、ヘビーメタルのグループにはあまり感心しないかもしれない。また、審査員席に個性の強い人が一人いれば、みなが引きずられてしまうかもしれない。ベルギーで行なわれたある研究は――エキスパートによる審査を対象とした研究にはあきらかに低地地方（ベネルクス三国）バイアスがあることを指摘しておこう――縄跳びコンテスト（いや、本当にあるのだ[2]）

に着目した。別の審査員らによって採点済み（しかも得点は事後に操作されている）の演技のビデオクリップを見せられた審査員は、得点をかさ上げしたビデオを見せられたときには高めの点をつけ、得点を低くしておいたビデオには低めの点をつけることがわかった。どうやら審査員自体が、もっとよく審査されたほうがよさそうだ。

だが、最も単純で咎《とが》めようのないバイアスの一つは記憶そのものである。たとえばさまざまな種類のコンテストにおいて、審査される順序があとのほうの人が好成績になることがわかっている。多数が参加する採用面接やコンテストに出かけるときは、遅く到着すると不利だと思うのがふつうかもしれない。審査員は疲れているだろうし、じつはもう決定してしまっているかもしれない。ところが、クラシック音楽のコンテスト(3)からシンクロナイズドスイミングの大会(4)まで、あらゆるコンテストに共通する有無をいわせない明確な傾向が研究によって見つかっている。あとで審査されるほど得点が高くなるのだ。

ベルギー人（また！）研究者のワンディ・ブライネ・デ・ブラウンは、ユーロビジョン・ソングコンテストの数十年分の投票データを分析した——全曲を聴くよりはやりやすい仕事だっただろう。最初に調べたのは「地の利」の有無だった。たとえばドイツ人審査員は、ドイツ人のパフォーマンスをほかよりもやや好むだけでなく、ドイツと隣接する国のシンガーにも少しだけ高い点をつける。しかし分析によって、得点の分布パターンが右上がりの直線を示す関係性はほかにも見つかった。あとのほうの出場者に高い点がつけられていたのだ。

「審査員の最終的な採点は、どれくらい憶えているかにもとづいているのかもしれない」とブライネ・デ・ブラウンは結論している。[5]

審査員が出場者全員を見終わったあとで点をつけるコンテストの場合、こういう傾向の生じることは直感的にもうなずける話だ。これは、いわゆるリスト記憶に発見されている「初頭バイアス」と「新近バイアス」の表われなのである。人間はリストや連続するものの最初と最後のものをよく記憶するというバイアスだ。それらを見た記憶が短期記憶と長期記憶に転送されるからか、前後にくるものがないせいで目立つからである。[6]コンピューターのセキュリティに関する質問で「最初」のもの（初めて買った車や初めて飼ったペットなど）をたずねられるのには理由がある。最初の車は三番めよりもはっきりと記憶に残っているからだ。詩人も作詞家も、四度めの恋を懐かしんだりはしない。

出場者が演じる都度《つど》、演技の記憶がまだはっきりしているうちに判定を下す場合はどうだろう？　興味深いことに「あとほどよい」効果はここにも表われるようだ。「一人ずつ」判定する方式のフィギュアスケート世界選手権およびヨーロッパ選手権のデータを調べたブライネ・デ・ブラウンは、得点のパターンがまたも右上がりの直線になることを発見した。選手が出場する順番がくじで無作為に決まる場合でさえそうだった。これはどういうことだろう？　ブライネ・デ・ブラウンは、審査員は最初の演技はそれだけを見て判定するだろうが、次々と演技を見るうちに、一つ前の演技とくらべてどこがよいか、どこが違っているかを探すようになるからではないかと考えている。

これは心理学者のエイモス・トヴェルスキーの研究から「比較の方向性効果」と呼ばれて

いる。[7] あとで行なわれた演技はそれより前の演技のみと比較される。前の演技はあとの演技と比較できない。そしてこのとき得点に明らかな増加傾向が出てくるのは、そこに一つの重要な得点要素が加わるためである。すぐあとでもう一度取り上げるが、審査員は好ましい相違を探さなくてはいけないのである。[8]

連続的に審査するコンテストで問題になることはもう一つある。ここではそれを「おたのしみはこれからだ効果」と呼ぼう。審査の点数は最後に近づくとぐんと上がる傾向にある。審査員は初めのほうの出場者がどれくらいすぐれているかに確信がないために控えめに点をつけ、最高点は最後まで留保しておくのである。他方、あとのほうの出場者も競争相手の演技を見たことで、もっと高度な演技をしようという気になるだろう。イギリスの体操選手ルイス・スミスの次のようなコメントはめずらしいものではない。「最大のライバルが……演技を終えて高得点をたたき出したら、『よし、もっと難しい技をやってみるか』と思う」。[9] 直前のライバルの演技とはまったく違う演技で目を引けば、より高い点を獲得できると直感的に思うのだろう。事実、ある体操競技データの分析では「難度」と「完成度」に別々にあたえられる得点（二〇〇四年のアテネオリンピックで誤審が大問題になったあとでできたルール）の差に注目した結果、「難度バイアス」というものが発見された。[10] 難度と完成度はそれぞれ独立しているはずであるにもかかわらず、分析の結果、選手がより難しい技に挑戦すると、完成度の得点が「不自然につり上がる」ことがわかった。

さらに、ドイツの研究者トマス・ムスワイラーとリュザン・ダミッシュが行なった一連の新しい実験により、選手が実力を充分に発揮したためばかりでなく、審判のバイアスから点数が上がるのはなぜかが明らかになった。二人はまず「直前の選手がミスをした場合よりも、よい演技をした場合に」選手の得点が高くなる傾向に気づいた[11]。これはたんに選手の調整かもしれない。まずい演技の直後に出場する選手は「全力をつくす」よりも「そつなくやる」ことでそれなりの高得点を目ざすとも考えられるからである。

だが、ムスワイラーとダミッシュによれば、理由はほかにもある。私たちは比較して判断をするとき、本能的に両者の類似点か相違点を探す。ふつうは類似点——ムスワイラーいわく「人間の認知をかたちづくる基本的な構成要素の一つ」——だ。類似性を見つけるのは非常に有用なばかりでなく、素早く簡単にできるからでもある（だから子供のクイズに「まちがい探し」はあっても「同じところ探し」はない[12]）。初対面の人に会ったとき、その人が自分の知っている誰かに似ていると即座に思うことはあっても、誰かに似ていないとわざわざ思うことはない。違いを探すのは類似性を確信したあとだったりもする。それでも、たいていは無意識のこの最初の判断（似ていると感じるか、違うと感じるか）が、やがてその対象への感じ方に深く影響をおよぼしていく。似ていると感じたとき、私たちは「同化」に向かい、そのために何かをより好きになる。たとえばよいワインを絶品のワインのあとで飲むと、よりおいしく感じるのだ。だが、相違が強調されると「対比」が生じる。要するに、審査員は好ましくないところを探すようになるのである[13]。

ムスワイラーとダミッシュはもう一つの実験で、体操競技のドイツ人ベテラン審判を集め、二種類の跳馬の演技のビデオを見せた。審判を二つのグループに分け、片方には質の高い演技を、もう片方には質の低い演技を見せた。それから全員に「中程度」の――まずまずよい――演技を見せた。さらにもう一つ、違ったグループ分けを導入した。片方の審判グループには、レベルの異なる二種類の選手はいずれも「オーストラリア人」と紹介された。だが、もう片方の審判グループはまず「オーストラリア人」と紹介された選手の演技を、それから「カナダ人」と紹介された選手の演技を見せられた（実際にはどちらのグループのビデオも同じ選手のものだった）。ここで研究者らは奇妙なことに気づいた。選手がいずれも「オーストラリア人」の場合、あとに演技した選手はうまい演技のあとだったことで得点が高くついたが、同じ選手が「へたな」演技のあとで演技した場合は得点が低くなった。審判の頭のなかでは、オーストラリア人であることがその選手を前の選手に――よくても悪くても――関連づけたのだ。ところが、二人めの選手が「カナダ人」だと思われた場合、パターンは逆になった。今度は「カナダ人」選手がうまい「オーストラリア人」のあとで演技すると、低い点がつけられ、へたなオーストラリア人のあとで演技すると得点は上がった[14]。つまり、同じ演技が前の演技しだいで、また審判がどう関連づけをするかによって、違う評価をされたのである。選手らは演技の力と同じくらい出身国によって微妙に比較され、その比較によって不利になったり有利になったりした。

このドイツの体操の審判は、二人の選手がどれくらい似ているかを判断することで、審査の前にすでに審査をしていたことになる。選手の出身国の「違い」を気にとめるのは、演技の質の判断として意図されたのではなかったにしても、気づいただけで演技の感じ方に影響したようだ。(15)

人間は「類似バイアス」の影響を受けるらしい。これは、出会う人が自分に似ていないよりは似ているほうがよいという一種の仮定的願望である。何かが似ていると私たちが考えれば、それらは文字どおりますます似てくる。「チアリーダー効果」とは、ある人の魅力を評価するとき、その人が一人でいるときよりも集団のなかにいるときに高い点をつけるというものだ。(16)単独のときには好きではないと判断されるその人固有の特徴が、集団のなかではならされて目立たなくなる。同様の理由で、人は動画で見られるほうが静止画像で見られるよりも魅力的だと評価される。判断の基準が一発勝負の一つの画像だけではなくなるからである。(17)

そのような効果が現われるのはコンテストだけではない。私たちはつねに比較していて、それは物事だけでなく自分自身に対する感じ方にまで影響する。自分ではそのつもりはなくても、それでも比較は無意識になされるらしい。ムスワイラーの別の研究では、被験者の学生たちは一分間「自分の運動能力について考える」よう指示された。その間《かん》、コンピューターのモニターにはサブリミナル画像が約一五ミリ秒映された。マイケル・ジョーダンやビル・クリントンなどの画像を見せられたことに学生たちは気づいていなかったが、自分の運動能力についての彼らの回答は無意識のうちにしたそれらの人物との比較から直接的に影響を受けていた。比較した対象が――ジョーダンのように――「極端」であるほど、自分への評価は低くなった。無意識下で見たのがビル・クリントンのような人物だった場合は、運動能力の評価は上がった。「実験参加者は、意識していなくても、潜在的な基準と自分とを比較していた」とムスワイラーは報告している。[18]

重要なのは、何と比較するかである。トヴェルスキーの研究では、被験者に六ドルか「〈クロス〉のしゃれたペン」（トヴェルスキーは値段には言及していないが、六ドルよりは高いだろう）のいずれかを選ばせた。被験者の三分の一近くがペンを、それ以外は現金を選んだ。二番めのグループはクロスのペン、現金、「明らかにクロスよりも見劣りする」ペンの三つから選ぶことができた。安いほうのペンをほしがったのは被験者のわずか二パーセントだったが、クロスのペンをほしがる人は急に増えた。見劣りするペンの存在が魅力的なペンをさらに魅力的にしたのだ。逆のことも起こりうる。実際に行なわれたスピードデート（訳注：男女が一対一で自己紹介しあい、それを複数の相手と順にするパートナー探しのパーティー）の研究では、参加者（男性）はどれほど魅力的に見える女性がいても、その前にもっと魅力的な女性と顔を合わせていた場合、交際を申し込む意欲が低下した。[19]

比較の仕方も重要だ。このスピードデートの場合のように、次々と現われる候補をそれぞれの長所で区別するとき、あとで現われるほうが有利になる。だが、個々の候補の悪い点にもとづいて比較すると、急に前の候補のほうがよく見える。

ある研究では、被験者にお見合いの相手候補の特徴の一覧を見せた。[20] 二人めに示された候補に一人めにないよい資質があった場合、被験者はあとの候補を選んだ。だが、二人めの候補に一人めとは違うよくない資質があった場合、被験者は一人めを選んだ。論文の著者らが述べているとおり、一人めと二人めに共通する資質は基本的に同程度の明確さで思い出されるために打ち消しあい、二人めの候補の一人めとは異なる点が急に記憶のなかで際立つ。そのために二人めのよい点が一人めのよい点よりもよく見え、逆に二人めのよくない資質が一人めのそれよりも悪く見えるのである。

カーネギーメロン大学の研究者らの指摘によると、「一つの経験について下す判断は、つづく出来事の判断に必要以上に影響をあたえ、それによって一連の経験全体に『色』をつける可能性がある[21]」。自分では好みははっきりしていると思っていても、ちょうど読者の選択で物語の展開と結末が変わるゲームブックのシリーズ、〈きみならどうする?〉のように、状況に応じてわずかに変わってしまうのだ。

「一一人めゲーム」について考えてみよう。これはインタラクションデザイナーのクリス・ノッセルが考案した「そのつもりの客観化」の思考練習である。あなたが次に友人と出かけたとき、適当なドアを指さして、これからそのドアを通る人一〇人のうち一人を恋人候補として友人に選んでもらおう。ルールは二つ。やり過ごした人にもどることはできない。また、一〇人めが通ったときにまだ選んでいなければ、一一人めが事実上の選択になる。

お気づきだろうが、これは逐次的に審査するコンテストだ。「もどる」ことができないところが多くのコンテストと異なる。だが、コンテストの審査に関する心理学の研究が示しているとおり、審査員があとの参加者を見てから前の参加者に「もどって」率直に再評価するのは実際にはなかなか難しい。参加者が多いほど、新顔が登場するたびに比較基準が「リセット」されていっそう難しくなる。

ノッセルによれば、「一一人めゲーム」のプレイヤーは、最初はやってくる人たちになかなか首を縦にふろうとしない。だが、そうしているうちに選択肢の数が減ってきて一一人めの可能性がちらつきはじめると、いちいち欠点を探すのをやめ、新しく「やってきた人のよい点」を探しはじめる。居心地の悪そうな笑みが、やったぜというようなたのしげな笑みになる。その人の好みと候補探しの条件が、選び方のルールによってがらりと入れ替わる。[22] 基準が変わるのだ。

パリで猫を見くらべるモールマンは、素人目にはほとんど見分けがつかない大勢の出場者を比較する場合に陥りがちな落とし穴をよく心得ていた。最初にするのは、猫をレベル別のグループ——良、優、秀——に分けることだ。これはごく当然の「大まかな分類」で、記憶と区別をたすけてくれる。だが、グループ分けしただけでは、同じ分類のもの同士が実際以上に似て見えてしまうことになりかねない。トヴェルスキーも指摘しているように、「類似性は対象を分類する基本として役立つが、同時に分類そのものに影響される[23]」。つまり「良」グループのトップの猫は「秀」グループの最下位の猫とあまり差がないかもしれないのに、グループ分けされることで「降格」されたり「昇格」されたりしてしまうだろう。

あまり差のない優グループの猫が何匹もいたらどうするのだろう？　「困りますねえ」とモールマンはため息まじりに白状した。猫はさまざまな特徴の加重得点の合計で賞をあたえられる。そこである猫の「二次的な面をグループ内のすべての猫のすべての二次的な面と同時に比較する」のだとモールマンは書いている。[24]それには「途轍もなく頭を使う」。キャットショーは現実世界のことであって、動きまわる猫だの、不平だらけの飼い主だの、ぼやっと見物しているだけの観客だのでいっぱいのやかましい会場で行なわれる。次から次へと猫を審査していくとき、「平均的な審査員が同時に検討できる面はせいぜい三つだろう」。「頭のタイプだけ」で選ぶ審査員がいてもよいかもしれないとモールマンは述べる。

それらすべての上に覆い被《かぶ》さっているのが猫種標準《スタンダード》である。猫の個々の品種がどのような外形でなければならないかをおそるべき長さで列挙した説明書きだ。モールマンによれば、審査員はどの品種にも共通する特質――「その猫は感じがいいか、体形が整っているか」――を探らなくてはいけないが、各品種には固有の特質がある。私はモールマンの横で午後中ずっと、猫種ごとの審査基準解説書のページを繰りつづけた。まったく興味深い文献だ。美的観点からの規定は詳細を極めている。チャウシーについては「腹部にできるしみや斑《ぶち》は許容される」が、「斑紋というほど大きくないこと」という但し書きがある。バーミーズに関しては、「肥満、太鼓腹、虚弱、無気力」を明らかに示していてはならないと釘を刺している。「長くしなやかな尾」はある品種にはよくないが、別の品種にはよい。

解説書のページをめくればめくるほど、疑問がどんどん湧いてきた。「理想的なボンベイはまぎれもない特有の外見をしている」と書かれている。[25] しかし、キャットショーでは、どの種もそうではないのか。そうでないとしたら、なぜ品種、品種といいたがるのだろう？「愛らしい表情」というのはどうやって判断するのだろう？

「書かれていることを全部鵜呑みにしてはいけませんよ」とモールマンが注意してくれた。[26]「猫の世界ではファンタジーが好まれます。みな、物語が好きなのです。鳥の世界はもっと科学的ですよ」。そう、見るからに博識家のモールマンは鳥の審査もしたことがあるのだ。猫の世界では「飾りが好まれます」。何はともあれ「猫種標準が猫をつくるのではありません」とモールマンは断言する。だが、猫種標準をつくるのはなんなのだろう？

猫に関して、かならずしも明白ではないが単純な事実は、猫が人間の好みの産物だということである。

およそ一万年前に人類が肥沃な三日月地帯に定住しはじめると、すぐにネズミなどの害獣が集まってきた。ほどなくヤマネコもやってきた。人間がいるところ、ネズミがいるからだ。だが、人間が必要としたのは大きすぎない猫（つまり危険でない猫）だった。ここに「好み」という人間の最初の選択圧がはたらいた。著述家のスー・ハベルが指摘するように、人間と共生しはじめてネズミは大きくなったが、猫は縮んだのだ。[27]

猫の外見、たとえば大きなまるい目や広い額を人間が好んだのだろうという見方もできる。だが、犬が多種多様な仕事をさせるために交配されたのとは違って、猫は人間がやらせたい仕事――ネズミ退治――をすでに非常に手際よくやっていた（それにはっきりいって、ほかの仕事はいっさいする気がなかっただろう）[28]。だから体の大きささを除けば、唯一の選択圧は美しさだったと獣医学教授のレスリー・ライオンズも述べている。まるでファッションブランドのJ・クルーの通信販売カタログを丹念に見ていくように、人間は望ましい色と毛足の長さをああでもないこうでもないと検討した。

不思議なことに、片手で数えられるほどの猫のタイプが古くから知られていたにもかかわらず、猫の品種に注目が集まったのは一九世紀のヴィクトリア時代のイギリスで動物「愛玩」熱が高まってからだった。愛玩という言葉は、なんらかの役に立てるためではなく、好みにしたがって動物の育種をしていたという意味である。一八七一年にロンドンのクリスタルパレスで開かれた史上初のキャットショーから、理想の猫種を創出し、決定するという巨大事業が興《おこ》った。芸術家として、また家禽《かきん》繁殖家として多彩な活動をしたハリソン・ウィリアム・ウィアーは、「愛猫家の父」と呼ばれている。そのウィアーが一八八九年の著作『われらが猫たちと、そのすべて』にこう書いている。「［猫が］『愛玩』動物になりつつあるいま、よく考えられた慎重な交配と巧みな選択の威力を熟知する人々が、どのような体形、色、斑点などの特長をもつ変種をつくり出していくかはまったく予測できない」[29]

それにしても、よい猫の条件とはなんだろうか。よく考えられた慎重な交配とは何か。そして、自然の手によらない選択のどれが巧みなのかを誰が決めるのだろう？　ウィアーのような愛猫家はときに室内装飾家のような表現で美しさの原則をさだめた。たとえば「短毛の白い猫」ならば「目は青でなくてはいけない。緑は大きな欠点だ。明るい黄色は許容される……。オレンジは容姿に重々しい印象をあたえ、黄色は灰白と調和して見映えがする」と明確に述べている。そうしたいわゆる「ポイント」が「天の啓示のごとく絶対的な権威」を誇ったと、博物学者のウォーカー・ヴァン・ライパーは皮肉っぽく評した(30)。

体形が原則的に機能から切り離されたことで、猫がどんな外形になるかはブリーダーに白紙委任された(31)。以前はさほど注目されなかった血統書つきの動物が生活の新しいアクセサリーになり、社会が流動的になったヴィクトリア時代の人々が階級を細かく分けたがっていることが露呈された。動物の育種は、フランシス・ゴールトンをはじめとする優生学者が提唱した人間の「賢明な結婚(32)」を四本脚の動物で実践した成果だった(犬は人種に関する理論を人間にかわって実践することで、二重の務めを果たしているようだ(33))。犬が人間の階級を決め、人間も犬の階級を決めた。犬を交配によって格上げし、階級にふさわしい伴侶にしたからである。ブルドッグの例を見てみよう(34)。歴史家のハリエット・リトヴォによれば、見世物の「牛いじめ」のためにつくられたブルドッグは貴族の友にはほど遠い「血に飢えた」犬とみなされ、猟犬にくらべて「利口ではない」と考えられていた。伴侶として歓迎されざるこの犬種がその後慎重な交配によって遺伝子を改良され、以前の目的に合った性質を失うかわりに、行儀のよい犬と上品な人間からなる社会の立派な一員に、英国紳士のトレードマークに仕立て上げられたのである。

当時も今日《こんにち》と同じように、飼育家はその個体がなぜX種を代表しうるかのみならず、X種とはどんなものであるべきかを論じた。一九世紀後半のブルドッグの場合は、リトヴォいわく「ほぼどんな特徴でも自由に検討の対象になった」。「ダッドリーノーズ」と呼ばれるピンク色の鼻をブルドッグらしさの極致と見る人もいたし、逆にブルドッグらしくないとしてきらう人もいた。

しかしこうした議論は人間の好みに関することであり、ブルドッグとは無関係に等しい。そこが動物の容姿や本質の基準を文字で詳細に規定することの問題点である。審査機関は基準に関する問題をよく認識しているので、説明書は注意書きでいっぱいだ。猫種登録団体CFAのショーの手引は、冒頭にこう明記している。「猫種標準は生きている猫のことを述べたものではありません。どこまでも、永遠に追求できる美しさの理想です」(35)

人間の好みによる力の行使の移り変わりと、それに応じて目まぐるしく変わる猫種基準が組みあわさるとどうなるかを示す代表的な例として、ペルシャについて考えてみよう。ペルシャは育種動物の原点である。一八七一年にクリスタルパレスで開催された最初のキャットショーで最高賞を獲得したのがペルシャだ。ヴィクトリア女王その人もブルーのペルシャをつがいで飼っていた。シルバーラムキンという名の有名な雄猫はペルシャの一種であるチンチラの初代で、《ニューヨークタイムズ》紙に死亡記事が掲載され(「猫の育種が行なわれているどの国でも、シルバーラムキンの子孫がトップの地位に就《つ》いている」(36))、その亡骸《なきがら》は今日まで大英博物館に保管されている。

だが、パリではそのようなペルシャにはお目にかかれなかっただろう。前世紀のペルシャと今日のペルシャを見くらべると、同じ動物とはとうてい思えない。モールマンが説明してくれたとおり、体形が以前よりも「コビー」になった。胴が短く、肩や腰幅が広くがっしりしたタイプをそう表現するのだ。顔は平面的で、鼻がつぶれ、小さい空間に押し込められたかのような体つきはフクロウを思わせる。猫の絵を描けといわれて大半の人が描く猫の姿とはだいぶ違う[37]。最悪なのはいわゆる鼻ぺちゃの「短頭種」で、《ジャーナル・オブ・フィライン・メディシン・アンド・サージェリー》誌は「猫を特別な動物にしているあらゆる特長を台なしにしている」と警告するほどだ[38]。ところが意外にも、これは先天異常や奇形ではなく、何世代もかけて入念に選び抜いた特徴なのである。そして、ペルシャが「目を見張るほど変わった」一方で、モールマンが記しているように、「猫種の基準は今日にいたるまであまり変わっていない」のだ。

ということは、何が起こったのだろう？　生きている猫が基準にさだめられた猫よりも大幅に変わったのはなぜなのか。審査員にたずねても説明に窮するだろう。TICA（国際猫連盟）のヴィッキー・フィッシャー会長はこういう。「多少変わったところはいくつかありますね。変えたのはブリーダーか、それとも審査員の選択かというのはずっといわれてきたことです」。フィッシャーが以前にメインクーンを繁殖させていたとき、「耳がとても細長い猫が生まれました。メインクーンの猫種基準では、耳は大きいとさだめられているのです」。何をもって大きいとするのだろう？　ミリ単位で決められているわけではない。だから大きい耳がよいとさだめられていれば、耳は少しずつ大きくなりつづけるのだ。審査員はこれを「標準超え」と呼ぶ。ある品種の特徴を極限まで強調してしまい、それが猫全体の不利益になることである。ブリーダーは猫かわいがりのあまりものが見えなくなることがある。愛する猫の魅力のとりこになって、標準をどれほどはずれているかがわからなくなってしまうのだ。

しかし、ペルシャの新しい外形を促したのが基準そのものでないのなら、いったい何がそうしたのだろう？　赤ん坊の見た目の特徴を観察した「コンラート・ローレンツのいう」かわいらしさだろうか[39]。もしかしたら、リーバーソンのいう「歯止め効果」がはたらいて、偶然の突然変異が好みの変化として独り歩きしたのかもしれない。あるいは、たんなる目新しさか。「伝統的なペルシャ」の繁殖を手がけるデンマークのブリーダー、ルイーセ・エングベアは、新しいペルシャが一九八〇年代にショーを席巻しはじめると「急に誰もがほしがるようになった」と指摘する。そういう猫が受賞したのなら、それは「審査員が猫の審査の仕方を根本的に変えたにちがいない」ことを物語っているとエングベアはいう。

だが、猫の品種は数世代で劇的に変わる。一世紀もほぼ変わらずにいたあとで、わずか数十年のうちにこれほど急激に変化したのはなぜだろう？　ショー会場に新しい品種が続々と登場したからではないか。品種が増えるほど、「ほかの品種とくらべて自分の品種の特徴を目立たせる必要があるという人が増えるのです」とエングベアはいう。ヴィッキー・フィッシャーが語ってくれたように、鼻のつぶれたペルシャに人気が移っていったのは「猫に害をあたえるつもりではじめたこと」ではない。「進みつづけるしかないのです。あともどりはできません」

トヴェルスキーの言葉を借りれば、刷り込まれた判断基準《アンカー》がずれたのだ。鼻のつぶれた猫が徐々にほかの猫を審査するときに「対照するもの」になっていくということである。鼻ぺちゃのペルシャ第一号が審査員の目を引き、賞をとる。そこで別のブリーダーはそれよりもほんの少し余計につぶれた鼻を選択する。審査員は新しいタイプのペルシャを見る機会が増えるほどそれに慣れていき、だんだん新しいと感じなくなっていくのだ。

皮肉なことに、前述した標準超えは移ろいやすい流行だったのか、ペルシャの人気はここのところ急落している。「数年前は、キャットショーに出場する猫の七割がペルシャでした。それがいまでは三割程度です」とパリでモールマンから聞かされた。なぜだろう？「時代の流れ、時代精神でしょう。人工的なものはもう求められなくなった。もっと自然な姿形の猫が求められています」。ペルシャは念入りにグルーミングしてやらなくてはならないこともあり、フィッシャーの言葉でいうと「熱意のうすい人には向かない」猫だ。より自然な猫を求める昨今の傾向に唯一逆らう国があるとすれば、それはロシアだとモールマンは指摘する。「ロシアでは、めずらしい形の耳や短い足の風変わりな猫が好まれます。非常に変わり種《だね》の、月並みではない猫です。ソビエト時代にはなんでも並みだったせいでしょうね」

少なくとも私の目には、かつて穀倉でいち早くネズミを獲った動物からはどうしようもなくかけ離れた、自然選択の指示するところをはるかに超えた猫もいるように見える。モールマンにそれとなくそういったところ、彼は肩をすくめて答えた。「それではファッション業界のモデルをどう思います？　両脚のあいだに隙間ができますよね、腿が膝から下と同じくらい細いから。あれは自然に見えるでしょうかね」

審査の基準が問題になるのは、熱狂しやすく不健全な動物育種の世界にかぎらない。たとえば、なんとなく地味な感じの否めない土壌審査の世界を見てみよう。「土壌審査の世界」などというものがあるとは知らなかった人が多いかもしれない。だが、これはごく一般に行なわれる大切な検査で、広い土地が利用されるときにはかならず土壌の特性と質が審査され、路床が充分に強固か、農地が小麦や大麦に適しているかなどを判定するために利用される。大学には土壌審査のチームがあるところもあって、コーチがいて、全国選手権まである。ヴァージニア工科大学とカンザス州立大学が上位の常連校だ。土壌審査選手権がアメリカンフットボールの大会のように「ダート（土）ボウル」として有名にならないのが、少々残念に思える。

カンザス州立大学の心理学教授職を引退したジェイムズ・シャントーは、土壌審査員をはじめとしてさまざまなエキスパートについて研究している。シャントーの話によると、国立の研究機関に土壌のサンプルを送って分析器で分析してもらうのは費用も時間もかかる。そこで土壌審査員が招かれる。ふつうは通称「触感法」を用いる。土をふるいにかけ、手のひらにのせて軽くたたき、水と一緒に撒《ま》く。土壌を一二のタイプに分類する土性三角図のどこにその土が該当するかを見ているのだ。ワインのブドウ栽培で生育環境を重視する「テロワール」の考え方を採り入れて、実際に土を口に含んでみる審査員もいる。「味わうためではなく、舌と歯でさわり、粘土と砂の感触を確かめるため」だという。

郡品評会で動物を同じように念入りに調べる審査員を目にして、いったい何を見ているのだろうと思ったことはないだろうか。答えは「いろいろ」だ。エキスパートについて以前行なわれた研究では、一つから六つの「要素」に関する情報にもとづいて判断が下されると指摘されている。シャントーの調査では、家畜審査員が雌豚を審査するときに利用したのは「腿の厚み」から「足並みの軽さ」にいたるまで、ざっと一一の要素に関する情報だった。重要なのは、彼らが素人と違ってどの情報を除外すべきかも知っていることである。しかも、落ち着きのない豚たちがひしめく泥だらけの会場でそのすべてをこなす。審査員の仕事を模倣するコンピューターモデルを作成しようとする試みがうまくいかなかったのは、シャントーいわく「豚どもが片ときもじっとしていない」せいだ。

それでも、審査員とてバイアスや無関係な情報に影響されないわけではない。シャントーはある家畜審査員から、丸まった豚の尾が好きな審査員もいるようだと聞かされた。「尾が丸まっていることが大事なのですか」とシャントーがたずねると、審査員は「そういう豚を豚らしいと思う人たちがいますからね」と答えたという。また、ある種の豚に「かわいらしさ」を認める審査員もいるとシャントーは指摘する。それで思い出すのがエドマンド・バークの『崇高と美の観念の起原』のくだりだ。バークはたんなる「適性」だけでは美と呼ぶには不充分だとし、こう述べている。「その原理にしたがえば、豚のくさび形の鼻、その先端の硬い軟骨組織、埋もれた小さい目、頭全体のつくりは、穴を掘ったり、何かを掘り出したりする役目に非常に適しているから、きわめて美しいことになる」[40]

家畜の審査は愛玩動物の育種とはちがって、理論的には好みの移り変わりに左右されないはずだが――食べるものであって流行ではないから――現実には理想的な豚の基準も人間の選好によって長年のうちに変わっている。現在では以前よりもずいぶんほっそりした豚（食材にする豚）が好まれている。シャントーの一九七〇年代の研究で見られた脂肪が多めの腿《もも》は、いまでは「時代遅れ」だという。そのころの雑誌のグラビアを飾った人間の体形が時代の移り変わりとともに人気を失ったのと同じだ。[41]

よい審査員の条件はなんだろう？　一つは自信である。シャントーにたずねてみたところ、エキスパートとはエキスパートであると他人に認めさせることのできる人間だそうだ。よい審査員は小さなまちがいを犯すことはあっても、「大きいまちがいはふつうしない」。例外に出くわしたときには、「判断のパターンをはずれた単独例」としてうまく処理できる。それに対して審査の初心者は、あてはまらないのに決まり事に固執してしまう。

最も重要なスキルは、情報の抽出だとシャントーはいう。それが経験にもとづく識別力以上に判断の鍵をにぎる。審査の初心者でも動物の詳細な情報をあたえられれば、エキスパートに負けないすぐれた判断をすることにシャントーは気づいた。ただし「違うのは、家畜審査の専門家には、初心者には見えない情報のパターンが見える点です」

簡単な例がある。私はグラフィックデザイナーから教えられてびっくりしたが、輸送会社のフェデックスのロゴに「ベクトル」、つまり矢印が（Eとxの隙間に）隠れているのだ。そのときまでまったく気づいていなかったが、いまではかならずそこに目が行くようになった。矢印は私の無意識下にずっとあって、フェデックスの迅速さを連想させていたのだろうか。プロのデザイナーがそのロゴを見れば、デザインについてたくさんのことを既知の類型に分類して教えてくれるだろう。カーニング（文字間隔の調整）、ウェイト（文字の線の太さ）、ストローク（筆致）といったことだ。

私たちは物事を分類して世界をかたちづくっているが、その分類も逆に私たちをかたちづくる。そしてエキスパートは基準に照らして判断し、その基準によって判断される。人は多くを知れば知るほどますます分類しようとし、分類できるものが増えれば増えるほど、さらに多くを知る。審査のエキスパートがあなたや私と違うのは、世界の――少なくともそのなかの自分が携《たずさ》わる部分の――見方、組み立て方である。

ふつうの人はほとんどの場合、心理学者のいう「基礎レベル」で抽象概念をはたらかせる。私たちは何かを知覚したとき、その基礎レベルの分類を用いようとする。**あの店には人なつこい猫がいる、いまの車、すごいスピードだったけど、見た？ 赤ワインと白ワイン、どっちがいい？** という具合だ。ところが、鳥の写真をふつうの人に見せ、これはなんですかと聞くのと、野鳥観察を趣味にしている人に見せて同じことを聞くのでは、返ってくる答えは違うだろう。前者は「鳥」、後者は「アメリカコガラ」だ。野鳥観察者は「下位レベル」の分類まで進んでいる。審査員はさらに進んで、さまざまなポイントの特徴を見る。

このような世界の見方がいかにしっかり身についているかには驚かされる。心理学者のジェイムズ・タナカとマージョリー・テイラーが明らかにしたように、エキスパートは自分の専門分野では基礎レベルをさっさと通過する。[42] 基礎レベルの知識と同じ速さで下位レベルの知識を引き出せるのである。たとえばベテランの野鳥観察者は、カラスとコマドリを分ける要素を鳥と犬を分ける要素に劣らずたくさん知っていて、コマドリの写真を見れば、犬ではないと見てとるよりも速くスズメではないと見抜く。

世界の見方がエキスパートの知識の豊富さを物語る（逆もまたしかり）。だが、それだけでは不充分だ。見るだけではなく語る必要もある。

テイスティングのエキスパートになりたい？――舌の先にあるものを知ることについて

深く考えずに答えてほしい。ニンジンはどんな味か？

言葉で表現するのは難しかったのではないだろうか。「さわやかな」味といってもよいかもしれないが、本来さわやかというのは味として感じるものではない。「ポリポリしている」という表現が頭をよぎったかもしれないが、それは食感である。オレンジ色が頭に浮かんだかもしれない。これも味とは関係ない（それに、当然ながらオレンジ色でないニンジンもある）。「青くさい」ともいえそうだが、それならほかのたくさんの野菜も同じだ。

結局、「ニンジンらしい味」と言い切るほかないだろう（第1章で知ったことの繰り返しになるが、ニンジンらしさは風味であって、味ではない。味は甘味や塩味などのたんなる組みあわせである）。でも、だからといって恥じる必要はない。ニンジンの官能評価の訓練を重ねた専門パネリストに、ニンジンの風味の属性を特定するよう求めた複数の研究の結果を見ても、リストの最上位にはニンジンらしいと堂々と書かれているのである。

もっともパネリストはもう少しうまく表現して、「松」や「土」や「クローブ」の香りといった属性の記述用語を加えている。それでも熟練したエキスパートでさえ、ニンジンはニンジンの味がするという印象から逃れられないらしい[43]。

味を語るのは容易ではない。食品業界の人々がそう思うよりもずっと前に、ジョン・ロックをはじめとする哲学者たちがこの問題に頭を悩ませた。ロックは初期の著作『人間悟性論』で、まず多くのにおいに「名前がない」と指摘してから、「われわれが口を通じて受け取るさまざまな味の観念も同様で、名前があればもっとわかりやすい。味は非常に多様で無数にあるのに、味を形容する言葉は、甘い、苦い、酸っぱい、まずい、塩辛いくらいしかない」と述べている[44]。

このように語彙が貧弱な原因の少なくとも一部は、科学史家スティーヴン・シェイピンの主張によれば、歴史的に味覚が低く見られていたことにある。味覚は食のよろこびを微細に識別するための方法というよりも、食べているものが口に合い、安全であることを確認するための仕組みだった。

特定の味を識別できる希少な人材である食通や食品生産者はむかしからいたが、二〇世紀に入ると、その識別は応用科学になった。食べものが世界的に標準化された工業製品になり、目もくらむほど多様な新しい製品と味が生まれ、消費者がテロワールや産地といった概念を知るようになると、食べものの感覚的識別を一元化するためにさまざまな方法が開発された。そのおかげで、ある企業が「アップルシナモン・オートミール」を販売すれば、「アップル」が意味するものにはある程度の合意があった。いうまでもなく西海岸でも東海岸でも、またどの年に食べても、同じ味がするだろう。

官能分析にはあらゆる感覚が駆り出されるが、その感覚的経験を伝える最終結果はもちろん言語である。舌が味覚を支配するのは、味蕾《みらい》を通じてだけではない。他人が味わい、嗅いだのとまったく同じ味やにおいを感じることはできないが、それらについて話すことはできる。最も一般的な技法の一つは「記述型分析」と呼ばれ、ある教科書はこれを「適格な被験者グループの知覚にもとづき、製品について定量的記述をする官能検査法」と説明している。(45) 簡単にいえば、人が頭を突きあわせて、どんな味がするかをかたちにしようとすることだ。

このような分析の成果が、ウィスキーからチェダーチーズにいたるまで、多種多様な味覚の「フレーバーホイール（円形図）」と語彙である。メープルシロップのように単一の素材と思えるものにも、いまでは専用のフレーバーホイールがある。飲料の炭酸にまで決まった語彙があり、強さの段階を「ヒリヒリ、ピリピリ、ジンジン」などと表わす。(46) あるアーモンド栽培者の報告では、ほとんど負けおしみに聞こえそうな、以下のような見解が述べられている。「ピーナツの官能的特徴は詳細に記録されているが、アーモンドの見た目、香り、風味、食感の特徴を定量化する試みはこれまでなかった」。アーモンドの香りは「切りだしたばかりの材木」から、やや投げやりな「クルミ」まで広範におよぶそうだ。

感覚を表わす言葉の創出を目ざしてつづけられる取り組みは、さかのぼればジョン・ロックを悩ませた、いまひとつの哲学的概念にたどりつく。すなわち、パイナップルをどう語るかである。一七世紀後半のイギリスでは、西インド諸島から伝わったこの「王家の果物」は、味も見た目もまったく新しく魅惑的で、めったに手に入らない高級品だった（有名なエッチングに、王室の庭師ジョン・ローズがイギリスで栽培したパイナップルの第一号を国王チャールズ二世に恭《うやうや》しく献上する様子が描かれている）。人々はパイナップルのようなものをそれまで味わったことがなかっただけでなく、言葉で表現したこともなかった。認識論者ロックの頭から離れなかったのは、食べものの味を言葉で伝えられないもどかしさだった。パイナップルそのものがなければどうしようもなかったのだ。味わった人は、パイナップルをそれまでに食べたほかのものにたとえるかもしれないが、それでは本質に少しも近づけない。ロックはこう記している。「味を言葉で伝えるのは、概念を定義によって理解させることではない。ほかの単純概念を知られている名前を使って呼び覚ますことだ。だがそれもまた、あの果物そのものの本来の味からはかけ離れているだろう」[48]。まったくのところ、何世紀もあとに「新鮮なパイナップル」がチェダーチーズの風味を表わす語彙に入っているのをロックが知ったら、わが意を得たりと思ったかもしれない。

どんな味か、なんの味かという問題を世界のどの企業よりも重視するのが、香味料の国際的巨大企業マコーミックである。私はある日、ブルックリンの自宅から車を走らせてボルティモア郊外にある同社の本社を訪ね、あるグループの仕事を見学させてもらった。手っとり早くいえば、味見で報酬を得ている人たちの仕事だ。

車を停めているときにかすかな香りが鼻をかすめたが、スパイスの名は言いあてられなかった（ジョン・ロックよ、あなたの苦しみはよくわかる）。マコーミックの応用研究部門副部長のマリアン・ジレットに会ったとき、同社が海岸地区にあったころは古くからの市民の多くが「ボルティモアのにおいといえば、マコーミックを連想」したという話を聞かされた。

誰もが「シナモンを憶えている」のは驚くにはあたらないだろう。スパイスのベストセラーだからというだけではない。食べものと情緒に関する社内調査について話をしたジレットは、「シナモンは最も愛情のこもったスパイスなんですよ」という。多くの人にとって幼児期に嗅いだ最も強い香りの一つがシナモンで、いわば記憶への小道なのだ（私はマコーミックの白い長方形のシナモンの缶をよく憶えているが、同社のオレガノはそれほどでもない）。だが、多くの人がマコーミックの名からスパイスの缶や瓶を連想するにもかかわらず、現在のマコーミックの事業の多くは加工食品への「カスタムメイドの風味によるソリューション」を提供することである。ジレットは「当社の製品はスーパーマーケットのどのコーナーにもあり」、また「半加工品を使うカジュアルレストラン」の多くでも採用されていると話す。

マコーミックの風味研究室は、人間の味覚の不確実性がハードサイエンスの確実性と出会う場所だ。作業台の上の試験管を盗み見ていると、白衣を着た主任研究員のシルヴィア・キングから、においを嗅いでごらんなさいと勧められた。トマトのにおい、より正確にはトマトの葉をさわったあとに指に残るにおいがする。キングがいうには、「顧客がトマト加工品をもってやってきましたが、あの新鮮な、つるからもいだばかりのトマトらしさがまったくなかったんですよね」。そこで、何か「トップノート」――最初に感じるもの――を加えるために、マコーミックの研究者が天然化合物に由来する数千種の分子を駆使して新鮮なトマトの風味をあたえようとしている。加えられる分子の量はばかばかしいほど微量だ。キングは一本の試験管を指さした。「このチアゾールをオリンピックサイズのプールに一滴加えただけで、プール全体からトマト加工工場のようなにおいがしますよ」

何がトマトにあのトマトの風味をあたえているのかを突き止めるために、研究所は多数の機器をそろえている。キングが指で示したコンピューター画面では、ギザギザした山形の線が上下に揺れている。「これがガスクロマトグラム。私にとってはレシピみたいなものです。この山の一つひとつが個々の化合物を表わします」。たとえばチアゾールに硫化ジメチル(トウモロコシのクリーム煮のようなにおいがする)か、フェンネル入りエチルアルコール(キングは「バラかビール」のようなにおいがするという)か、イソ吉草酸《きっそうさん》(チョコレートとチーズ)を混ぜてみるとよい。「混ぜるとすばらしいトップノートが生まれるんですよ」とキングはいう。まさにトマトが調理されたり古くなったりすると消えてしまう香りだそうだ。マコーミックの膨大なデータベースには、「メキシコ産とイスラエル産のオレガノを識別する分子の指紋」までもぐり込んでいる。

　機械分析による風味の知識に一つ問題があるとすれば、人間は機械ではないことだ。私たちは何かを味わって、屈折糖度計のようにBrix値（溶液中の糖の含有率）をはじき出すわけではない。人間には人間の感覚と解釈の仕組みがあり、私たちはそれを適用して生きている[49]。風味がほんのわずかに変わっただけで、人間には非常に多くの波及効果があるが、機械はそれを見逃してしまう。低脂肪牛乳にごく少量のバニラ抽出物を加えると、人間のテイスターには急にその牛乳がより甘く、さらにはよりクリーミーで濃く感じられる。バニラ抽出物に甘さや脂肪含有量や粘度を変えるはたらきはないにもかかわらず、である[50]。

　風味とはいったいなんなのかを突き止めるのは、私たちにとっては手間のかかる仕事だ。顧客がマコーミックにやってきて、アボカドの風味がほしいといったとする。「彼らはこういうんですよね」とキングが説明する。「『アボカド風味をつくるといっても、どこからはじめればよいのかわからないのです。ワカモレのようなものか、それとも皮をむいたばかりのアボカドの味なのか』って」。そこでマコーミックのチームはひととおりのサンプルをつくってみるのだ。消費者レベルではさらにややこしいのだとジレットがいう。「消費者が『アボカドかワカモレがほしい』という場合、頭のなかにあるのははっきりしたものです。ところがそれは、実際にはまったくアボカドではありません。ワカモレに入っているトウモロコシかライムの香りだったりするんですよ」。あるいは、毎週末に出かける贔《ひい》屓《き》のメキシコ料理店で食べて「刷り込まれた基準《アンカー》」になったワカモレかもしれない。

マコーミックが風味というものを明確にしようとして頼るのは、ジレットがおもしろがって「人間クロマトグラフ」と呼んでいるものだ。訓練を積んだ官能パネリストのことである。私は上級官能アナリストのジェイソン・リッジウェイとテス・オルドレッジと一緒に社内の小さい部屋へ入った。マジックミラーで隔てられた隣室は赤い照明が薄暗く灯され、その下で丸いテーブルをかこんだ人たちが小さい紙コップから取り出したプレッツェルを口に入れてゆっくりかんでいる。ジレットがいっていたとおりだ。「赤い光の下で味見するのは、それが二種類のグレイビーソースだとして、片方がもう片方よりも茶色が濃いとわかってしまうと、人間の感覚はそちらのほうが肉汁たっぷりで濃厚と感じるからです」。光と色がないことで、テイスターの仕事は難しくなるとオルドレッジはいう。「『これは赤いからイチゴの味がするにちがいない』といったバイアスはなくなります。だから自分で考えなければなりません。心理的にかなり大変な仕事です」

リッジウェイがパチンとスイッチを入れると、隣室の音声が遠く離れた宇宙船からの通信のように聴こえてきた。評価会《パネル》のリーダーが一同に「カリカリ感の持続性」をたずねている。「かみ砕いて全体的な質が変わるまでの時間」のことだとリッジウェイが私に説明してくれる。「カリカリ感の持続性」のスケールがパネリストたちに配られていた。スケールはコーンフレークからはじまって、プリングルズのポテトチップスで終わる。リーダーが「焦げ臭を感じる人はほかにいますか」とたずねた。

それから「かび臭」という誰かの言葉が耳に入った。かび臭がプレッツェルに？　だいたいかび臭いプレッツェルをほしがる人などいるだろうか。「かび臭や焦げ臭という用語が聞こえたときに気をつけなくてはいけないのは、それが製品の属性の表現だということです。かび臭や焦げ臭があるのは悪いことではないんですよ」とリッジウェイが教えてくれる。オルドレッジは「かび臭は多くの製品にあります」とつけ加え、口をゆすぐための紙コップを指して、「こういう水も『かすかなかび臭がある』といわれることがよくありますよ」という。「たいていあの人たちが濾過《ろか》装置のフィルターの交換時期を教えてくれるんです」とリッジウェイがいう。かび臭はα-フェンキルアルコールという化合物に由来するが、「かび臭」――あるいは「濡れた犬」とか「汚れた靴下」――といった用語のほうが「わかりやすい」のだという。「かび臭の解釈は人によって微妙に違います。湿っぽい地下室から古い本まで、さまざまな言い方をされますね」。オルドレッジがうなずく。「私ならホースの水というかな」

言葉は慎重に選ばなくてはいけない。たった一つの感覚記述用語（「新鮮なパイナップル」）が、その食べもの（チェダーチーズ）にそれが本当に含まれているかのような印象をあたえ、そのせいでパネリストが実際には存在しない「幻の」属性を探そうとしたり、検査員に余計な手間をとらせたり、消費者が望みもしない経験をさせられたりするおそれがある。(51)「こんなことがありました。たとえば誰かが『あのチーズが好きだ』というので私たちがそれを調べ、あれこれと用語で記述する。突然、『あれ、このにおい、赤ん坊の嘔吐物にそっくりじゃないか』と気づく。すると家で二度とそのチーズを使わないかもしれません」。どんな食品もまったく別物になる。タマネギは「ゴム臭」がある。マンゴーは硫黄臭を発散する。ジレットいわく、「本当においしいパパイヤは、ゴミのアロマがはっきり感じられるんです」（覚えておこう。ゴミを食べる羽目になったら、パパイヤだと思えばよい）。

当然といえば当然だが、あたえられた語彙を見るかぎり、官能評価で絶対に耳にしない質問は、私たちが味見をしたらたぶん一番に聞くことだろう。「これ、好きですか」である。好ききらいをいうのがいけないのは、それで官能分析者の製品の感じ方が変わってしまうおそれがあるからだ。また、ティスティングのエキスパートは素人テイスター（つまり消費者）と同じものを好きではない傾向にある。《オーストラリアン・ジャーナル・オブ・デイリー・テクノロジー》誌に掲載されたある論文には、「チーズの格づけと消費者の受容度の対比——避けがたい不一致」というタイトルがつけられているが、これがすべてを物語っている。

嗜好をもち込めば、雑音がもち込まれるということなのだ。食品科学者として多大な影響力をもつハリー・ローレスのいうとおりである。「ガスクロマトグラフやpH計に製品が好きかどうかたずねたりはしないでしょう。だから分析記述をするパネリストにもたずねる必要はないのです」。パネリストに製品AとBのどちらが塩分が多いかをたずね、それからどちらが好きかをたずねたとして、塩分試験の回答がまちがっていたらどうするのか。[52] それでもパネリストの判定は役に立つといえるだろうか。それに誰もが同じものを好きなわけではないし、同じ理由で好きなわけでもないという問題もある。マコーミックの初期のスパイス用語彙には「不快な」香調《こうちょう》を表わす用語群があった。コリアンダーの「石鹸臭」はその一例である。だが、石鹸臭をそのように悪者扱いするのは、石鹸臭がコリアンダーの本来の性質の一部であるという考え方を顧《かえり》みていない。官能評価の用語は、質を意味する言葉や人によって意味の違う言葉を慎重に避けている。「ワイン談義」で使われる典型的な表現――「まろやか」とか「ほどよいコク」――の多くは、ワインのプロが使う感覚表現用語には含まれていない[53]。

問題はまだある。官能評価をする場所は、食品が消費される環境とは別物であることだ。研究室のような場所で少量のサンプルを試したときによいと思われても、食卓ではさほどおいしく感じられないかもしれない。マコーミックの食品調査部門の責任者ナンシー・ファレイスが教えてくれたように、ソフトドリンクの官能プロファイルを研究室で分析することはできるが、その飲みものがひとたび野に放たれて消費者の手にわたると、違う生きものになるかもしれない。「消費者はそれをどんなふうに飲むでしょうか。氷の上にそそいで？　零度に冷やして？　プラスチックのコップ、ガラスのコップ、缶、それともふたに差したストローで？　直前に何を食べる？　直後には？　消費者が何を好きかだけでなく、どんな風に、いつ消費するかを知らなくてはいけません」。好きかどうかをたずねられただけで、人はたちまち警戒するとオランダの食品研究者E・P・ケスターは指摘している[54]。「ただ食べるときよりも注意深く味わうし、判断の基準が違ってくることもある」。一方、ふつうの消費者にもっと分析的に考えることを求めるのは、消費者の素直な感覚に干渉することになってしまう。

要するに、少なくとも食品業界では、エキスパートがどれを好きかはふつう問われないし(同じものを大半の消費者はおそらく好まないため)、ある製品を消費者がなぜ好むかも詮索されない(役に立つ言葉で説明できないため)。コーヒーを例にとろう。ハワード・モスコウィッツがいうように、苦味はコーヒーの好ましい官能プロファイルとして不可欠だが、コーヒーを売り出す広告でこんな言葉を用いようとは思わないだろう。だが、ほとんどの人が気に入ってくれるものを売るのが最終的な目的なら、わざわざ並はずれて味覚の感度の高い人を集めてこのような特殊な官能評価をするのはなぜなのだろう? ジレットがいうには、一つには官能成分を消費者の味覚に合わせて調整するためだ。評価会《パネル》で五〇種類のバニラアイスをそろえて、どれが消費者の好みに合いそうかを知ろうとするのではない。消費者が実際に好む味のプロファイルを分析し、それを出発点にして新製品を開発すればよいのである。

官能評価のエキスパートは「一緒に昼食をとりたくない相手」だとジレットから聞かされていた。それでも私たちはマコーミックの社員食堂で席に着き、「風味の先端を行く」数々のご馳走のなかから、カツうどんにオレガノを添えた一皿を選んで食べた。ジレットは訓練を積んだパネリストらしく私にこういった。「あなたは油の疲れにとても敏感ですね。油はすぐに劣化しはじめます。私たちが傷んだとみなすものでも消費者はよろこんで食べ、傷んでいることに気づきもしないんですよ」。オルドレッジは食事中に食べるのをぴたりとやめることがよくあるそうだ。「友だちは『なぜやめたの？』などと聞いてきます。それで『あまりいいたくない』と答えると、相手はもう興味津々ですよ」

黄金の舌をもつ美食家や香料業界の「調香師」は、ふつうの人には未分化な塊《かたまり》としか思えないものを構成している数十もの要素を識別する超人的な能力があるために、むかしから文化人としてもてはやされてきた。ブリア＝サヴァランは『美味礼讃』にこう記している。「ローマの美食家たちは川にかかる橋と橋のあいだでとれた魚と、それより下流でとれた魚をその味で識別できた」(55)。『ドン・キホーテ』には、従者のサンチョ・パンサ——彼自身が「生まれつきワインの利き酒のすぐれた素質をもつ」血筋に生まれている——が二人の親類の話をする場面がある。二人は樽入りワインの出来について意見をいうよう村人に頼まれた。「一人が舌先で味わい、もう一人はにおいを嗅いだだけだった。最初の人がこのワインは鉄の味がするといい、二番めはそれよりヤギ革の味がするといった」。ワインのつくり手は、自分の樽はきれいに掃除してあると抗議した。ところが樽が空になったとき、ヤギ革の紐のついた小さい鍵が転がり出たのだった。

だが、ワインやコーヒーの味を表現するのに凝った麗句を弄《ろう》する人には気をつけたほうがよい。たとえば複雑に混ざりあった香りから特定のにおいを正確に嗅ぎあてようとしても、私たちの能力は三つあたりで「限界」に達するからだ。それを超えると、あてずっぽうのほうがましであることが実験によって明らかになっている(56)。

サンチョ・パンサの「生まれつきのすぐれた素質」について官能評価のエキスパートにたずねれば、天分という考え方は否定されるだろう。二〇一三年のドキュメンタリー映画『Sommソム』では、マスターソムリエを志望する人がこういう。「すぐれた刀鍛冶《かたなかじ》には師匠がいます。ワインについてこのことを考えると、私たちは生まれつき適性のある人がいるにちがいないと思う。ですが、日本刀を適性だけでつくれるとは誰も思いません」。オルドレッジは「正直にいって、自分は味がよくわかるほうだとは思いません。味わっているものが何かわかり、それを表現できるだけです」と打ち明けた。感覚には確かに個人差があり、評価会ではそれが表われることが少なくない。テイスターには基本的な能力も必要とされ、その一つが「三点識別テスト」に合格できることだ。これは三つのうち一つだけ違うものをあてるテストである。だが、テイスティングのエキスパートになるための本当の鍵は、恵まれた舌をもって生まれることではない。

秘訣は——じつは秘訣でもなんでもないが——分野は違えど、本書ですでにエキスパートと呼ばれる人が口にしていたことだ。第一に、訓練。マコーミックのエキスパートはおよそ一五〇時間の研修を終えてから評価会に参加する。参加を認められる前には、「安全ですがいやな味の食品を食べる覚悟がありますか」といった試問を受ける。確かな天性の能力よりも訓練が重要であることは、多くの研究で明らかになっている。一連の刺激で訓練したエキスパートに新しい刺激を分析させる研究[57]では、彼らは新しい味を識別して正しい記述用語を対応させることがうまくできなかった。せいぜい前の刺激で知った用語を不適当でも流用するだけだったのである。

次が、記憶。プレッツェルの「カリカリ感の持続性」がリッツクラッカーとほぼ同じだとわかるには、リッツクラッカーのカリカリ感を憶えていなくてはならない。ニンジンには藁のような風味成分があると答えるなら、藁のにおいを憶えているということである。ワインテイスティングのエキスパートを素人と比較した研究で明らかになったとおり、エキスパートがすぐれているのはワインの香りを絶対的に感知できることではなく、ワインの香りを認識できることだ。[58] なじみのない香りの場合には、エキスパートも初心者もその存在を感知する能力に差はなかった。

そして最も重要なのはたぶん言葉だろう。ジョン・ロックの話にもどって、もしパイナップルを食べたことがなければ、パイナップルの味を言葉を使って正しく理解することはできない。パイナップルを一度でも味わえば、いま味わっているものを解き明かすのを言葉がたすけてくれる。テイスターは一種のフィードバックループの話をすることがある。テイスティングの経験を積むほど頭に浮かぶ言葉が増え、言葉が増えれば解き明かせる味も増えるというのだ。ミントの風味のどれだけの部分が「ミントっぽい」という言葉からできているのだろう?

味覚のエキスパートの能力では、言葉と記憶が分かちがたく結びついている。オーストラリアのある研究で、ワインのエキスパートと素人が「あるブドウ品種のワインについてそれに合った」言葉を思い浮かべる能力をテストされた。まず、さまざまなワインの典型的な記述用語が書かれたカードのセットを何組かわたされる（残念ながら、ワインそのものは出されなかった）。たとえば、リースリングなら舌先での味わいは「ミネラルとライム」、そして「さわやかな花」の香りがある。次にセットをばらして混ぜたものをわたされる。これでカードの言葉はいずれか決まったワインの記述ではなくなる。セットをばらすと、エキスパートは思い浮かぶワインの記述用語が素人よりも少なかった。似たような現象はチェスの達人にも見られる。駒を無作為に組みあわせると、数多くの対局で見慣れたパターンではなくなるせいで、駒の配置を頭に入れるすぐれた記憶力がまったくはたらかなくなるのだ[59]。

ワインのエキスパートやソムリエは、ワインを表現する言葉を自分のなかに取り込んで適切に使うことができる[60]。ワインの特徴を特定の決まった順序でならべた「味覚の座標」が心のなかにできているのだ。これはチェスの名人の作戦によく似ている。この言葉の配置が記憶にしっかり刻まれているため、それ以外の慣れていない組みあわせに出会うと、言葉そのものが浮かんできにくくなってしまう。いずれにせよ、言葉はテイスティングそのものと同じくらい重要なのである。

ワインのテイスティング会というと、数人の人が着席してワインの香りを順に嗅いだり吸い込んだりして、ワインにひそむ秘密を多彩な言葉で表わしてつまびらかにしようとしている場を想像するのではないだろうか。ところが、実際はむしろその逆だ。ワインのエキスパートたちはまずワインのカテゴリー（たとえばニュージーランドのソーヴィニヨン・ブラン）について考え、そのタイプのワインの基本型を想起し、それから記憶のなかの基本型と合致する特徴を目の前のワインから探す。[61] 探そうとしているものがわかっていれば、たとえばワインのアロマがずっと見つけやすくなる。心理学者のシルヴィ・ショレらが指摘するように、「考えてから嗅ぐ」ほうが「嗅いでから考える」よりもにおいを正確に同定できるよいやり方だ。[62]

事実、ワインのエキスパートは基本型に頼って考えるため、ワインにちょっと手を加えると思いがけないことも起こる。[63] 知覚科学者のローズ・マリー・パングボーンが白ワインに無味無臭の赤い食品着色料を加えると、素人ではないエキスパートたちが甘くなったと断言した。「甘口のロゼワインに慣れているせいだと考えられる」とパングボーンは指摘する。[64] 着色料がワインに色をつけたように、ワインエキスパートの知識が彼らの味覚に色をつけたのである。[65]

テイスティングのエキスパートには天性の能力があると私たちが考えたがるのは、同じワインを味わうときに、私たちにはエキスパートの「見ている」ものが見えにくいからだろう。哲学教授のバリー・スミスが述べているように、この差異からあるジレンマが生まれる。「ワインのアロマと風味は誰にでも知覚できるものなのか。それとも細かい味の違いがわかる人、特別な感覚器官をもつ人だけにわかる風味とアロマがあるのか」。[66] 答えが九分九厘、前者であることはもう明らかだろう。味覚は才能よりも訓練の成果だ。もてるものというよりも使うものなのである。[67]

ほとんどの人は味覚をあまり使っていない。私たちは感覚の世界の表面をすくい取っているだけのことが多く、味覚もその例外ではない。「音響生態学者」のマリー・シェイファーは、本当に聴くには脳の音の処理の仕方を訓練し直す必要があると述べている。(68) シェイファーが提案する訓練方法は、雑念をできるだけ追い払うために目を閉じる、音に合った「擬音語」の名前を考える（言葉を使って風味を表現しようとするのに通じる）など、いろいろある。しかし、私たちがふつう飲んだり食べたりするとき、頭のなかは雑念だらけで、口のなかで起こっていることをいちいち言葉で表わしたりはほとんど、あるいはまったくしない。その食べものについて知ったり憶えたりすることは、たいてい無意識の「偶然」のなせる業なのだ。

オハイオ州立大学の心理学者サミュエル・レンショーは、第二次世界大戦中にアメリカ軍兵士が敵機と敵艦を迅速に発見するための訓練法を開発したことで知られる。また、蒸留所との協力で、製品の変異を検出するテイスターの能力を向上させる仕事でも成果を上げた。レンショーは、大半の人は日常生活で「感覚の様相のうち二〇パーセント台しか使っていない」と主張している。(69) 私たちには隠された識別能力があり、その能力は適切な訓練や適切な条件のもとで活用されるのを待っているのだろうか。

オランダで行なわれたきわめて興味深い研究では、被験者が乳脂肪分含有量の異なる五種類の牛乳のサンプルから、愛飲している乳脂肪分一・四パーセントの牛乳を選ぶように指示された。(70) 確信をもって選べた人はほとんどいなかった。どのサンプルも「自分の」牛乳と変わりないように思えたからである。ところが、別のグループは同じ牛乳のサンプルをわたされて、そのなかから本物の「オランダ産」牛乳を選ぶようにいわれ、あとのものは安価で低品質の輸入品だと説明された。すると被験者らは、乳脂肪分一・四パーセントの牛乳を選ぶのがにわかにうまくなった。違いを見つけようとする動機が急に高まったのだ（「外国産のこんな安物に私の牛乳のかわりがつとまるわけがないでしょう！」）。この情緒反応がもとからあった潜在的な好みを「解放した」のである。[71] この実験が意味するのは、好みは往々にして自分自身にも隠されていること（私たちは自分の好みをわかっていない）、そしてどれが好きかと聞かれただけでは手がかりがほとんどないことだ。

マコーミックのエキスパートとプレッツェルの官能属性を話しあいながら、なぜか私の注意はそばのテーブルに出されていた飲みものにそれていき、そのなかのドクターペッパーの缶に目が引きつけられた。ジョン・ロックとパイナップルの話と同じように、私もドクターペッパーの味がどんなものかをわかっていないし、正直なところそれまでまともに考えたことがないのに気づいた。ドクターペッパーは「ドクターペッパーの」味だという程度にしか思っていなかった。一度も飲んだことのない人にその味のさまざまな特性をどう説明すればよいだろう？　メーカーは明らかにこの曖昧な性質を利用し、缶に「二三種類のフレーバー」と謳《うた》い文句を印刷している。気になる謎かけではないか。いったいなんのフレーバーだろう？　二三種類のほうが一一種類よりもおいしいに決まっている！

その謎はまさにブランドの伝統を物語っている。一九六〇年代、ドクターペッパーは誤解も重なって謎の飲みものと思われていたとコロンビア大学ビジネススクールのジョゼフ・プラマーは指摘している。薬効があるとか、プルーンジュースからつくられているとうわさされていたのだ。だが、メーカーはコーラとは違うこの茶色い飲みもののひと癖ある味を武器にした。一九七〇年代前半には、ドクターペッパーはアメリカで四番めに人気のあるソフトドリンクになっていた。(72) 何味なのかよくわからないことが強みになりうるのだ。ハワード・モスコウィッツが私に示唆したように、コカコーラがオレンジソーダなどよりも人気があるのは、風味が複雑にブレンドされているからでもある。単純でわかりやすい風味（初めて飲んだときは「好きになりやすい」かもしれない）のオレンジソーダよりも、コーラのほうが消費者に飽きられにくい。一つの味を特定できれば、それだけ記憶に定着しやすく、したがって思い出すのも容易になるのだとモスコウィッツはいった。

たまたま私はドクターペッパーには中立の立場だ。とくに飲みたいとは思わないし、そうかといって、毛ぎらいしているわけでもない。程度はともかくとして、ドクターペッパーというものへの私の好みは全体として感じているものであって、感覚と三叉神経が伝えるさまざまな属性の分布を分析して受け止めているものではない。接触効果もあるだろう。ドクターペッパーはアメリカ南部生まれだが、私は南部育ちではないので飲む機会はあまり多くなかった。だが、理解不足のせいでもあるのだろうか。ドクターペッパーのことをもっと知れば、もっと好きになるだろうか。

そこで思いついた。せっかく官能評価のエキスパートと一緒にいるのだから、味覚テストをするのにこれほどふさわしい機会はないではないか。「ドクターペッパーの香り成分でトムに練習してもらいましょう」とジレットがみなに提案してくれた。私はグラスを鼻に近づける。「なんのにおいがしますか」とリッジウェイが聞く。「言葉で表現できなければ、このにおいから何を思い出すかをいってみてください」。何かが頭をよぎるが、はっきりしない。感覚のメカニズムを記憶に結びつけるシナプスが発火したくてうずうずしているのが感じられるかのようだった。私が苦戦しているのに気づいたジレットがグラスに鼻を近づける。「飲みものではないものを感じますね。デザートに食べたいものですね」。頭の片隅であるイメージがちらついた。「まず言葉が出てこないと、難しいものなんですよ」とリッジウェイが慰めてくれる。ジレットがたすけ舟を出しましょうかとやさしく申し出てくれた。「バーガンディチェリー・アイスクリームを思わせますね。バニリン、クリームの香調《こうちょう》、ブラックチェリー」

　まるで扉が開かれたようだった。もう一度においを嗅ぐと、どうだろう、目の前に標識が立ったように歴然としたではないか。どうしてわからなかったのだろう？　明らかに知っているにおいだ。ロックのパイナップルなどお呼びではなかった。いま思いついたものの記憶がいくらかあって、それを呼び出すためにあのいくつかの言葉が必要だったということか。においは記憶を呼び覚ます強力なきっかけになる（とくに不快なにおいの場合）とよくいわれる[73]。だが、においの記憶をよみがえらせるきっかけはなんだろう？

　においの記憶を呼び起こすのに言葉が不可欠なのか（「意味の仲介」）、それともにおいの記憶は基本的に単独ではたらくのかについて、科学界の見解は一致していない。[74] ともかく興味をそそられたのは、ドクターペッパーのにおいを嗅いで、コカコーラでもセブンアップでもないが、なんのにおいかはっきりわからないと思った私が、あれほどはっきりとした感覚をもちうるということだった。このような感覚の夢中歩行、無意識の知覚は、人生のどれくらいを占めているのだろう？　この感覚はジャンル不明の楽曲を聴いたときや、遠くにあるものを肉眼では判別できないときの感じとどう違うのだろう？

ティスティングで気づいたことをたがいにくらべながら思ったのは、注意を払いすぎるとわけがわからなくなるということだった。「プルーンの香りだと思いました」とオルドレッジがいった。誰かが反論する。「私が感じたのは食べものではないもの――腐葉土です」。「なるほど！」とジレットが目をまるくしていう。「土っぽい香調がいくらかありますね。それと木の香りも」とオルドレッジ。私もこわごわいってみた。「クローブは？」。「ありえますね」とリッジウェイが淡々と答える。いずれにしても、二三種類の風味の全部を特定しようとする人はその場に一人もいなかった。人間は三種類の成分を見分けたあとは感覚が鈍りはじめることを忘れてはいけない。私たちは風味を論じながら言葉を使って感覚を解き明かしていき、その過程で新しい記憶を――つまり未来の味覚を――つくり出していた。ジレットがいみじくもいった。[75]「あなたがこれまでと同じようにドクターペッパーを味わうことは二度とないでしょうね」

お好みはどのビール？——何を好きになるべきかを知ることについて

キャットショーでは美しさを求めて理論にもとづいた客観的な審査を目《ま》のあたりにし、マコーミックでは対照的に「人間分析器」の厳密で冷静な官能分析を見て、私はそれぞれに興味をそそられた。人間の頭脳の二つの面を表わしているように思えるからである。では、二つの取り組みを効果的に組みあわせたらどうなるだろう？　口に入れたものの性質を判定しようとするときのことだ。

そこで私はコロラド州デンバーへ向かった。ある大きいホテルの地下階の会議室で、グレートアメリカン・ビアフェスティバル（GABF）の審査が行なわれている。GABFは復興したアメリカのクラフトビールの最高峰を決める大会である。広大な「ショールーム」の中央で、この催しの代表者クリス・スワーセイが一面のスタウトや「セゾン」ビール（訳注：もとは農家が農閑期に醸造したビールのことで、苦みとドライな酸味が特徴のビールのタイプ）にかこまれて立っていた。華氏三八度（摂氏三・三三度）きっかりに冷やされたビールが、これからそそがれ、無作為化されて、隣接する評価会場にとどけられようとしている。なにしろスピードが肝心だ。「二〇分も経つと、こういうサンプルは味わいがまったく変わってしまいますから」と会場を見わたしながらスワーセイがいった。

スワーセイはヤギひげを生やした中年の男で、私がこれから会うはずのビール業界人の多くと同じようにとても気さくで情熱的だ。GABFの審査は、いうなれば「中道」を行くと彼はいう。「一〇〇パーセント主観的でもなければ、一〇〇パーセント客観的でもありません」。純粋に客観的な審査とは、IBU（国際苦味単位）と「最終比重《ファイナルグラビティ》」の正確な数値を使って基準に厳密にしたがうものをいう。「グラビティ」は「重力」でもあるから宇宙飛行士の話のようにも聞こえるが、ビールの「比重《グラビティ》」は液体の発酵時の濃度のことで、「プラート度」という単位で表わされる。ブルックリンブルワリーの醸造長ギャレット・オリヴァーが教えてくれたとおり、ビール業界の人々は科学者のような話し方をよくする。「これがうちの製品のEBV、IBU、最終比重」といった具合だ。一方、「ワイン業界の人は丘陵地帯の話をするね」

それに対して、純粋に主観的な審査では、リストに掲載された十数種のビールを審査員が試飲してどのように好きかきらいかを表現する。「アプリコットが好きだからそのフルーツビールに一票入れるとか、アプリコットが好きでないからそのビールはきらいだというやり方ですよ」とスワーセイはいう。たのしむことに重点をおく審査スタイルもある。たとえばイギリスのビールコンテストには、審査員に「このビールをわざわざ飲みたいと思いますか」などとたずねるものもある。*

デンバーでの審査はいつもどおり秘密厳守で行なわれた。携帯電話を手にしている審査員は退室するようにいわれている。GABFの通常規定に反するが、スワーセイはアメリカンスタイル・スタウト部門の審査の見学を、録音もメモも禁止の条件つきで短時間ながら私に許可してくれた。彼がまず教えてくれたのが、ビールの審査員はビールを吐き出さないことだ。ビール醸造家が生まれつき意志薄弱だからではない。「喉仏よりも下に味蕾があって、これがホップの成分によく反応するんです。研究で裏づけられていますよ。ビールの全容を知るには、飲み下さないといけないのです」。嚥下《えんげ》するのは審査過程のごく一部にすぎない。スワーセイにとっては、アロマが第一歩だ。「アロマはとても微妙でね。すぐに消えて、そのあとにまったく新しいアロマが生まれてくる。ビールをすばやく口に含み、嗅覚をはたらかせなくてはいけません」

私たちはスタウトの評価に同席し、コメントに耳を傾けはじめた。マコーミックの官能評価のパネリストを思い出すが、もっと陽気な感じでやっているし、いうことも独断的だ。記述用語はよく似ている。「コンデンスミルク」「溶剤」「焦げた野菜」。傑作だと思ったのは「馬用毛布とはいえませんね」というやつだ。これらに加えて感情を表わす「非常にすばらしい」「とてもすっきりしている」といった言葉や、ただ簡潔に「このビールは気に入った」というのもある。私はそういうパネリストたちを見ていて、エキスパートを研究する心理学者のジェイムズ・シャントーがいったことを思い出した。エキスパートとは、ほかのエキスパートと同じ意見をもつ人たちだ、というのである。スワーセイにいわせれば、このフェスティバルのパネリストたちは自分の意見を押しつける味覚の暴君などではなく、あるスタイルのガイドラインにさだめられた特徴が最もよく表われているビールはどれかについて、慎重に考慮して合意するために集まった評価者なのだ。「『先月ベルギーに滞在して、あれ

＊　この質問は説明不足だと思う。「わざわざ」というのはどれくらいの手間をいうのだろう？

とあれとあれを味わったが、これはそのどれにも似ていないね』というような話はいやですね」

ビールの品評会はパリのキャットショーとはずいぶん違うように思えるかもしれないが、まったく同じ問題がある。基準が変わるのだ。インディア・ペールエール（ＩＰＡ）について考えてみよう。ペールエールはエールのなかでもアルコール度数が高めで、一般にホップの利いた（つまり苦い）風味がもち味とされている。この特徴自体が通のビールのしるしでもある。スタンフォード大学のコンピューター科学者ジュリアン・マコーリーとユーレ・レスコヴェチの興味深い研究では、人気のビール評価サイト〈レイトビア〉のレビューのデータが調べられた。投稿者がビール初心者かビールのエキスパートかを見分けるポイントは、一つには先述したように、エキスパートの意見が一致する傾向にある点だった。一方、ビールのジャンルの評価については、初心者とエキスパートのレビューがすっぱり分かれることがたびたびあった。二人はこう書いている。「初心者が高く評価するのはほぼいつもラガー、エキスパートが高く評価するのはほとんどがストロングエールである」。〈レイトビア〉のサイトでは、バドライトはほとんど見向きもされないが、とくにエキスパートにはとことんきらわれている。アルコール度数の高いストロングエールは、「習い覚えた味」であることは別として、その人とビールの関係を示すのだ。ヴェルヴェット・アンダーグラウンドが音楽の趣味を表わす象徴的なバンドになったのに似ている。

インディア・ペールエールとは何かなどと言い出すと、そんな問題は解決済みだと思えるかもしれない。ブルックリンブルワリーのオリヴァーはこう教えてくれた。「最盛期のIPAは、おそらくこれまでつくられたなかで最も特殊なビールだったね。イギリスからインドまでの船旅に耐えられなくてはいけなかった。かならずドライに、かならず苦く、かならず淡い色《ペール》につくられたんだ」。ところが、時代と市場は変わった。オリヴァーはきらうが、いまではエールの名に矛盾して見える黒いIPAがある。デンバーのショールームでは、スワーセイがコロラド州のボールダービアの醸造したモジョIPAを私のグラスにそそぎ、こういった。「これはホップがとても利いたIPAです。グレープフルーツの味が強いアマリロホップを使っているんですよ」。トウヒの香りもある。「ホップ油に含まれる成分の多くがトウヒの木に含まれているものと同じなんです」。こうしたことはみな、GABFのさだめるアメリカンスタイル・インディア・ペール・エールの基準に確かに合致している。「ホップのアロマが力強くて、アメリカのホップ品種の特徴である花、果実、柑橘類、マツ、樹脂、硫黄の香りがあります」

だが、不意にスワーセイは、待てよという顔をしていった。「モジョIPAはストロング・ペール・エール部門に出品されたんでした」。ストロング・ペール・エール部門はGABFの別の部門で、アルコール度数がIPAほど高くないビールがエントリーされる。「等級を下げて出品したわけですね」。いわばヘビー級のボクサーをミドル級に出場させるようなものだ。おそらくモジョIPAは（IPAとして販売されていたが）アメリカン・ストロング・ペールエールのくくりに入るのだと、スワーセイは考え考え説明してくれた。それよりもI

PAというものが変わったのだろう。どれもこれもよりホップが利き、より苦くなった。そういうものが同じIPAの部門に出品されるせいで、以前なら申し分のないIPAだったものがペールまがいに見えるようになってしまったのだ。「モジョIPAが発売されてから七年か八年になります。そのあいだにまわりでIPAが育ち、これを追い越してしまったんですね」

ペルシャ猫と同じように、ビールも同じ評価基準がまだ適用されていながら、しだいに極端な方向へ向かったということだ。一時代をきずいたアメリカンスタイルIPAのシエラネバダ・ペールエールについて見てみよう。このビールは一九八〇年代前半からつくられはじめ、現在はアメリカでも有数の人気クラフトビールである。「当時は画期的なビールでした。地球のどこでつくられたどんなビールにも似ていませんでした。まったく挑発的なビールでしたね」とスワーセイはいう。ところが、いまでもシエラネバダは彼も知り合いの醸造家も「つねに冷蔵庫に入れている」ビールではあるものの、モジョとは「かなり差が開いて」しまい、半人前のペールエールのように感じるという。苦味単位だけを見ても、劇的な変わりようだ。シエラネバダが三八なのに対し、モジョは七〇なのである。

分類が嗜好の世界をかたちづくる。バドワイザーやパブストブルーリボンといった大量に流通しているビールでさえ、味はうすいし、そもそもクラフトとは認められない工場生産品であるにもかかわらず、GABFに部門がある。アメリカンスタイル・ラガー部門がそれである（「ホップの香りはまったくないかごく少ない」「トウモロコシ、米などの麦類以外の穀物、もしくは糖類の添加物がしばしば使われる」）。なんだか奇妙だ。まるでインディペンデント映画を対象とするサンダンス映画祭に「ハリウッドアクション夏の大作」部門があるようなものではないか。だが、それで分類の威力がますます発揮される。よいかどうかを判断するには、その前に何としてよいかを決めなくてはならないのである。

　バドワイザーのようなものは「本物」のビールではないと考える人は多い。しかしバドワイザーを飲んでいる人はもっと多い。経営学教授のデヴィッド・チョイとマーティン・スタックは、アメリカのビール市場は「準最適な均衡に固定されてしまい、ビールとは何か、どんなものでありうるかについて消費者の大半が全容を知らない」と論じている[76]。それはなぜなのか。原因の一つは禁酒法である。あれのせいでアメリカ人はビールの味を忘れてしまった。禁酒法以後のラガーは、おそらくソフトドリンクの影響で炭酸の含有量が増え、使用されるモルトとホップの量が減っていった。ビールは文字どおり味を失ったのだ。第二の原因は禁酒法以後に起こった生ビールから缶および瓶入りビールへの転換、そしてそれに関連して、ビールを「キンキンに冷やす」（風味は「死んで」しまう）習慣への執着である。やがて「消費者は『ビール』をますます狭い範囲の製品特性と結びつけるようになった」。それでも飲んでいるビールがなかなかおいしくて、ビールであることに変わりがなければ、わざわざ別のビールに替える必要があるだろうか。ＧＡＢＦはただその種のビール部門を設けることで、ややこしい問題をそっくり回避できたのである。

　ビールに関して（そして猫に関しても）、私は果てしない堂々巡りに陥ったままだった。

よいビールとはなんだろう？ よいビールとは基準を最も満たすビールだ。何がその基準になるのだろう？ ビールをよくすると人々が考えるものだ。その繰り返し。そして、さらに疑問が重なる。よいビールとは基準を最も満たすビールだ。それならなぜ基準は変わったのだろう？ 何がよいビールかについての考えが変わったからだ。では、以前によいビールだったものは、もうよいビールでないということか？

普遍的によいビール——あるいはよい猫——というものはありうるだろうか。イマヌエル・カントは『判断力批判』で、ワイン（またはビール、または猫）のような、ただ「快適な」ものの好みはまったく主観的だと述べている。

すみれ色は、ある人にとってはやわらかで愛らしい色だし、別の人にとってはくすんだ冷たい色である。ある人が管楽器の音を好めば、別の人は弦楽器の音を好む。だとすれば、ほかの人の意見が自分の意見と違っているからといって、両者の判断が論理的に対立しているがごとくに理解し、他人の判断を誤りとして退けようとするのは愚かなことである。よって快適なものに関しては、各人各様の趣味があるという原則があてはまる。[77]

嗜好や趣味の判断が「純粋」になりうるのは「判断の根拠がたんなる経験的なよろこびに穢《けが》されていないときのみ」だとカントはいう。したがってキャットショーやビアフェスティバルの審査員はある意味でカント流に「無関心」にふるまい、より大きな判断基準のために個人的な好みを保留しているといえるが、その一方で判断する対象に基準を設けたというまさにその事実によって、カントからすれば彼らの判断は疑わしいものになる。そのような「規則」――「経験的規則がすべてそうであるように、一般的規則にすぎず、普遍的規則ではない」――を人間や建物や馬の美しさにあてはめるのは、「それらがどうあるべきかを決める目的の概念、すなわちそれらの完璧さの概念を前提としており、したがって付属美にすぎないのである」。哲学者のマット・ローレンスがカントならビールについていったであろうことをこう述べている。「これらのビールがすばらしい理由は、ビールそのものにある」[78]。すばらしい理由として誰かがいったことがすばらしさの理由なのではない。

カント研究者のクリスティアン・ヴェンツェルによれば、厳格かつ「難解」なことで知られるこの著作でカントが試みたのは、「趣味は主観なのか客観なのか」という問いの解決だった。まさに移り変わる美の基準という観念に私が感じていたジレンマだ。ヴェンツェルはこう記している。「一方で、趣味判断における快楽は完全に主観的ではありえない。完全に主観的になりうるなら、誰もが同意すべきだという主張は正当ではなくなるからだ。そもそもそんな主張はなされえないし、趣味をめぐる論争も起こるわけがない」[79]

だからある猫やあるビールをただよいと表現するだけでは、判断したことにならないのである。よいとはどういうことか、それがほかよりよいとどうやってわかるのか、ということになるからだ。だが、「美の考察における快の根拠は、完全に客観的ということもありえない」とヴェンツェルは指摘する。「もし完全に客観的ならば、趣味をめぐる論争は（物理学のように）科学的なやり方で解決できるはずだからである」。そうなれば、どのビールがよりよいかを機械が教えてくれるだろう。こうしてみると趣味《テイスト》――味わっているものについて判断がともなう感覚――は、中立地帯のような曖昧なところにあるらしい。判断を下す器官は私たちに味について話す術《すべ》をあたえながら、本当の味覚《テイスト》、少なくとも個人の味覚について は語る術をあたえてくれてはいないようだ。

結局、よいビールとはなんだろう？　フェスティバル初日が終わりに近づいたころ、私はこの問いを何ラウンドもテイスティングをこなしてきた審査員の小さなグループに投げかけてみた。そういう人たちにふさわしく――あるいは感心させられることに――ピルスナーからコロラド州のレフトハンド・ブルーイングの製品まで、いろいろなビールを飲みながらの談話だった。「審査にはかなりの集中力が要《い》るよ」というのはオレゴン州ユージーンのニンカシ・ブルーイングのオーナー、ジェイミー・フロイドだった。肌にタトゥーを入れ、髪をツンツン立たせた行動力旺盛な男だ。「だからすっきりしたうまいピルスナーはありがたいな」

審査員たちが開口一番に私にいったのは、できるだけ分析的であることを心がけているが、結局は人間だから理屈抜きの好みはどうしても入り込むということだった。「初めはつとめて客観的であろうとし、スタイルの基準の項目にしたがって判断する」とブラッド・クラウスはいう。すらりとした長身にカウボーイハットをかぶった、パナマのラ・ラナ・ドラーダ醸造所の醸造長である。「でも、少しは主観的であることも必要なんだ。そうでないと、この仕事は機械でもできてしまうからね」。あるスタイルのガイドラインをすべて満たすビールはあるかもしれないが、しかしそれが本当によいビールなのだろうか。フロイドが口をはさむ。「うちには分析研究室と感覚研究室がある。両方あるんだよ。だって研究室の機器はビールを飲まないからさ」

　エキスパートであるしるしの一つは、この人はエキスパートだとほかの人に思わせることだとシャントーはいっていたが、こうしてビアフェスティバルの審査員たちと話してみて、彼らがそれほどの自信はないことを驚くほど率直に明かしているように私には感じられた。先ほどスタウトを評価していたときには、まるでポーカーをしているみたいだったのに。丸テーブルをかこんだ彼らは、できるだけ何も顔に出すまいとしながら目の前のものを審査していたのだ（表情で「手のうち」を見破られないように、ビールは順不同にならべられる）。

　アンダーソンバレー・ブルーイングカンパニーの醸造長ファル・アレンは、あごひげを生やして学者めいた風貌をしている。審査員は初めに欠点を指摘することが多いと彼はいう。人間の感覚器官は欠点を最初に感知するからだろう。だが、欠点を指摘するほうが、はっきりしない長所をかばい立てするように挙げるよりもスムーズにいくという考え方もある。「今日、こんなことがありましたよ。私が『このビールは好きだ』というと、『そう、どこが好きなのかな』と聞かれて、思ったんです。『ああ、これからこの強者《つわもの》たちの前で説明しなくちゃいけないんだ。ばかなことをいってしまわないだろうか』ってね。悪いところに目をつけるほうがやりやすい場合があるんですよ」

審査員の意見を左右する要因はいろいろあるにしても——以前に飲んだことのあるビールだったり、室温やビールの温度だったり、どの審査員もいっていることだったり——現実の世界では、あるときにあるビールがなぜ好きかという問いは果てしなく複雑だ。じつのところ、理由はビールそのものとはほとんど無関係かもしれない。審査員のような飲み方はふつうの人はしない。審査員は名を伏せられたビールを少量ずつ、口に含んだものだけに意識を集中し、たのしみのためでなく目的をもって飲む。ビールとビールの合間にチョコレートをひとかけら食べたり自分の腕のにおいを嗅いだりして、味覚を「リセット」する。そんなことをバーでする人がいるだろうか。フロイドはいう。「大勢でにぎわうバーにいるとき、ビールはどこかへ行ってしまう。音楽が鳴っているし、連れがいるし、いろいろなにおいがするし、へたなカラオケまで聴こえてくる。三口か四口ビールを飲んで、まろやかでコクがあると思うかもしれない。だけど、そのあとでじっくり飲もうとしたら、『いったいこれのどこがいいと思ったんだろう？』と感じたりするんだ」

私は、前の週にブルックリンのラーメン店でパブストブルーリボンの一ドル缶を飲んだことを審査員たちに話した。たぶん学生時代以来、パブストを飲んだことも急に飲みたくなったこともなかった。それでもパブストは、ひょんなことから二一世紀に入って一〇年のあいだに目を見張るほど消費量が増え——二〇〇九年の売上げは一〇年前の二五・九パーセント増――おかげでさらに数年後には、なんとバーで売られる価格が上がったほどなのだ。[80]これほど人気が高まった理由は、ライターのロブ・ウォーカーが書いているように、どうやら奇妙にも需要と供給の法則に反した条件の組みあわせにあった。つまり低価格、比較的な品薄、控えめな販売促進活動である。販売促進活動が控えめとはどういうことかというと、このビールが「本物」とみなされていることをうまく利用しつつ、その信頼性を支える長年のファンが離れていかないようにすることを目ざしたのだ。もっとも味そのものに関しては、少なくとも〈レイトビア〉に投稿された何千人もの人々の評は歯切れが悪く、ほとんど言い訳じみている。いわく「芝刈りしながら飲むのにいいビール」、「コンサート会場の人混みのなかに立っているときに」ぴったり、「小論文をせっせと書きながら飲む学生向けのビール」。ちなみにパブストはＧＡＢＦのアメリカン・ライトラガー部門で優勝したことがあるが、ある審査員ははっきり苦笑いとわかる笑みを浮かべて私にいった。「決まってるじゃありませんか」

　だが、パブストを飲んで以来、疑問が頭を離れない。ビールはいくらでも種類があったのに、たいして味のないビールを飲んだのはどういうことだろう？　私はトップダウンの意識が抱く期待をそれなりに調整して、あのビールを「ありのまま」たのしむことができただろうか。パブストを愛飲する人が飲んだことのないクラフトビールをいきなり出されたのとどう違うだろう？　感覚的快楽は知識があってこそ味わえるのか、それともそれそのものをたのしめるのか。素直に考えれば、クラフトビールになじみのない消費者は初めて知ったビール本来のすばらしい味にたちまち夢中になり、「ああ、なんであんなビールをずっと飲んでたんだ？」と思うだろうといいたくなる。

クラフトビールの世界では「入口のビール」という表現にときどき出会う。最初に「導いてくれる」ビール、入門用のビールのことだ。あまり極端な味ではなく、これまでに飲んだものに近いだろうが、よりコクのある（より上質な材料でつくられた）ビール。ひところは、それはハイネケンだったかもしれない。いまならサミュエル・アダムズだろうか。けれども、入口のビールを飲むだけでは、ビール通の道を歩みはじめることはできないようだ。

なぜなら、トップダウン式に条件づけられていると期待すべきものを事前に予想してしまうので、初めて飲む醸造酒をビールとしてたのしめないかもしれないからである。私たちの感覚は裏切られた期待にはあまり反応しない。ファル・アレンはいう。「誰かにギネスを初めて飲ませたとしたら、その人はあの味に対する心の準備ができていません。味わって、『うわっ、なんだこれ？』となる。そうしたら『いつものビールとは違うんだ。チョコレートの風味、それからエスプレッソの香りも感じてほしいな』といえばいいんです。味わってみれば受け入れられるようになるんですよ」。ビールを紹介するときに「人生が変わる」などといってはいけないと、フロイドもつけ加える。高価なトラピストエールをドンとテーブルに置いて、彼のいうように「これを飲んだら、君の家で二度とクアーズの缶は見ないはずだ！」などといってはだめなのだ。「そういうやり方をしてもあまりうまくいかないね」

だが、そのビールで入口を通過したあとはどんなことになるのだろう？　クオリア——「物事に対して私たちが主観的に抱く〝感じ〟の質」——という哲学的な概念をめぐる議論で、哲学者のダニエル・デネットは、コーヒー製造会社のマックスウェルハウスで働く二人の架空のテイスターの話をしている。六年間働いた二人は、もう自分の会社のコーヒーが好きではなくなったとこっそり打ち明けあう。ただし、理由は同じではない。一人は自分の基準が変わり、コーヒーを評価する能力が向上したからだという。マックスウェルハウスの味がもう好きではないのだ。もう一人は自分の知覚システムの何かが変わったと考えている。「自分にはこのコーヒーが以前のような味に感じられない」[81]。もし以前の味のままなら、まだマックスウェルハウスのコーヒーが好きなのである。デネットは「この問題を決定的に解決することはできないだろう」と結論している。「風味のあるもの」がみなそうであるように、どちらの説明も一理あるだろう。そのコーヒーの「脳内イメージ」のようなものがあって、それが多数の神経回路網を通じて体の感覚受容器と相互に作用しているのだ。だから感覚が変わった（そのコーヒーから「より多く」を得るようになった）なら、基準が変わらないはずはないし、基準が変わったなら、感覚が（「より多く」を求めるように）変わらないはずはないではないか。

マックスウェルハウスのコーヒーテイスターに何が起こったにしても、とにかく何かが変わった。ここから疑問が湧く。入口のビールから「あともどり」したらどうなるだろうか。私は前週にパブストを飲んだとき、それをたのしんでいたとして、たのしんでいただろうか。

それはいまパブストを飲んで感じるのと同じ味なのか。それとも安上がりだったのがうれしくて？　ブームになっているものはなんだかカッコいいから？　もしかしたらビール通であることの務めと重荷から一時的に解放された感じがして、単純素朴な味を無心にむさぼっていただけだろうか。

食い道楽でもある醸造長のギャレット・オリヴァーと話していると、彼はこんなことをいった。誰かがホワイトキャッスルのチーズバーガーが入った袋をもってやってきたら、「一〇個くらいは平らげられるね。ホワイトキャッスルのチーズバーガーに高い点をつけられるわけじゃないけど、子供のころはあれよりうまいものはそうなかったことに変わりはないからね」。だが、記憶に残る味と同じくらいおいしく感じることは二度とない。デネットが指摘するとおり、子供時代にすごした場所（寝室や裏庭）に行ってみると、記憶よりもずっと小さく見えるものだ。何が大きくて何が小さいか、現在のものの大小の基準は記憶にはあてはまらない。あのパブストをむかしのように飲むことができないのは、いまとなっては子供だったころの体と心で子供時代の部屋に住むことができないのと同じなのである。

それはそれとして、入口を通過しても、またエッシャーのだまし絵のように果てしなく入口がつづくだけだろうか。もっといろいろなビールや快楽が体験できれば、人はもっと幸せになるのだろうか。それとも快楽の二日酔い状態になるだけなのか。フロイドの考えはこうだ。「オレゴン州では、生ビール全体のうち三八パーセントがクラフトビールだ。みないろいろ知っているよ。その分、不満たらたらのビール愛好家もいてね。あの人たちには、うれしくなって何かいいたくなるような、これというものがもうないんだよ。何かいうことがあるとしたら、あれはここがダメだとか、そんなことばかり。そういうことってあるよね。よいものについてのバイアスがありすぎて、そもそも何に心が躍るのかということを忘れてしまっているんだ」

一種類のビール（ようやく及第点をつけられるようなものでも）しか飲まず、飲み損なっている数々のビールに気づきもしない人と、究極を求めてあらゆるビールを飲みつくし、いま飲んでいるものが最高ではないと気づいているかもしれないビール通。どちらが幸せだろうか。答えのない問いである。ブラッド・クラウスが伝授してくれた実用的で中庸の作戦が、そのつつましさゆえに、幸福に生きるための基本作戦になるようだ。「お好みのビールはどれですかとよく聞かれる。好きなのは一つではない。だからいつも、そのとき手にしているビールを答えるんだ。それがいいやり方だと思うよ」

おわりに　テイスティングノート
好きになることとは

こうして好みというものの謎を解き明かそうとしてきたが、浮かび上がったものはまだ心もとない。私たちは自分が何を好きなのか、自分のしていることのどこが好きなのかをわかっていないことがよくあるようだ。好みにはさまざまな無意識のバイアスがつきまとい、そのときの状況や社会からの影響であっけなく揺れ動く。今日好きなものを明日も好きでいる可能性は思いがけないほど低く、以前に好きだったものを何が好きにさせたのかを憶えている可能性はさらに低い。前章で見たとおり、専門家の場合でさえ、本当によいものを知ろうとしたり自分自身の感情を知ろうとしたりするときに、絶対的に正しい指針があるわけではない。食べもの、音楽、美術からヨーグルトの銘柄まで、どれが好きかを決める内なる羅針盤は自分が自分であるために何よりも欠けてはならないものだが、ほぼつねに作動しているのにたいてい思考の外にある。それでも、この探究の旅をつづけるうちに細かいテーマがいくつも現われ、入り組んだ困難な道に小さい道標が所どころに立って、励ましとおぼろげな光明《こうみょう》をあたえてくれた。本書を締めくくる以下のメッセージは、かぎりなく多様な世界における「好きになることへの実践的ガイド」である。

人は好きかきらいかをその理由を知るより先に判断する。あることについて「情緒的判断」を下す能力はミリ秒単位で発揮される。これは複雑な世界に対応するためのすばらしいスキルであり、混雑した市場さながらの人生をできるだけすいすい進んでいくために邪魔なものを取り除いてくれる濾過《ろか》装置だ。だが、近道を通ることには代償もある。自分が本当に好きになるかもしれないものを見過ごしたり、あとで愛好するようになるものを軽く見たり、好きな理由を勘違いしたりするかもしれない。

「好き」と「きらい」を超えよう。官能評価の世界では、「好き」「きらい」という言葉は認められない。なぜか？　味覚パネリストの判断を無意味にしてしまうからだ。好きときらいはトップダウン処理の概念になって、対象をありのままに経験するのを妨げかねないのである。好きかきらいかという問いは、しばしば会話がぐんとおもしろくなる芽を早々に摘《つ》んでしまう。

好きなものがなぜ好きかをわかっているか。ドイツの見本市で行なわれた実験の話を憶えておいでだろうか。参加者は一見して同じ二種類のケチャップのどちらが好きかを自信をもって決めているように見えた。しかし、彼らがそれを選んだのは、心の奥底に眠っていて普段は意識されない子供のころの記憶に影響されたからだった。私たちは、自分の好きなものがまちがいなく自分の好みのものだと思いたがるが、じつはいつの間にか状況や環境に左右されたり（これまでで一番おいしかったので買って帰った、あのイタリアワイン）、期待で鈍《にぶ》らされたりするものだ（ワインの本当の産地がどちらであれ、ナパバレーのワインのほうがニュージャージーのワインよりも好まれるだろう）[1]。一つ一つの好みについていえば、習慣として身についた文化的な「枠組み」の表われということも多々ある。エヴゲニー・ヤコヴレフの研究が指摘しているように、ロシア人は何十年ものあいだほかの酒よりも圧倒的にウォッカを好んでいた（比較的安価で供給量が豊富だったため）。ところが市場統制が廃止されると、若年層でビールの消費が急増した。中高年のウォッカ愛好者は？　彼らが飲むのは相変わらずほとんどウォッカだったのだ[2]。

好きな理由を話そう。　言葉は好みを解き明かす。五感を使う経験をするときは、その経験を五感で感じとれば充分だと思うかもしれない。「言葉では言い表わせない」という言い方は、インターネット上のレビューでよくお目にかかる。だが、知っているものを好きだとしても、知っているのは憶えているものだけだし、それを言葉で表わそうとするときも、思い出すのはたのしい出来事のほうが多い。一つ忠告しておこう。何かを好きだと思うとき、それ自体を好きというよりも、好きな理由を話しやすいから好きだと思っているだけで、本当はもっと好きなものがほかにあるのかもしれない。ただそれはうまく特徴をとらえられないために、好きだと認識していないだけかもしれない。

人は分類できるものを好む。　パターンマッチングの得意な人間の脳は物事を分類しようとするため、私たちはこうあるはずだと考える姿に近いものほど好きになるようだ。ある研究では、混血の人の写真を見て魅力度を判断するよう求められたとき、どのカテゴリーとして考えるかで答えが変わることが明らかになった[3]。たとえば中国人とアメリカ人の混血男性は男性一般よりも魅力的と判断されるが、中国人男性とくらべるとより魅力的でないと判断されるようだ。「分類しにくい」ものは好まれにくいのである。ただし新しいカテゴリーをつくれば話は違う。分類できればより好きになる。それまでよさを見出せなかったものさえ、好きになるかもしれない。

安直な好みはあてにならない。　私たちは流暢《りゅうちょう》性と精通を強く求めるため、「わかりやすい」ものにはすぐに好感をもつ——単純だが覚えやすいポップソングのリフ、意味や様式がすぐに見抜ける美術作品、甘いカクテル。だが、そういう単純な「刺激」はまさに流暢性が高いがために記憶に残りにくく、すぐに飽きられてしまうだろう。初めはなかなか好きになれそうにないもの——脳の処理能力がより必要そうだから——は、末永く快楽で報いてくれる。歴史上の芸術家で、当時は文句なしに広い人気を誇っても、今日《こんにち》まで作品の価値を認められつづけている者は多くない。

見ているものを好きになるかもしれないが、好きなものを見ているということもある。私たちは感覚を通じて世界を解釈するが、こうあるはずだと思う世界に合わせて感覚に解釈させている。

好みは学習するものである。生まれついての好みというものはほとんどない。そう思われているものは、たいてい生物学の衣《ころも》に包まれた文化なのだ。

私たちは好きになりそうなものが好き、憶えているものが好きだ。小説家のジュリアン・バーンズは『フロベールの鸚鵡』と題した作品中でギュスターヴ・フロベールになりかわり、期待を「最も信頼できるかたちの快楽」と呼んだ。期待は現実になるときがくるまでは打ち砕かれないからである。記憶も同じように安全な避難所になってくれる。なぜならそれは私たちが快楽の記憶をめったに書き換えないからだ。一方、「瞬間的な」好みはそのときの神経回路の発火にすぎない。行きあたりばったりで、そのあとどう転ぶかわからないものだ。

キーワードは目新しさとなじみ深さ、同調と差異化、単純さと複雑さ。この三組の対義語とそれぞれのせめぎ合いは、私たちが何かを好きになる仕組みを解明し、趣味を説明するのに非常に役に立つ。

好きでないものは無視されやすいが、じつは強力である。　私たちが生きているのはポジティブな世界だ。『ネガティブ思考の力』という本があってもベストセラーにはならないし、フェイスブックには「いいね」しかない。また、私たちは「否定的なフィードバック」をありがたがらない。ところが、これほど肯定的な経験を求めていても、好きでないことのほうがおもてに強く表われる。たとえば顔の筋肉は食べものへの嫌悪感を表わすときのほうがよく動き、肯定的な感情よりも否定的な感情を表わす言葉のほうが多く、おおむね肯定的なレビューのなかに一つだけ混ざった否定的なレビューは、その逆の場合よりも影響力がある。[4]好きなものよりも好きでないもののほうが、よほどあなたの人となりをよく表わすのだ。

好みを説明することについて。　誰かの好みを説明したり理解したりしようとしても、あまりにも独特で、腹立たしいほどとらえどころがない。自分自身の好みでさえそうだ。それでもあるものを好きになるまでの道すじならば、食料品店だろうと美術館だろうと、どんなところにいてもはたらく心理的、社会的な力をふり返ってみることで理解できるだろう。何が好きかよりも、なぜ好きかを考えるほうがおもしろい。

訳者あとがき

本書『ハマりたがる脳――「好き」の科学』（単行本『好き嫌い―行動科学最大の謎―』を改題）は、わたしたちが何かを「好き」「きらい」というのはどういうことなのかを探ったものです。

「好き」とはどういうことか。人の趣味とはなんなのか。どういうことなのかも何も、好きは好き、それだけのことではないか、などと早まってはいけません。蓼食《たで》う虫も好き好きということわざがあります。誰かと好きなものの話をして平行線をたどるばかりのとき、「好みだからしかたないね」といって終わらせることのいかに多いことか。わたしたちには自分がどうしてそれを好きなのかがあまりわかっていないし、ましてや他人の好みなど、なおさら理解できないのです。ラテン語や英語にも、趣味は論じるものではないとか、趣味は説明できないという言葉があり、事情は洋の東西を問わないようです。事実、これまでに好みや趣味や嗜好《しこう》を説明したり予測しようとしたりして匙《さじ》を投げた人は少なくないのです。

好きというのはたんに気持ちや感情だけのことではありません。わたしたちは好きだと思う気持ちから行動し、その行動から文化が生まれ、経済が動き、社会のありようが変わります。著者は複雑な多面体のようなこのテーマを、縦に、横に、斜めに切ってアプローチします。その切り口は、生理学、心理学、社会学、経済学、哲学、美学、脳科学等々とじつに多彩で、既知の事実と未知の事柄が絡まりあって混在する好ききらいの様相は、まさに行動科学最大の謎と呼ぶにふさわしいでしょう。

この本の原書のカバー裏表紙にはこう書いてあります。

「あなたは知りたいのではありませんか。

美術館へ行くとなぜあんなにくたびれ果てるのか。朝食には毎朝同じものを食べるのに、夕食には、昨日と違うものが食べたくなるのはなぜなのか。青色は、なぜ多くの人に好まれるのか。本が受賞すると、どうしてアマゾンでの評価が下がるのか。大勢で食事をすると、いつもよりたくさん食べられるのはなぜか。リサーチ段階で高評価を得たはずのクリスタルペプシが発売後に市場で不人気だったのはなぜか。以前はきらいだったものを、好きになるのはどうしてか。コンテストの審査員は、なぜ最後の出場者に高い点をあたえるのか。『やましい愉しみ《ギルティプレジャー》』はやましさを感じないと愉しくないのか。人はなぜ自分の若いころの音楽がいちばんよいと思うのか。食通の人よりも食べものにうるさいことをいわない人のほうがしあわせか。口コミサイトのレビューのうそをどうやって見抜けるか。可もなく不可もない並みのビールをおいしく飲むにはどうすればよいか」

興味深い問いばかりです。なかでも一つの問いがとくにわたしの目を引きました。「なに なに、人はなぜ自分の若いころの音楽がいちばんよいと思うのか、だって?」これこそわたしが日ごろ感じていた疑問でした。ロックファンのわたしがいちばん好きなのは中学生のときに初めて出会ったバンドで、以来、そのバンドがわたしにとってトップの座にすわりつづけています。もちろんほかにも好きなミュージシャンはたくさんいますが、とっくのむかしに解散していまはもう存在しないそのバンドを超えるものは、数十年経っても現われません。思えば、彼らのアルバムを初めて聴いたときの衝撃度は並大抵ではありませんでした。それは軽いポップスのようにフンフンと鼻歌で口ずさめるようなものではなく、それまでに聴いたことのない種類の音楽でした。そのバンドがいまもって不動の一位でありつづけているのはなぜなのか。友人にはよく「焼き印を押された」と説明します。心のなかでは「刷り込み?」という声も聞こえています。長年のこの疑問にこの本は答えてくれるのか? わたしはたのしみにして翻訳にとりかかりました。

この問いに答えるには、いくつかのキーワードがあります。たとえば「接触効果」。わたしたちは接する頻度の高いものを好むということです(これは食べものの好みにも関係しているようです)。また、これに関連するのが「知覚的流暢性《りゅうちょう》」で、心理学では、ある刺激に接触しつづけることによってそれに関する知覚情報の処理が容易になり、その刺激への親近性が高まるとされています。言い換えれば、人は慣れ親しんだものを好むのです。しかし、それだけではありません。コンラート・ローレンツの刷り込みに似た考え方を提唱する科学者もいます(ほら!)。親への愛着や言語の習得など、限られた時期に短時間で「学習」したことがその後も長く持続するように、音楽も特定の時期に聴いたものが長く残ります。これは

さらに「記憶」。過去に「よい」と感じた音楽は記憶に残りやすいというのです。これは当然でしょう。でも、それなら新しい音楽だって「よい」と思えば記憶に残るのでは? ところが残念ながら、現在の音楽はよいと思わないもの、好きではないものもいっしょくたに耳に入ってくるせいで記憶に残りにくいらしいのです。過去の音楽は好きなもの「だけ」が記憶に残っています。「記憶とは自分の聴きたい曲だけを流すラジオ局のようなもの」なのです。

それからこれはあくまでも私見ですが、もう一つ考えられることがあるとわたしは思っています。「わたしは○○が好きだ」ということで、わたしたちは自分という人間を規定しようとするのではないでしょうか。自分という人間を確認する、といってもよいかもしれません。これも中学生のころの話ですが、わたしは好きなものリストをつくって自分を表であらわすという無謀な企てを試みたことがあります。しかも好きなものを挙げるだけではなく、好きな理由を書くことも課しました。これは難しい。好きな数字でも好きな画家でも、ただなんとなくではすまされない。理由を言葉にしなくてはなりません。この企ては笑ってしまうくらい子供っぽいものでしたが、理由も書くというのはなかなかよい思いつきだったと思

います。

好きなバンド第一位は変わりませんが、特別に好きではなかったバンドをいつしか好きになることもあります。「以前はきらいだったものを好きになるのはどうしてか」という疑問も本書では取り上げられています。もう一つ、わたしは美術展に行きたくても思うように腰が上がらないので、「美術館へ行くとなぜあんなにくたびれ果てるのか」という問いにも興味を引かれました。読者のみなさんは、どの問いが気になるでしょうか。本書をじっくり読んでその答えを探してみてください。

私事の卑近な話を長々としてしまって恐縮ですが、本書の内容を客観的かつ簡潔に書くのは容易ではありません。それくらい、この本にはいろいろなことが詰まっています。明確な答えの出ない問いもあり、多くの人が白旗を上げたテーマに果敢に挑んだ著者も、好ききらいの謎をすっかり解き明かすことができたとはいえず、探究の旅はまだ道半ばです。しかし、ここで披露されているたくさんの考察と知見はきっと手がかりになります。加えて本書は、動画配信サービスのネットフリックスや音楽配信サービスのパンドラ、マコーミックの官能評価会、キャットショーやビールのコンテストなど、さまざまな現場に赴いてのルポルタージュでもあり、人の好みの秘密を知ろうと最前線で努力する人々の生の声が伝わってきます。自分を知り、他者や社会について考える格好の手引きになるにちがいありません。現在の社会や人々の行動をチクリと批判するところもありません。

本書は *You May Also Like: Taste in an Age of Endless Choice* (Penguin Random House, 2016) の全訳です。著者のトム・ヴァンダービルトは、ニューヨークのブルックリン在住のジャーナリスト、ライターで、デザイン、設計、テクノロジー、科学、カルチャーなどに関する記事を《ワイアード》《ウォール・ストリート・ジャーナル》《ローリング・ストーン》《ニューヨーク・タイムズ・マガジン》など、数多くの雑誌に寄稿するほか、これまでに本書を含めて四作の著作があり、そのうちの一作は『となりの車線はなぜスイスイ進むのか?――交通の科学』(早川書房刊)のタイトルで邦訳されています。また、アンディ・ウォーホル美術財団、デザイン・トラスト・フォー・パブリック・スペース、カナダ建築センターからフェローシップを授与されています。

この本の翻訳にあたっては多くの方々にご協力いただきました。まず、編集を担当してくださった早川書房編集部の伊藤浩氏に深く感謝します。訳稿を入念にチェックし、数多くの助言を通じて本書を完成まで導いてくださいました。また、校正の労をとってくださった内山暁子氏にも、同様に大変お世話になりました。ご尽力に心よりお礼申し上げます。

二〇一八年五月

桃井緑美子

(単行本より一部変更のうえ再録)

本書の原注は以下よりダウンロードいただけます。
https://www.hayakawa-online.co.jp/youmayalsolike

本書は2018年6月に単行本『好き嫌い―行動科学最大の謎―』として早川書房より刊行された作品を改題、文庫化したものです。

訳者略歴　翻訳家　訳書にボール『枝分かれ』，ストーン＆カズニック『オリバー・ストーンが語るもうひとつのアメリカ史２』（共訳），スクワイヤーズ『ローバー、火星を駆ける』（以上早川書房刊），バルコム『魚たちの愛すべき知的生活』ほか多数

HM=Hayakawa Mystery
SF=Science Fiction
JA=Japanese Author
NV=Novel
NF=Nonfiction
FT=Fantasy

ハマりたがる脳《のう》
「好き」の科学

〈NF558〉

二〇二〇年六月 十 日　印刷
二〇二〇年六月十五日　発行
（定価はカバーに表示してあります）

著者　トム・ヴァンダービルト
訳者　桃《もも》井《い》緑《る》美《み》子《こ》
発行者　早川　浩
発行所　株式会社　早川書房
郵便番号　一〇一 - 〇〇四六
東京都千代田区神田多町二ノ二
電話　〇三 - 三二五二 - 三一一一
振替　〇〇一六〇 - 三 - 四七七九九
https://www.hayakawa-online.co.jp

乱丁・落丁本は小社制作部宛お送り下さい。送料小社負担にてお取りかえいたします。

印刷・精文堂印刷株式会社　製本・株式会社フォーネット社
Printed and bound in Japan
ISBN978-4-15-050558-5 C0111

本書は活字が大きく読みやすい〈トールサイズ〉です。